ENERGIA EMOCIONAL

Mira Kirshenbaum

ENERGIA EMOCIONAL

Tradução
Jussara Simões

CIP-Brasil. Catalogação-na-fonte
Sindicato Nacional dos Editores de Livros, RJ.

Kirshenbaum, Mira

K65e Energia emocional/Mira Kirshenbaum; tradução de Jussara Simões. – Rio de Janeiro: Best*Seller*, 2007.

Tradução de: The Emotional Energy Factor
ISBN 978-85-7684-158-6

1. Emoções. 2. Inteligência emocional. 3. Maturidade emocional. 4. Stress (Psicologia). I. Título.

07-3080 CDD – 152.4
CDU – 159.942

Título original norte-americano
THE EMOTIONAL ENERGY FACTOR

Capa: Sense Design
Editoração eletrônica: DFL

Direitos exclusivos de publicação em língua portuguesa para o Brasil adquiridos pela
EDITORA BEST SELLER LTDA.
Rua Argentina, 171, parte, São Cristóvão
Rio de Janeiro, RJ — CEP 20921-380,
que se reserva a propriedade literária desta tradução.

Impresso no Brasil

ISBN 978-85-7684-158-6

Este livro foi composto na tipologia Classical Garamond, em corpo 11/15, impresso em papel off-white 80g/m², no Sistema Cameron da Divisão Gráfica da Distribuidora Record.

Para as incontáveis pessoas que me deram tanta energia emocional ao longo dos anos ao fazerem contato comigo por meio de cartas, telefonemas e e-mails para me contar quanto meus livros as ajudaram.

AGRADECIMENTOS

Você pode fazer o que eu fiz. Pode até transformar isso num jogo. Pense nas pessoas que fazem parte da sua vida, todas as que você conhece, e adivinhe quais delas têm energia emocional.

Nem sempre é fácil saber. Existem pessoas caladas que possuem bastante energia emocional. Outras, animadíssimas, positivas, ostentam uma fachada corajosa e, na verdade, têm pouca.

Os leitores deste livro saberão dizer quem é quem. Os que têm energia emocional são uma verdadeira dádiva porque essa energia é contagiante. Quando você está na companhia de alguém que a possui, começa a desfrutá-la também.

Essas pessoas são um presente especial para mim também, pois foram elas que tornaram este livro possível. Agradeço aos amigos, colegas, professores, alunos, clientes, conhecidos, parentes e também aos maravilhosos estranhos que aceitaram participar da pesquisa em que se baseia grande parte deste livro. Cada um deles me ensinou algo importante sobre a perda de energia emocional e o que fazer para recuperá-la.

Não posso agradecer a todos pelo nome. São muitos. Mas preciso mencionar Herbert Berghof, Ruth Bork, Diane Boudreau, Martin Buber, Judith Chan, Lynette Cunningham, Mihaly Csikszentmihalyi, Norma de Jesus, Marybeth English, Nancy Fain, Esther Feiler, Roger Fisher, Sonia Freund, Vivian Green, Shere Hite, Kathleen Huntington, Alfred Kazin, Allan Kaprow, Pearl Karch, Carolyn Kreinsen, o rabino Harold Kushner, Matt Lauer, Chloe Madanes, Franny Peterson, Sally Jessy Raphael, padre Bill Richardson, Cynthia Roe, Naomi Saperstein, Virginia Satir, Pepper

Schwartz, Sallie Sears, Gina Sereny, Pilani Shipp, Isaac Bashevis Singer, Patti Smith, John Stossel, DeeDee Warren, Rosa Wexler, Carl Whitaker e Elie Wiesel.

Não é segredo que meu colaborador e marido, o dr. Charles Foster, e eu somos sócios, meio a meio, em todos os nossos livros. Este livro não foi exceção. Todas as palavras, todas as idéias são tanto dele quanto minhas. Passamos anos trabalhando juntos em pesquisa, na tentativa de apontar com precisão o que as pessoas devem fazer para conseguir mais energia emocional para si mesmas. Os escritores que trabalham na mais completa solidão — como fazem? Sem a energia que Charles trouxe a este processo, não sei se este livro teria sido possível.

Sinto-me afortunada por ter o melhor agente do ramo, Howard Morhaim. Nossa relação já tem oito anos, longa na área editorial, acho. Howard tem sido muito bom comigo em meus altos e baixos, e sou muito grata.

Também sou felizarda por ter uma editora fantástica, Danielle Perez, que acredita em mim e compreende o que faço. Danielle teve, de imediato, a visão de perceber o que havia de importante neste projeto. E trabalhou com brilhantismo para garantir que o livro correspondesse a essa visão.

Barb Burg tem fama de ser uma das mais inteligentes publicitárias do ramo editorial, e sou grata por tudo o que ela e todos do seu departamento fizeram para trazer este livro a público.

Depois de trabalhar em oito livros, posso dizer que minha revisora, Sue Warga, é a melhor que já tive.

Este livro está cheio de gente. Minha última e maior dívida é com os homens e as mulheres que compartilharam a vida comigo. Suas histórias de esgotamento emocional e de energia emocional, em suas próprias palavras, são uma profunda fonte de inspiração e entendimento. Vocês sabem quem são e eu lhes agradeço de todo coração.

SUMÁRIO

Aos meus leitores • *11*

Então, como está sua energia emocional? • *13*

1 Que se danem as expectativas dos outros • *32*

2 Como dar a si mesmo uma vida coerente • *40*

Questão especial: Como funciona a energia emocional • *51*

3 Preces que funcionam • *56*

4 "Fiz à minha maneira" • *66*

Questão especial: Você, o universo e sua energia emocional • *73*

5 Veja-se com energia emocional • *76*

6 Faça mesmo algo novo • *82*

Questão especial: Primeiros socorros para energia emocional em colapso • *87*

7 Pelo que você anseia? • *92*

8 Por que um bando de macacos pode divertir-se mais que você? • *98*

Questão especial: Energia emocional e emagrecimento • *105*

9 Não fique preso às suas perdas • *109*

10 Inveja é veneno • *120*

11 Culpa é burrice • *129*

Questão especial: Energia emocional e problemas de saúde • *138*

12 Mantenha o disco girando • *142*

13 Não procurar ajuda é um erro • *150*

14 Traga algo de belo à sua vida • *159*

Questão especial: Pensamentos noturnos • *165*

15 Descarte os críticos, os urubus e os "do contra" • *168*

16 A vida é muito importante para ser levada a sério demais • *174*

17 Arregace as mangas • *185*

Questão especial: Energia emocional e relacionamento amoroso • *197*

18 Um luxo significativo pode compensar • *202*

19 Faça menos • *207*

20 Vá ao confessionário • *214*

Questão especial: Energia emocional e vida profissional • *221*

21 Sinta-se bem de fora para dentro • *226*

22 Nunca se deixe sentir pressionado • *232*

23 A confiança é uma opção • *239*

24 As preocupações são as migalhas de biscoito na cama da vida • *248*

25 Quanto mais você dá, mais recebe • *260*

Apêndice: O fator energia física • *266*

AOS MEUS LEITORES

Bem-vindo à revolução energética. Este livro apresenta um modo radicalmente novo de conseguir a energia que cada um de nós gostaria de ter. Baseia-se na descoberta de que se sentir energizado é ter energia física e emocional; para a maioria de nós, porém, hoje em dia é a emocional que está escassa. Se você estiver em busca de mais energia, é muitíssimo provável que precise mesmo é da emocional.

Nestas páginas, você descobrirá o que é energia emocional e por que ela é tão importante. Além disso, vai descobrir exatamente o que fazer para explorar as reservas que já existem dentro de si.

Este livro está repleto do tipo de ajuda que eu gosto de obter, do modo como gosto de obter. Não gosto de soluções simplistas, generalizadas, e aposto que você também não. A ajuda encontrada aqui se fundamenta naquilo que funciona para pessoas reais, que vivem com as pressões cotidianas que cada um de nós enfrenta. E respeita a individualidade. Estas páginas mostrarão a você como destravar a energia emocional e viver sua própria revolução energética.

Espero sua visita no site www.emotionalenergyfactor.com.* Aguardo seu contato.

---

* Conteúdo em inglês. (*N. do E.*)

Então, como está sua energia emocional?

SE VOCÊ ESTIVER À PROCURA DE MAIS ENERGIA, NÃO ESTÁ SOZINHO. Diariamente, milhões de pessoas confissões do tipo: "Eu queria ter mais energia", "Não consigo fazer nada de manhã", "Pensar no dia longo e movimentado que tenho pela frente acaba comigo", "Há coisas que eu quero fazer, sei que vou me divertir, mas acabo dizendo 'não', em vez de 'sim'", "Sinto-me tão esgotado, tenso, taciturno nos últimos dias", "Odeio quando estou sem energia porque isso me faz sentir mais velho do que sou", "Onde foi parar a minha fonte de diversão?".

Você não precisa de motivo — simplesmente sabe que precisa de mais energia. Muitos de nós, entretanto, indicam razões especiais para justificar essa necessidade.

Às vezes nosso nível de energia está baixo porque estamos enfrentando um período de transição. Mudança esgota. E não são só as mudanças negativas, como o divórcio ou a doença de um ente querido, que nos consomem. As mudanças positivas — casar, mudar de emprego ou dar à luz — também exigem muito de nós.

De vez em quando, nossa energia se esgota em conseqüência de um problema de saúde. Qualquer doença — um forte resfriado, por exemplo — pode induzir uma sensação de esgotamento. E algumas doenças atacam especificamente o nível natural de energia. Quando há algo errado no corpo, você precisa de mais energia de imediato.

Algumas vezes, necessitamos de mais energia mesmo sendo jovens: "Só tenho 24 anos e é uma loucura me sentir tão cansado." Ou porque estamos envelhecendo: "Conforme avanço em idade, energia é algo de que preciso mais do que qualquer outra coisa, neste momento mais do que nunca."

Às vezes, nos ocupamos com tantas responsabilidades que, depois de algum tempo, começamos a ficar esgotados: "Não é só por ter tanto o que fazer todo dia, e tanto em que pensar também. Isso já seria suficiente. Mas o problema é ter de fazer um serviço excelente."

Cada um de nós, porém, compreende a importância da energia. Compreende que a grande diferença entre quem consegue o que quer e quem não consegue é ter *energia*. Você pode ser a pessoa mais inteligente, mais atraente, mais talentosa do mundo, mas sem ela não vai a lugar nenhum, é como uma almôndega que caiu no chão.

Com energia tudo é possível. É ela que torna a vida agridoce. É ela que o faz sentir-se você. É ela que torna seus sonhos realidade.

Então, como está *sua* energia? Se você for como a maioria de nós, quer e precisa de mais. Então, você está no caminho certo. Este livro vai lhe mostrar por que você perde energia e o que fazer para adquirir toda a energia de que precisa.

Onde encontrar a energia que falta a você

Sei que você já tentou adquirir energia de muitas fontes. Mas aposto que todas eram fontes de energia física, como barrinhas de cereais, café, vitaminas e ginástica. E não foram suficientes.

Gail, 29: "Onde está meu entusiasmo? Eu jogava futebol no colégio e na faculdade. Também participava de corridas. Sempre cuidei bem de mim. Alimento-me e vivo adequadamente. Oito horas de sono e eu acordava totalmente renovada, pronta para sair e me divertir. Agora continuo fazendo as mesmas coisas. O médico disse que estou fisicamente perfeita. Então, por que estou sempre cansada? Mas não é meu corpo que está cansado. É como se *eu* estivesse cansada interiormente."

Milhões de pessoas se sentem como Gail.* O problema é que, se for como a maioria, você está próximo de atingir o limite da quantidade de energia adicional que consegue extrair de fontes físicas — qualquer coisa que supra as necessidades do corpo, de alimentos e descanso a um bom programa de ginástica e complemento vitamínico. E, é claro, talvez dormir um pouco mais ou alimentar-se de modo mais saudável, mas a verdade é que hoje em dia as pessoas têm mais saúde e mais vitalidade. Portanto, se você está sentindo que precisa de mais energia, é bem provável que o problema não seja do corpo.

Não é de admirar que a maioria de nós entre na corrida da energia. Quanto mais precisamos dela, mais tentamos turbinar nossa energia física, mas não conseguimos o impulso que procuramos porque não há muito mais para extrair das fontes físicas. Mesmo assim, procuramos cada vez mais por novas fontes de energia física, e elas também não adiantam muito.

Agora você já entendeu por que é tão difícil encontrar mais energia. Você está procurando no lugar errado.

Energia emocional é a solução

Não somos só corpo, certo? Então, não é só o corpo que precisa de mais energia. É todo o seu ser. Você sabe que o lado emocional é

* Para proteger a privacidade dos entrevistados e garantir que se abririam comigo, prometi a todos que iria trocar o nome deles, bem como todos os detalhes que os identificassem.

tão importante quanto o corpo. Portanto, faz sentido afirmar que existe outra fonte. É a *energia emocional.*

É a energia do tipo emocional que você procura. Não se trata de uma energia de muita adrenalina, que o faz correr como um louco, que você queima vivamente. É uma energia especial que o faz sentir-se jovem e profundamente ligado à alegria e à esperança. Cada um de nós já passou, pelo menos uma vez, por uma situação difícil e, mesmo assim, se sentiu cheio de vitalidade. Isso é energia emocional — vivacidade mental, felicidade no coração e espírito cheio de esperança. Como seria possível se sentir energizado sem ter esse tipo de energia?

Afinal, não é isso o que todos desejam: mente, coração e alma energizados, num corpo energizado? A isso eu chamo energia completa:

Energia completa = energia física + energia emocional

Agora sabemos que o lado físico é, de fato, a parte menos importante. Fiz a seguinte pergunta a peritos em energia — endocrinologistas, nutricionistas e especialistas em medicina esportiva: "Quanta energia o cidadão comum obtém das fontes físicas e quanta vem da fonte emocional?" Quando vi os índices, fiquei perplexa. A energia física fornece no máximo 30% da energia total. Mesmo que tivéssemos perfeita saúde física, nos alimentássemos com uma dieta perfeita e fizéssemos a quantidade ideal de ginástica, tudo isso só nos daria 30% da energia de que precisamos.* Os 70% restantes são fornecidos pela fonte emocional. E a quantidade é alta.

---

* Caso você queira saber se pode fazer mais para suprir as necessidades corporais de energia física, veja o Apêndice.

Onde vi pela primeira vez que a energia emocional é importante

Temos de assumir que a vida foi planejada para esgotar nossa energia emocional. A maioria de nós trabalha com afinco. Nós temos obrigações com a família e com os amigos. Ingressamos em instituições. Temos sonhos e ambições que nos obrigamos a realizar. Às vezes, quando achamos que já estamos no limite, algum desastre ou emergência nos pressiona ainda mais. Um membro da família adoece. Somos demitidos. Alguém que amamos nos chuta. Um projeto vai por água abaixo. Um passo para a frente, dois para trás.

Apesar de tudo isso, conhecemos pessoas cheias de entusiasmo e alegria. O traço diferencial é a energia emocional.

Acho que precisamos ver pessoas que prosperaram em circunstâncias difíceis para dar valor. Comecei a perceber isso quando criança, e nunca mais esqueci.

Fui criada na pobreza na cidade de Nova York. Minha mãe e eu éramos refugiadas da Europa. Seu primeiro emprego foi em uma fábrica de roupas, trabalhando 12 horas por dia. Todos no nosso bairro eram imigrantes. Todos levavam uma vida dura. Embora o nosso mundo fosse uma luta constante para ter um emprego, pagar o aluguel, educar os filhos e comprar roupas que não tivéssemos vergonha de usar, cada um reagia a isso de um jeito. Havia quem ficasse tão exausto que desistia de tentar. Outros continuavam empurrando com a barriga, mas não passava disso — empurrar. Estavam com o tanque vazio. Dava para perceber isso na comiseração de si mesmos, na ira, na ansiedade constante, no desânimo total. Dava para ver no olhar esgotado, como se fossem soldados que haviam passado tempo demais em combate.

Então, somos doidos por querer ter mais energia? Deveríamos declarar a condição humana permanentemente exausta?

Não! Na infância também vi pessoas que, apesar de tudo, estavam repletas de um tipo especial de energia. Levavam a mesma vida que todos os outros. Mas ainda tinham esperanças e sonhos.

Ainda faziam coisas boas acontecerem. Ainda davam um jeito de serem felizes e continuarem alegres.

Meu tio Morris era assim. Trabalhava muitas horas na administração de uma lavanderia. A mulher dele era uma doida encrenqueira — todos diziam. Os filhos não eram fáceis. Tudo na vida dele era uma luta. Mas ele estava em constante vibração emocional. Não parava de fazer planos para abrir o próprio negócio. Sempre nos levava para passear no interior. Vivia cantando e nos ensinando novas músicas. E, sempre que nos visitava, ainda tinha o trabalho de trazer uma caixa de doces ou biscoitos especialmente para mim.

Quem está sempre energizado tem muita energia emocional

Tenho certeza de que você também conhece pessoas que têm muita energia, não importa o que lhes aconteça, como se tivessem encontrado um baú secreto. Refiro-me a pessoas que fazem muitas atividades, estão sempre animadas e se divertem muito com o que fazem, mesmo quando as correntes da vida parecem se opor a elas. Elas não vivem em uma estratosfera inalcançável. Há algo nesse estado de plenitude energética que nos faz pensar: "É, consigo me ver assim." Sabemos, intuitivamente, que a energia emocional é nosso direito inato.

Gostaríamos de conhecer os segredos dessas pessoas porque sabemos da enorme diferença que a energia emocional faz na vida delas. E essa diferença é o *fator energia emocional.*

- Um homem passa a vida no limite, desempenhando uma função de que não gosta, esforçando-se muito para sustentar a família, e está sempre entusiasmado, não reclama de nada. *Sem energia emocional, esse homem seria apenas mais um sujeito deprimido e ressentido.*

- Uma jovem passa anos tentando se encontrar, descobrir qual profissão quer exercer e como quer viver. Isso deveria ser desanimador, mas ela agüenta firme, cheia de esperança, sabendo que cada um consegue encontrar uma vida apropriada. *Sem energia emocional, essa jovem já teria desistido.*
- Um homem passa anos tratando de uma afecção física crônica e debilitante, contudo irradia simpatia e esperança: em vez de espalhar tristeza, espalha alegria. *Sem energia emocional ele já teria sucumbido fisicamente e se tornado amargo, frio e solitário.*
- Estamos em Wimbledon. É a partida da final masculina. Dois tenistas de renome internacional estão jogando com força total há horas. Eles estão em excelente forma física. Mas, neste ponto, em uma disputa exaustiva que leva a alma humana até o limite, um dos jogadores continuará achando o jogo divertido, querendo ganhar mais que o outro. *Sem energia emocional, o vencedor seria o perdedor.*
- Observe alguns dos grandes artistas. Eles extraíam beleza das trevas e alegria da infelicidade. Há muitos, como o pintor Renoir, torturado pelas dores da artrite, quase incapaz de segurar um pincel; ou Rembrandt, que lutava com a solidão e a pobreza. Contudo, ambos passaram anos produzindo uma obra-prima após outra. E o que dizer de Beethoven e Mozart. Produziram algumas de suas músicas mais alegres quando as circunstâncias da vida eram as mais desesperadas e repletas de perdas. Muitos dos grandes artistas tiveram vida difícil. *Sem energia emocional, muitas obras grandiosas não teriam sido criadas.*
- Um cientista ou inventor enfrenta anos de frustrações que drenam suas forças físicas e mentais, contudo continua tentando até que, por fim, consegue a oportunidade pela qual tanto lutou. *Sem energia emocional, quase nenhum problema difícil, científico ou tecnológico, seria resolvido.*

- Uma moradora de uma favela trabalha em empregos que pagam mal, cria seis filhos e leva todos à faculdade. E essa é a parte fácil. A difícil é que todo esse tempo ela os educa com um espírito de amor e esperança. *Sem energia emocional, a vida esmagaria muitos de nós.*
- Pense em alguém que seja tão apaixonado por uma causa que lute por ela apesar de tudo. Gandhi é um exemplo desse tipo de pessoa — passava longos períodos de jejum privando o corpo de energia e ainda encontrava uma fonte de energia que lhe permitia lutar contra o Império Britânico. *Sem energia emocional, nós ficaríamos amarrados a todas as formas de injustiça.*
- Por que Anne Frank emocionou tanta gente? Não foi só em razão do que aconteceu a ela — milhões de pessoas viveram histórias semelhantes. Mas, apesar da situação opressiva, lemos, de suas próprias mãos, quanto de esperança e coragem ela irradia. *Sem energia emocional, o espírito humano não conseguiria sobreviver muito tempo.*

Quanto maior a dificuldade, maior o compromisso de cuidar da sua energia emocional. Como você já percebeu, ela é muito valiosa. É a energia de que você mais precisa. É a que torna sua vida satisfatória e o capacita a fazer algo.

Ter energia emocional muda tudo

Todas as dimensões do seu ser se sentem melhor com mais energia emocional. Comecemos pelo corpo. Vamos supor que você esteja trabalhando muito. Muitas horas, pouco sono, sem consumir alimentos saudáveis em quantidade suficiente.

É nesse ponto que a energia emocional entra em ação. Se houver um grupo de pessoas no escritório trabalhando tanto assim, as que tiverem mais energia emocional se sentirão melhor e persistirão. Faz sentido. Por que as pessoas esmorecem? Não é só exaustão física. Os primeiros a pular do barco são os que perdem o entusiasmo e sentem maior esgotamento emocional.

A energia emocional nos salva quando o corpo chega ao seu limite. Na verdade, já vi pessoas fisicamente debilitadas que foram capazes de continuar na luta porque a energia emocional as abastecia com o combustível de que precisavam.

Laura Hillenbrand escreveu um best-seller enquanto sofria de síndrome da fadiga crônica. Era tão grave que em entrevistas ela se referia ao corpo como "meu corpo enguiçado". Nos seus melhores dias, Laura só tinha energia física para se arrastar da cama até o computador e passar uma ou duas horas escrevendo.

Mas, ah!, o milagre da energia emocional. Ela prezava a história que escrevia. O prazer de contá-la a reabastecia. A alegria de brincar com as palavras e contar casos era seu combustível. E, assim, ela escreveu *Seabiscuit,* sobre um pangaré que se tornou campeão. Ao ler o livro, ninguém imagina que foi escrito por uma pessoa acamada, com carência extrema de energia física. Mas é esse o poder da energia emocional.

Sei disso por experiência própria. Eu estava trabalhando em um projeto havia quase um ano, quando percebi que havia algo errado comigo. Precisava me obrigar a fazer tudo o que antes fazia com facilidade. Surpreendi-me dormindo mais, porém sentindo-me menos descansada. Sentia dores no corpo inteiro, inclusive no coração. Não sentia vontade de me exercitar. Fisicamente, eu vivia me arrastando.

Por fim, resolvi fazer um checkup. Nunca me esquecerei do telefone tocando por volta da meia-noite, alguns dias depois, despertando-me de um sono profundo. Era a minha médica. O laboratório acabara de acordá-la com um telefonema. Minha tireóide estava tão lenta que era uma situação de emergência. Ela disse: "Com taxas tão baixas assim, me admira você continuar de pé."

Contudo, meu moral estava alto, e eu estava funcionando bem, embora no pior estado físico da minha vida. Como era possível? Esse foi precisamente o período em que eu estava fazendo pesquisas e aprendendo os segredos das pessoas mais energizadas. A energia emocional é uma força tão poderosa que só ouvir os segredos das pessoas energéticas me permitiu persistir, apesar de uma afecção que costuma tirar qualquer um de circulação.

A energia emocional pode salvá-lo de qualquer afecção física contra a qual você esteja lutando. A energia física é limitada em tais circunstâncias. Mas a emocional tem potencial ilimitado. E, ao contrário da física, que diminui à medida que envelhecemos, a emocional aumenta à medida que você aprende o que é melhor para si. Imagine só: para cada ano de vida, mais energia emocional.

A energia emocional pode até mudar sua aparência. Vou lhe fazer uma pergunta: por que existem as palavras *bonito* e *atraente*? Porque são diferentes. Nós já vimos pessoas bonitas que são chatas e insossas. Sabemos que elas representam a perfeição física, mas não nos encantamos com elas. Podemos até achar que deveríamos, mas isso não acontece.

Entretanto, é possível ser atraente sem ser bonito. Quando dizemos que alguém é atraente, declaramos que aquela pessoa nos atrai. Há um magnetismo. Irradia luz. Repare que essas palavras têm relação com energia. Quando alguém nos atrai, é a energia dessa pessoa que faz isso. E é o fator energia emocional que faz toda a diferença. Quem parece feliz e animado desperta mais atração do que rostos bonitos porém vazios. Imagine o que um pouco mais de energia emocional faria pela *sua* aparência!

Embora seja importante ter boa aparência e sentir-se bem, há outros fatores também importantes. Mudar de vida, por exemplo, se for o que você quer fazer. Quando você eleva sua energia emocional, os sonhos se transformam em realidade. Isso acontece porque os obstáculos perdem o poder de detê-lo.

Escolha um sonho, qualquer um. Os recém-casados pensam que é impossível juntar dinheiro para dar entrada numa casa. Mas a energia emocional torna possível agüentar firme e fazer o que é preciso para conseguir essa entrada.

Você está preso a um emprego que detesta e sonha tornar-se freelance. É a energia emocional que o mantém concentrado e protege suas esperanças para que você persevere.

Você está tendo um relacionamento problemático. O que mais, além da energia emocional, torna possível persistir e melhorar o relacionamento, ou criar coragem para sair ao perceber que não será possível melhorar nada?

Você sonha com sua formatura. Mas há tanta coisa exigindo seu tempo! A energia emocional torna possível dizer "sim" a si mesmo e "não" aos outros, a fim de que você realize seu sonho.

Há inúmeras histórias de pessoas cujos sonhos se realizaram porque tiveram mais energia emocional. Por ora, eis apenas duas.

Sara, 44: "Tentar engravidar depois dos 40 não é para violetas delicadas. A primeira fertilização in vitro que tentamos falhou. Fiquei arrasada. Percebi que seria uma viagem longa e difícil, e não havia garantia de que eu teria um neném no fim. Minha energia emocional estava baixíssima. Graças a Deus evitei um erro que, acho, muitas mulheres cometem. Não esperei que o neném consertasse tudo. Eu sabia que tinha de manter minha energia em um nível satisfatório. Então, fiz tudo o que podia para me sentir emocionalmente nutrida. Isso fez toda a diferença.

"É claro que havia muitas dificuldades. A pior delas foi um aborto após algumas tentativas frustradas. Agora que tenho a filha que sempre quis, estou contente por ter agüentado firme. Sem energia emocional eu não teria persistido. Se não tivesse persistido, eu não teria minha filha ao meu lado."

Don, 32: "Fui um daqueles primeiros empresários pontocom. E crescemos bastante também. Mas veio o crash de 2000. Cada um reagiu de um jeito. A maioria ficou traumatizada. Mas, apesar de todas as chateações que tive de enfrentar, eu tinha muita energia emocional e nós agüentamos firmes. Não havia rigidez. Tudo era flexível. O tamanho não importava. Assim, sobrevivemos. E vamos sobreviver."

Existe outra palavra que define realizar os sonhos: *êxito.*

Eis algumas verdades sobre o êxito que deixam claro o imenso papel da energia emocional. Êxito significa ter de lidar com muitas rejeições, frustrações, dificuldades e derrotas pelo caminho. Significa correr riscos. E significa encontrar forças para continuar ligado ao que você realmente quer.

Sempre há dois caminhos: o fácil, que não exige muito de você, mas não o leva a lugar algum, e o difícil, medonho, que o leva onde o sonho se realiza. O caminho mais difícil exige muita energia. O caminho fácil está à espreita, tentando-o a abrir mão dos seus sonhos.

Agora você vê o risco. Nível baixo de energia não significa que será mais difícil perseverar. Significa que você vai sair do caminho que leva ao êxito e acabar no caminho mais fácil, que leva à vila Lugar Nenhum. Mas não se preocupe. Por mais esgotado que você se sinta, poderá recuperar sua energia total.

Como saber se você está emocionalmente esgotado

As pessoas *sabem* quando há algo errado com sua energia emocional. Pode ser que você não se dê conta de imediato, mas alguma coisa o levará a perceber que, emocionalmente, seus pneus estão furados. Isso poderá acontecer a qualquer momento. Às vezes acontece depois de você passar muito tempo lutando com uma situação difícil.

Molly, 32: "Todos me consideram um dínamo. Estou sempre em ação e adoro ser ativa. Mas estou com esse cara há dois anos e nada vai bem. Não temos nada em comum. Não rola o clique. Sei que já era. Preciso terminar. Mas dois anos de esforço e decepções me deixaram tão fraca que não encontro forças para tomar a iniciativa. Sei o que preciso fazer, mas não consigo. E o fato de não ter dado certo me leva também a ficar desanimada de tudo."

Algumas vezes, a percepção da perda de energia emocional vem de você se sentir desamparado.

John, 36: "Quando fui demitido, pensei: 'Tudo bem, vai ser dureza, mas já vi esse filme, vou me empenhar para arranjar outro emprego e tudo vai dar certo.' Foi duro porque eu teria futuro naquela empresa, mas acabou. Mas, sabe, seja homem. Entendo. Quer dizer, sou triatleta! Mas não sinto nenhum entusiasmo. Saio à procura de emprego, mas estou com medo de não conseguir perseverar... É mais fácil aceitar qualquer emprego."

E, às vezes, o que é assustador, a percepção surge de repente.

Julia, 41: "Sempre adorei jardinagem. Tenho um jardim, há anos, que sempre foi meu xodó. Estamos na primavera e eu deveria estar empolgada. Mas que coisa misteriosa! Simplesmente, não estou interessada. Meu jardim era tudo para mim. Agora não significa nada. Quer dizer, sei que farei algo, sempre faço... passar o ancinho para tirar folhas secas, sei lá. Mas agora se tornou um serviço maçante. O que está acontecendo? Onde foi parar minha energia?"

De onde quer que venha, o esgotamento emocional é assim: quando você consulta a si mesmo para ver se resta alguma efervescência, você se sente fracassado. Perdido. Desgastado. Abatido. Em declínio. Aborrecido. Cansado demais para se erguer. Desanimado. Nervoso. Sem idéias. Mais velho do que é. Dominado por uma fadiga interior difícil de se livrar.

Será que isso é o mesmo que depressão? Depende. A depressão grave é um distúrbio psiquiátrico que apresenta risco de vida e precisa de cuidados profissionais. Você sabe que está com depressão grave quando está paralisado pelo sofrimento emocional e incapaz de levar uma vida funcional. Ver alguém sofrendo de depressão grave é assustador. O tratamento é uma prioridade para quem sofre desse mal.

Por outro lado, na maioria das vezes em que se fala em depressão, trata-se de exaustão emocional, de um grau ou de outro. Para essas pessoas — que é a grande maioria a quem se aplica a palavra *depressão* informalmente — o tratamento mais rápido, mais eficaz e mais saudável não é uma receita médica nem descobrir o que acha da mãe. É descobrir algo que eleve sua energia emocional.

Eis alguns meios de saber se você está lutando com o esgotamento emocional:

- Você se sente irritado, intolerante, incomodado com qualquer exigência ou intrusão? *Resposta afirmativa, você está sofrendo de esgotamento emocional.*
- Há coisas que você precisa fazer que não está fazendo? Não se trata de adiamentos — cada um de nós tem longas listas de coisas que ainda não fez. *Mas, se você não estiver* fazendo *o que realmente precisa fazer, então está sofrendo de esgotamento emocional.*
- Você acha que, na vida em geral (não só em determinado aspecto da vida), está apenas se deixando levar, empurrando com a barriga, obrigando-se a fazer o que é preciso fazer, mesmo que o coração não esteja nisso? *Resposta afirmativa, você está sofrendo de esgotamento emocional.*
- Faz mais de uma semana que você fez algo para si mesmo que exigiu um certo esforço, mas que lhe proporcionou um prazer

genuíno? Falo de fazer um esforço, não apenas assistir à tevê ou falar ao telefone. E falo de prazer real, não de mero momento de prazer sem sentido *Se faz mais de uma semana, você está sofrendo de esgotamento emocional.*

Se você está sofrendo de esgotamento emocional, saiba que durante os anos que passei pesquisando energia minha descoberta mais importante foi que a quantidade de energia emocional que você possui está sob seu controle. Não tem nada a ver com sua configuração genética. Não tem nada a ver com sua personalidade. Não tem nada a ver com sua criação. Você pode aumentar sua energia emocional sempre que quiser. Toda a energia emocional possível no mundo já existe dentro de você. Tem a ver com o modo de você lidar com a vida. Você só precisa fazer o que fazem as pessoas cheias de energia emocional. Mas não demore — esperar só piora tudo.

Você também precisa saber que não está sozinho. Muita pessoas estão nessa situação.

Bem-vindo ao clube

É importante que você saiba que, com base nos dados dos National Institutes of Health, um entre oito adultos está na mesma situação de nível baixo de energia que você. Faz sentido. Afinal, a principal pergunta que se leva ao médico da família é: "Por que me sinto tão inútil?"

Não percebemos que há tantas pessoas esgotadas em razão de uma espécie de ilusão de óptica. Comparamos nosso estado de exaustão interior com o grau de energia que as outras pessoas parecem ter. *Parecem.* Mas será que têm mesmo? Não tenha tanta certeza. A maioria mantém a exaustão escondida.

Aprendi uma lição importante sobre o perigo de comparar nosso estado interior com o exterior de outras pessoas aos 17 anos de idade. Eu estava estudando teatro em Manhattan naquele fim de ano com o grande Herbert Berghof. Ele era um dos melhores professores de teatro, ao lado de Lee Strasberg e Stella Adler. Naturalmente me apaixonei por aquele homem mais velho, bonitão, dinâmico. Acabamos por cair numa rotina — eu lhe dava carona depois da aula.

Naquele dia a aula fora sobre a necessidade de manter a ligação com a platéia.

— Como você consegue esse tipo de energia noite após noite? — perguntei.

Ele suspirou. Era tarde da noite, uma noite escura, quente e suave de Nova York. Estávamos estacionados em frente à casa dele na Washington Square. A capota do meu conversível estava recolhida. Algo o fez abrir a guarda.

— Vou falar a verdade — disse. — Só me sinto vivo de verdade durante talvez uns cinco minutos por dia. São momentos preciosos, e nunca sei quando vão chegar. Na maior parte do tempo... — Suspirou de novo. — É a isso que chamam de interpretar. Transmitir a ilusão de uma energia que a gente só sabe que existe porque a deseja muito.

Já ouvi falar de fingir orgasmos. Ele fingia ter energia!

Meus anos de pesquisa e clínica me ensinaram que meu maravilhoso professor não era a única pessoa a passar os dias à procura de energia e fingindo que a possuía. Os comerciantes de café e os palestrantes motivacionais iriam à falência amanhã se cada um de nós tivesse tanta energia quanto finge ter. O mundo do cinema está cheio de imagens de pessoas transbordantes de energia. O mundo real está cheio de gente real procurando desesperadamente por mais energia. É isso que eu e você somos. Somos buscadores de energia.

Você ficaria surpreso ao descobrir quantas coisas nós fazemos que são, na verdade, expressões dessa procura. Elas vão muito além da busca de energia oriunda de fontes físicas. É a procura de novas experiências, a paixão pela autenticidade, as tentativas de nos relacionarmos com os outros, a necessidade de mudança, o amor pelo divertimento, a fome de viagens e a criatividade incansável. Tudo isso nos marca como buscadores de energia.

Mas outras pessoas já acharam o que você procura, e você pode achar também.

Como obter mais energia emocional

Qual é, então, o segredo dos energizados? Eles vivem no mesmo mundo que nós — eu e você — vivemos. Mas as pessoas energizadas concentram-se constantemente em aumentar a energia emocional. Este é o segredo delas.

A maioria de nós comete um erro: diz que para ter energia emocional é preciso ter atitude positiva. Sim, quem tem energia emocional também tem, de fato, uma atitude positiva. Mas você não pode simplesmente pedir a si mesmo que tenha uma atitude positiva. Nós já tentamos isso, mas não funcionou. Isso porque a energia emocional vem daquilo que você faz para dar mais energia emocional a si próprio.

Afinal, grande parte da vida é assim. Há pessoas que são bem-sucedidas nas áreas pelas quais se interessam — emagrecer, ganhar dinheiro, tirar férias fabulosas — porque as transformam em prioridade e seguem certas diretrizes. Quem faz o que proporciona energia emocional *obtém* energia emocional.

Este livro contém tudo o que funciona para aumentar a energia emocional. Após anos de pesquisa, descobri que existem 25 atalhos simples, específicos e eficazes para isso. São os segredos dos energizados. O ideal seria ter todos eles trabalhando para você. Mas, certamente, você vai precisar de tantos quantos conseguir. O corpo tem certas necessidades nutricionais. Os 25 segredos são os requisitos necessários para elevar a energia emocional.

Você precisa *especialmente* de todos os propulsores de energia emocional que faltam em sua vida. Para ajudá-lo nisso, acrescentei em cada propulsor uma pergunta de diagnóstico que o ajudará a avaliar se é o necessário para você no momento.

Os propulsores seguem determinada ordem: os que vêm primeiro dão mais energia com mais facilidade para a maioria das pessoas. Faz sentido. Se você estiver com esgotamento emocional, vai querer resultados rápidos com esforço mínimo. Mas este não é um programa passo a passo. Cada um de nós é único. Do que você precisa, não funcionará para ninguém mais senão você.

Eis como usar este livro: faça uso dos propulsores de energia que lhe parecem ser apropriados ao seu caso. Confie em si mesmo. Em outras ocasiões, outros se sentirão bem. Os segredos que funcionam melhor para o seu caso são aqueles que você gosta de fazer e que lhe parecem mais fáceis. Eu gostaria que pudéssemos dizer que os alimentos de melhor sabor são os mais saudáveis. Mas o fato de que o propulsor de energia emocional é atraente para você é uma garantia de que vai ajudá-lo.

Você pode obter a energia emocional de que precisa

Tudo o que lhe dá energia é bom e precisa ser adotado. Tudo o que a suga é ruim e é preciso evitar. Não cuidar da sua energia emocional é não cuidar da própria vida.

Então, tudo bem. Chega de desprezar a energia emocional. Não é preciso. Agora você tem nas mãos tudo o que precisa para conseguir mais.

O que mais adoro na vida é o fato de ser repleta de maravilhas, como um jardim imenso, variado e belo. Existem pessoas maravilhosas, coisas maravilhosas e descobertas maravilhosas esperando por você. O pior na vida é que esse jardim quase sempre parece inatingível, atrás de uma porta pesada e trancada. Talvez outros tenham acesso a todas as maravilhas, mas você acha que não tem.

Energia emocional é a chave que destranca a porta do seu jardim. Assim, caso você esteja em um declínio temporário ou sempre tenha achado que precisa de mais energia, vai sentir-se abastecido ao descobrir os segredos da energia emocional.

1

Que se danem as expectativas dos outros

Propulsor de energia emocional nº 1

QUAL É A FONTE IDEAL DE ENERGIA? A BARATA E POTENTE. A FÁCIL DE obter e que rende muito. A que funciona rapidamente.

O segredo da energia emocional é exatamente esse. A gente só precisa apertar um interruptor mental para eliminar de imediato o desperdício de energia e, ao mesmo tempo, explorar uma potente fonte de energia.

E o interessante é que esse é um método bastante utilizado pelos energizados para aplicar a si mesmos alta dose de energia emocional. É raro encontrar uma pessoa bem abastecida que não use esse segredo.

Objetivos demais para alcançar

A maioria das pessoas importantes para nós tem expectativas bem específicas e espera que nós as realizemos. Os pais não querem que os filhos sejam apenas bem-sucedidos, querem também que eles vivam de determinado modo ou exerçam certa profissão. As pessoas querem que o cônjuge seja ambicioso, afetuoso ou social.

Querem que os amigos sejam legais, divertidos ou incessantemente prestativos.

Quando as expectativas dos outros em relação a você são iguais às suas, então sua vida é harmoniosa. Quando elas não correspondem àquilo que você quer e precisa, sua vida se torna um fardo e acaba exaurindo sua energia emocional.

Vejamos o depoimento de três pessoas que descobriram um maravilhoso aumento na energia emocional. Mas antes precisaram enfrentar o fardo das expectativas alheias que viviam carregando.

Sandi, 26: "Muitas pessoas têm pais com grandes expectativas quanto ao seu futuro. Minha mãe foi modelo. Posso afirmar que é muito duro ser filha de modelo. Acho que devíamos criar um grupo de apoio — filhas de modelos em recuperação. A questão é que ela era linda, e ainda é. Isso é ótimo para ela. Mas eu tinha de ser linda também. Quando a beleza dela começou a fenecer, ela quis que eu perpetuasse a sua glória. Mas chegaram a mim alguns genes defeituosos. Na vida real, tenho boa aparência, mas nas páginas de revistas de moda eu pareceria um javali. A questão é que todo dia, ao me aprontar para sair de casa, em algum momento eu me olhava no espelho e via que não era lindíssima, e tinha aquela sensação de quem acabara de receber uma notícia péssima. Arrastava essa sensação ruim comigo o dia inteiro."

Joseph, 32: "Era como se me dissessem que eu seria um assassino se fizesse o que queria fazer. Foi meu avô que abriu nossa firma de importação. Meu pai a consolidou. E eu, naturalmente, devia tocar o negócio. Porque, se não fizesse, quem o faria? E se eu não fizesse, seria como assassinar meu pai e meu avô. Acho que, se quisesse ser médico, eles teriam aceitado o que eu queria fazer na vida, mas fiz educação especial. Pensar que eu mataria os sonhos da minha família para ser alguém que educa crianças com distúrbios emocionais parecia esquisito. Então, resolvi trabalhar na empresa da família. Fazia viagens de negócios. Aprendi a comprar seda. Mas parecia que eu estava alimentando a empresa da família com meu próprio sangue. Eu me sentia exaurido."

Lisa, 43: "Parece que todas as pessoas de quem gosto esperam algo de mim. Minha mãe é dona de casa e achava que lhe faltava algo, então me incutiu a idéia de que eu precisava ter uma profissão. E o meu pai me achava inteligente, então ele queria que eu tivesse uma profissão importante. Acontece que sou professora e isso não basta para eles. Eles ficam perguntando quando é que vou fazer doutorado, como se eu tivesse obrigação de me tornar diretora. Meus sogros, que Deus os abençoe, têm uma visão do tipo dona de casa, em que devo receber bem e ter uma bela casa. Sei que meu marido também quer isso. Mas ele também gosta do dinheiro que eu ganho. E creio que ele receia um pouco ser casado com alguém que seja 'apenas dona de casa'. Não importava o que eu fizesse, não venceria nunca. A pressão era exaustiva — eu vivia sempre olhando para eles e percebia que estavam me julgando."

Aí está. Três pessoas lutando com a exaustão emocional. Por quê? Joseph e Lisa queimaram uma quantidade imensa de energia tentando ser quem as respectivas famílias queriam que eles fossem. Sandi sabia que não podia ser o que a mãe queria, mas convivia com aquela decepção diária porque aderiu às expectativas dela.

Por que isso é tão exaustivo? Vamos supor que você tenha um emprego e faça as mesmas atividades que um colega. Mas, por algum motivo esquisito, 80% do seu salário acabam sempre no bolso dele. Ambos dão duro, mas ele se aproveita ao máximo do seu trabalho. Como prosseguir assim?

É isso que acontece quando você vive segundo as expectativas dos outros. Você tem de obter satisfação do modo como vive sua vida. Talvez não a cada minuto, mas em geral tem o direito de esperar satisfação da vida. Quando, porém, as expectativas de outra pessoa definem como você deve viver, é ela, não você, que desfruta da satisfação resultante do seu empenho. Você está aplicando energia, mas morrendo de fome emocionalmente.

Diagnóstico nº 1

Você costuma se zangar com alguém importante para você por essa pessoa lhe dizer como você deve viver sua vida? Acha que os outros estão decepcionados com você? Vive com medo do que os outros vão pensar de você?

Responder "sim" a qualquer uma destas perguntas significa que este segredo será um grande impulso para sua energia emocional.

Você construiu a cadeia e está com a chave na mão

O que mantém você e a mim presos nisso — e a maioria de nós — não tem nada a ver com as outras pessoas. Todos no mundo têm expectativas acerca de todos. O problema é, portanto, que nós adquirimos as expectativas que os outros têm a nosso respeito.

Esta é a questão importante. Sim, Sandi, Joseph e Lisa sabiam com toda clareza que as expectativas dos outros estavam fazendo pressão sobre eles. É inegável. O problema era saber *até que ponto eles concordavam com essas expectativas.* Sandi passou anos pensando: "Sim, é claro, eu devia ser bonita. Sei por que minha mãe se sente tão decepcionada. Eu também estou decepcionada." Mas será que Sandi estava realmente decepcionada consigo mesma? Era aquilo mesmo que Sandi esperava de si?

Joseph também passou anos concordando com as convicções da família. Sim, se ele largasse a empresa da família ela poderia falir; e isso seria muito ruim e faria dele uma pessoa má.

Lisa, por mais que detestasse aquela pressão, concordava, em essência, que a mulher deveria ter uma carreira fabulosa e ser uma excelente dona de casa. Dirigiu a si a decepção por não viver à altura dessas expectativas.

E é assim que nós atribuímos fardos a nós mesmos que nos exaurem. Não sabemos dizer não. Não sabemos traçar uma linha divisória entre nós e as pessoas de quem gostamos.

Eis aqui como acabar rapidamente com uma grande goteira e receber uma grande carga de energia,

Propulsor de energia emocional nº 1
Pare de aceitar as expectativas que os outros têm a seu respeito.

Não é preciso fazer isso com todas as pessoas da sua vida. Pense apenas numa pessoa que você acredita ter depositado nos seus ombros um fardo pesado de expectativas acerca de quem você deveria ser ou como deveria ser.

Diga, então, a si mesmo: "Compreendo o que essa pessoa espera. Mas não quero isso para mim. Lamento sua decepção, mas preciso da certeza de que minha principal prioridade é viver de acordo com minhas próprias expectativas." Esta é uma declaração particular de independência. É para você saber. E isso é tudo. Não precisa procurar a tal pessoa para uma discussão. Nem contar a ela. Mas precisa declarar para si mesmo que, de agora em diante, o importante é viver segundo as suas próprias expectativas. As expectativas alheias não valem mais para você.

E é preciso ter convicção.

Você vai perceber quanto o seu modo de vida estava invadido pelas expectativas dessa pessoa. Descobrirá quanto o seu sentimento de culpa, seu senso de obrigação ou o medo de fazer algo por si mesmo o obrigavam a viver tentando alcançar as expectativas dela.

Raramente vivemos numa prisão que não tenha sido construída por nós. Mas é da cadeia que você mesmo construiu que é mais fácil escapar. Se é você mesmo que se mantém preso, nada o impede de sair.

A dádiva da liberdade

O que de pior pode acontecer se você parar de aceitar as expectativas de outra pessoa? Alguém que não é você ficará decepcionado. Mas *você* vai sentir-se maravilhosamente bem. Sua sensação de alívio será imediata e enorme. Isso vai elevar, e muito, sua energia emocional.

Sandi fez isso. Só precisou de um lampejo de discernimento. Certo dia, depois que ela e o marido fizeram amor, ele disse que ela era linda. Já dissera coisas assim antes, é claro. Sandi sempre atribuía à vontade de ir para a cama com ela. Mas nesse dia ela se conscientizou do que vinha fazendo contra si mesma: "Por que devo me decepcionar com minha aparência se o homem que amo gosta dela? Por que preciso alimentar expectativas a meu respeito que me apunhalam o coração sempre que me olho no espelho se posso olhar nos olhos dele e sentir amor?"

E Sandi abandonou a expectativa de que precisava ser linda do jeito que a mãe queria que fosse. Ela não poderia modificar a mãe. Mas modificou a si mesma. Parecia que lhe haviam tirado um peso de 50 quilos dos ombros. Nas semanas seguintes, os amigos não pararam de comentar que Sandi estava com ótima aparência. É claro. Energia emocional é o segredo supremo da beleza.

Lisa vivia cercada pelas expectativas de muitas pessoas. Elas se juntavam ao seu redor como moscas num piquenique. Um dia, Lisa estava conversando com seus alunos sobre o que eles queriam ser quando crescessem. A sala se encheu de imagens de bombeiros, bailarinas, astronautas e veterinários. E alguns queriam ser professores. Para as crianças, eram imagens inspiradoras de esperança e liberdade. Lisa pensou: "Sou professora, mas estou decepcionada comigo. Será que devo dizer a essas crianças que não sejam professores?"

E, então, Lisa percebeu que queria ser exatamente o que era. Gostava da vida que levava. Gostava de si mesma. Tinha tudo de que precisava para ser feliz. Ser professora era motivo de orgulho. Ela só queria ser professora. E nada mais do que uma dona de casa desleixada. Assim, resolveu abandonar todas as expectativas dos outros que a tinham invadido. Ao preparar um jantar, disse a si mesma: "Querem que eu prepare um jantar de *gourmet*, mas estou satisfeita com a receita de lasanha que veio na caixa."

Parte dela parou de se esforçar tanto. A outra parte abandonou a decepção consigo mesma por não se empenhar mais. Passou a se permitir ser ela mesma. E, pela primeira vez em anos, Lisa sentiu um surto de energia que lhe permitiu começar a pensar em fazer coisas divertidas. Começou a gozar a vida.

Joseph caíra na armadilha mais difícil. Parecia que era tudo ou nada: comprometer-se totalmente com a empresa da família ou abandoná-la. Todos em sua vida esperavam que ele se sacrificasse à empresa da família. E Joseph acreditava que, caso se afastasse, a empresa poderia falir.

Mas ninguém fica totalmente indefeso numa armadilha. Joseph fez um minúsculo movimento mental que foi fundamental para todos. Permitiu-se não se entregar às expectativas alheias. "Querem que eu me dedique à empresa e vivo me castigando por isso. Mas eu não quero, e isso não faz de mim uma pessoa ruim. Não vou me afastar imediatamente. Agora não. Muita gente ficaria magoada. Mas posso abandonar a idéia de que eu *devia* querer isso para mim. Não quero e pronto. E, de fato, na minha família tem muita gente da minha geração que pode administrar essa empresa e que adoraria a oportunidade. Posso começar a prepará-los imediatamente. Então, um dia, em breve, quando chegar a hora, eu me afastarei."

E isso foi o que ele fez. Em vez de esquentar a cabeça, admitiu a idéia de não querer dedicar a vida à empresa da família. No fundo, porém, libertou-se de uma sensação terrível de decepção e conflito. Não era um fracassado por querer educar crianças com distúrbios emocionais. Era ele mesmo. Aquele pequena mudança tirou-lhe um peso do coração, e ele se sentiu mais leve, como não se sentia havia anos.

Libertando-se

É provável que você esteja sentindo o peso da expectativa de alguém em especial. Sua mãe ou seu pai, seu cônjuge ou amante — essas pessoas têm muitas expectativas a seu respeito.

Então, quem é a pessoa da sua vida, neste momento, cujas expectativas são um problema para você? Quem o faz sentir-se apenas um pouco mais emocionalmente esgotado, em razão da sensação de que possa vir a se decepcionar com você?

Agora tente declarar para si mesmo a expectativa da outra pessoa numa simples frase. Por exemplo: "Meu marido quer que eu fique magrinha." Ou: "Meu pai quer que eu tenha o que ele chama de 'profissão de verdade'."

A seguir, tente identificar como foi que você aderiu às mesmas expectativas. Não é que você queira *realmente* aquilo. É que você concordou com algo que não acredita, no qual não se reconhece. Por exemplo, esforçou-se por emagrecer como o seu marido quis, mas quando é sincera consigo percebe que se sente ressentida, carente e artificial. Ou talvez tenha concordado com seu pai quando ele decidiu que você devia seguir uma "profissão de verdade", mas, no fundo, não pensa assim, pelo menos a respeito de si mesmo.

Este é o passo mais importante — perceber que adotou as expectativas de alguém, mas, no fundo, não concorda com elas. Ao se dar conta disso, você se liberta. O que faz, então, é dizer a *si mesmo*: Isso é ótimo para eles, mas não para mim. *Não preciso mais desejar isso para mim.*"

Quem manda em você? É você mesmo. Não há o que discutir. Não é uma mudança brusca de vida. Você só está reconhecendo para si mesmo suas próprias convicções, e isso tem o poder de liberar quantidades imensas da sua energia emocional.

2

Como dar a si mesmo uma vida coerente

Propulsor de energia emocional nº 2

POUCAS PESSOAS CAMBALEIAM POR AÍ COM O OLHAR VAZIO DIZENDO, num tom trágico: "Minha vida não tem sentido." Muitos de nós, até mesmo os que sentem fadiga emocional, sabem indicar algo que dá sentido à vida. Então a nossa vida tem sentido, sim.

Entretanto, um número surpreendente de pessoas tem algum *problema* com o sentido da vida. Sim, existe um alicerce de sentidos, quase sempre oriundo da vontade de cuidar da família. No entanto, não temos a *sensação* de uma vida repleta de sentido, não do jeito que era antigamente nem do jeito que gostaríamos. Não é uma ausência total de sentido — apenas escassez. Mas essa escassez já basta para provocar uma queda terrível na energia emocional.

Sem sentido, não há razão nem recompensa ao que você faz. E se você faz algo sem motivo e esperança de recompensa, como isso poderá servir para energizá-lo?

Portanto, é importante parar para pensar na próxima questão. Seja honesto. Você ficará contente por ter sido sincero.

Diagnóstico nº 2

Em algum momento da sua vida você teve uma noção de sentido que não tem mais no mesmo grau? Existe uma estagnação ou um vazio em sua vida que o incomoda?

Responder "sim" a qualquer uma destas perguntas significa que este segredo será um grande impulso para sua energia emocional.

Vou falar de umas pessoas que acreditavam ter perdido a noção de sentido. Mas não se preocupe, as histórias têm final feliz. Se você conseguir enxergar o que elas enxergaram, sua história também terá um final feliz.

Não subestime o sentido da vida

Cometemos um erro imenso nessa questão do sentido. Achamos que simplesmente acontece. Achamos que o sentido da vida é predeterminado. Imagine nossa surpresa quando ele vai embora!

A noção de sentido não nos chega às mãos numa bandeja de prata. Você não pode pensar que a noção de sentido estará sempre à sua disposição, sem nenhum esforço de sua parte, não importa o quanto ela seja valiosa e profunda para você nem o quanto você esteja envolvido com ela.

Vou falar de um rabino que conheci quando criança. Ele era um santo homem. Era muito sábio e culto, porém muito mais bondoso, gentil e meigo. Todos que o conheciam o adoravam. Ele morava no meu prédio e eu nunca me esqueci do que aconteceu com ele.

Ele estava com 60 e poucos anos. O Holocausto terminara uns dez anos antes. Acho que o rabino pensara profundamente, rezara e meditara infinitas vezes todos aqueles anos sobre o fato de milhões de judeus e milhões de outras pessoas morrerem com tanta facilidade, desaparecerem como um sopro faz desaparecer a poeira de cima de uma mesa.

E um dia ele simplesmente parou de crer. Deus tinha sido, para ele, tão real e sólido como uma casa, e um dia Deus desapareceu para esse rabino. De repente ele percebeu que dedicara a vida a nada. Simplesmente concluiu que não podia existir um Deus que permitisse isso.

Ele sempre contara com o sentido à sua disposição. Nunca pensara em ter de procurá-lo por conta própria. Continuou a se vestir como judeu ultra-ortodoxo por hábito e respeito. Mas as rezas, a sinagoga e a observância dos rituais chegaram ao fim. Ele ainda era gentil com todos, mas, em vez de ter uma congregação, ele só cuidava de um bando de pombos que vinha comer suas migalhas na praça, onde eu conversava com ele todos os dias.

Não podemos nunca considerar nossa noção de sentido como certa, senão nossa energia corre perigo. E quando isso acontece, nós também corremos perigo.

Você é encarregado do sentido da sua vida

O sentido da vida é igual a estar em forma. Você tem de fazer acontecer. Tem de renová-lo, reavivá-lo, reorientá-lo. Contudo, não é isso que nós fazemos. Não conseguimos imaginar o que fazer, mas há meios, e vou mostrá-los adiante.

Às vezes o que nos acontece é menos patético do que aquilo que aconteceu ao rabino. Mas muitos de nós encontram o sentido e, depois, acontece algo terrível e o perdem, como quando construímos uma torre na infância e nos orgulhamos tanto dela, mas ela desmorona antes que possamos mostrá-la à nossa mãe.

Foi isso que aconteceu com Michelle. Ela parece estar bem, sendo a pessoa forte e sensível que é. Mas está à deriva, e parece que sua energia emocional se esgotou.

Michelle, 28: "Durante toda a infância minha vida foi a música. Eu ia ser violinista clássica. Havia toda uma geração de jovens violinistas que me inspiravam. Eu estudava muitas horas por dia para tocar lindamente. Pode parecer ridículo, mas eu queria uma oportunidade de dar voz a todas as lindas músicas existentes no mundo.

"E estava me saindo bem. Tinha bolsa de estudos na Juilliard e, quando me formei, tive muitos convites e oportunidades.

"Acho que tinha se passado um ano quando descobri que tinha artrite, o que é ridículo para uma pessoa da minha idade. Era inacreditável. Então você diz a si mesma que só precisa ensaiar mais. Mas não é assim. Eu perdi o chão.

"Olhava para o violino, que havia se tornado um objeto inútil para mim. Mas não me entreguei à comiseração de mim mesma. Segui em frente. Passei a lecionar música, e isso gera muita satisfação. Só não encontrei na vida o mesmo sentido de antes. Passo os dias à deriva, sinto-me vazia. O que mais posso dizer?"

De certa maneira, o sentido é igual ao amor. É terrível perdêlo, como aconteceu com o rabino e com Michelle. Talvez seja pior não tê-lo nunca descoberto, como aconteceu com Jack.

Para quem quisesse encontrar Jack, o melhor lugar para procurar era o campo de golfe. Parece uma boa vida. Mas Jack sempre trazia consigo uma sensação profunda, porém visível, de insatisfação.

Jack, 56: "Passei a vida trabalhando duro para ganhar muito dinheiro, e ganhei. Os anos que passei em Wall Street foram... eu não diria que foram divertidíssimos, mas o combustível era uma sensação de desafio e competitividade. Sou um daqueles caras que diziam que aquele que tiver mais brinquedos ganha.

"Era um jogo interessante, e era bom ter muito dinheiro. Mas acho que meu erro foi pensar que isso me levaria a algum lugar. Eu tinha certeza de que, quando chegasse ao fim do arco-íris, tudo isso me daria uma noção de sentido. Mas eu me sentia muito vazio.

"Sei que quase todo mundo inveja o que tenho — e não me entenda mal, sou tremendamente grato por isso —, mas não passa de dinheiro. Quer saber como eu me sentia? Voltei a me sentir como o rapaz perdido que era aos 22 anos e não sabia o que fazer da minha vida. E quando você se sente perdido assim, sente-se cansado, inquieto, nada tem importância, e nem todo o dinheiro do mundo consegue fazer com que você se sinta melhor. Até o golfe era muito mais divertido quando era um luxo especial. Mas quando eu não fazia nada além de jogar golfe, ficou igual a trabalhar, só que era um serviço em que eu não me saía bem."

Sei que ninguém tem pena de Jack. Ele fez a cama e tinha de se deitar nela, só que era uma cama folheada a ouro, com colcha de vison. Coitadinho.

Mas se você se esquecer do dinheiro, verá uma situação com que muitos de nós nos identificamos. Eu trouxe o Jack para desafiar seu senso de empatia. E por que não se solidarizar com ele? Você também se sentiria mal se pensasse que encontraria sentido em algo, trabalhasse com afinco e, no fim das contas, se sentisse vazio.

Quanto à história da energia emocional, Jack é igual à mulher que deu duro para sustentar a família da melhor maneira possível e depois as crianças cresceram e saíram de casa, e em vez de colher satisfação, ela está colhendo uma sensação de vazio. Jack é igual ao sujeito que trabalhou a vida inteira em um órgão de assistência social para ajudar aos desprovidos, e se orgulha do que fez; porém, depois de muitos anos, sua comunidade continua cheia de descamisados e ele acha que, em vez de ter construído uma arca, a única coisa que fez foi fugir de uma canoa furada.

Não é depressão. Não é esgotamento. Pelo contrário, é uma avaliação honesta, sincera, de como eles se sentem após anos de trabalho e empenho. Você já não viajou de férias para algum lugar especial, gastou muito dinheiro e mesmo assim suas férias foram uma grande decepção? Isso já aconteceu muitos de nós. Ora, sejamos sinceros. É isso que acontece com nossa noção de sentido. Esperávamos encontrá-la, chegamos até a pensar que a tínhamos, mas estamos é decepcionados com o que temos de fato.

Se é o que acontece com você, é melhor não fingir. Só com o reconhecimento disso lhe será possível obter mais energia emocional.

Como dar sentido à vida

Observando o esforço de quem procura um sentido na vida, descobri que há muitas soluções que dão certo. Uma delas será a certa para você. Por exemplo, quando foi a última vez que você perguntou a si mesmo: "O que eu poderia fazer, ou fazer de outro modo, para dar mais sentido à minha vida?" Esta pergunta elementar é uma excelente maneira de começar. Você só precisa dar a melhor resposta possível e o melhor de si para realizar a resposta. Não é preciso apresentar uma resposta brilhante: a simples formulação da pergunta já reorienta todo o seu ser de tal modo que você recebe mais energia emocional imediatamente.

Você também pode achar que perdeu a noção de sentido sem nenhum motivo, a não ser ter se tornado preguiçoso e confuso. Sabe muito bem o que deu sentido à sua vida no passado. Agora só precisa restabelecer a sintonia. Talvez você tenha vivido para cuidar da família, por exemplo. Mas os filhos cresceram e seu cônjuge se tornou mais independente. E você se ocupou com outras coisas. Mas quem poderá afirmar que você não é mais tão importante para a sua família quanto era antes, ou até mais? Procure seus familiares. Faça coisas boas acontecerem. Vá lá e reconquiste a noção de sentido que tinha.

Outra solução equilibrada para a questão do sentido é pensar naquilo de que você gosta e fazer acontecer. Sentido é apenas isso:

o interesse em uma série de atividades que vinculam sua vida àquilo de que gosta. Não importa o que seja, não importa se aos olhos dos outros parece insignificante, se seu interesse é real e se você o insere no seu cotidiano, você perceberá uma noção de sentido em troca.

E quanto ao rabino, Michelle e Jack? Quais as saídas que eles encontraram? Eles seguiam por uma estrada difícil, mas conseguiram achar excelentes saídas.

Uma delas é transformar perda em ganho. Exemplo clássico disso são as mulheres que fundaram Mothers Against Drunk Driving (MADD — Mães contra motoristas alcoolizados). A vida de uma criança amada foi roubada em um acidente. Qualquer pessoa que já passou por essa situação acha que sua vida perdeu o sentido. Mas, em vez de sofrer desesperadamente, essas mulheres colheram uma rosa em meio aos espinhos cruéis da perda. Os filhos delas morreram, mas elas salvariam a vida dos filhos de outras mães.

Jack fez algo bem semelhante: transformou algo que lhe roubava energia em algo que passou a lhe dar energia. Pensou na gaiola dourada e vazia em que tagarelava, e em todos os jovens que estão em Walt Street, alegres e, sem saber, construindo essas gaiolas para si mesmos. E resolveu ajudá-los. Talvez eles não fossem os mais necessitados do mundo, mas eram colegas *dele*. E sentir-se *vazio* é sentir-se vazio, seja você quem for.

Com dois amigos tão ricos quanto ele, que tinham uma vida igualmente sem sentido, Jack chegou a Wall Street e conseguiu convencer as pessoas a doar tempo e dinheiro a jovens desprivilegiados que estavam com dificuldades para começar a ganhar a vida. No fundo, o objetivo de Jack era ajudar os amigos a descobrir projetos de que gostassem e que não fossem simplesmente para faturar.

Jack fez disso a parte principal de seu trabalho — educar quem só pensava em dinheiro sobre a necessidade de encontrar sentido na vida por meio da ajuda ao próximo.

Agora a energia emocional de Jack está altíssima.

Qualquer um pode fazer isso. Não é preciso ter o nível de vida de Jack. Não é preciso *ter* muito dinheiro. *Identifique o que você impediu de se aproximar de você. Depois, ajude alguém a achar algo semelhante. Esse é o princípio elementar.* Jack achava que construíra algo duradouro. Agora está ajudando o próximo a construir algo que realmente vai subsistir.

O passado não volta, mas é possível cuidar do futuro.

Michelle deveria ter feito algo assim, trabalhando com músicos ou crianças deficientes. Mas ela resolveu permanecer na luta independente da recompensa. Você trabalhou duro e a vida fez de você um macaco? Muito bem. Então o jeito é prosseguir mesmo sendo um macaco. A perseverança lhe mostrará o sentido da vida, embora você sinta que o perdeu. O sentido surge da resistência, da persistência, de você se manter na luta, haja o que houver, e se um caminho estiver bloqueado procure outro. Ninguém pode lhe tirar a noção de sentido, pois você não é covarde.

Para Michelle, isso significava continuar com a música. Ela, naturalmente, não podia mais usar as mãos para tocar, mas ninguém precisa de destreza para compor músicas que seriam tocadas por outras pessoas. Não foi fácil. Ela não era um Mozart. De intérprete virtuosa passou a compositora sem talento comprovado.

"Mas", Michelle disse, "e daí? Eu pensava que o negócio era vencer, mas, na verdade, é jogar, permanecer no jogo, dar um jeito de agüentar firme, haja o que houver." Você precisa abrir mão da sua necessidade de ganhar, ou, pelo menos, de ganhar determinado prêmio. Em vez disso, abrace a luta.

Repito: qualquer um pode fazer isso. *O princípio adotado é: quando sua casa desmorona, você a reconstrói; e se isso se repetir, você agirá do mesmo modo. Enquanto continua lutando, o sentido se manifesta.* Ninguém pode tirar de você o sentido da vida, a não ser que você afaste de si mesmo a disposição para lutar.

Isso significa que você deve seguir em frente, mesmo acreditando que sua noção de sentido foi destruída; é na persistência que você a encontra. Você é a pessoa que ninguém consegue deter, e se algo o detiver, você descobrirá outro caminho.

O rabino poderia ter agido assim. Sim, ele perdeu a noção de sentido. Mas quem disse que ele tinha de abandonar o sacerdócio? Ele poderia ter dito: "Deus não faz mais sentido para mim, mas isso torna a minha fé ainda mais especial." A congregação continuaria a amá-lo.

Mas o rabino encontrou outra saída. Repito que a solução certa é a que funciona para você. O que funcionou para ele foi descobrir que nós podemos encontrar sentido no viver sem sentido. O sentido da vida provém simplesmente de viver a vida.

Parece paradoxal, mas não é. É possível desfrutar a vida sem nenhuma idéia de sentido, simplesmente desfrutando-a. Gozar o momento. No final de *Cândido,* de Voltaire, após uma série de perdas horríveis, Cândido decide cultivar o jardim. Quem sabe o significado de tudo? Quem sabe se você algum dia encontrará o sentido supremo? Mas você pode cultivar uma rosa e desfrutar sua forma e cor perfeitas. Pode cultivar um tomate e desfrutar um fruto suculento e maduro. E, no fim de tudo isso, qual foi o sentido da sua vida? O sentido da sua vida foi ter recebido o dom da vida e tê-lo desfrutado. Nada mais. Mas nada menos.

Quando eu era criança, esse rabino era uma figura de mistério, não só para mim, mas para todos em meu bairro — um rabino que deixara de ser rabino, mas, de certa forma, ainda era rabino. Ele se sentava na praça com os pombos, e eu via que ele conversava com as crianças, que elas confiavam nele e que as normalmente desconfiadas mães também confiavam nele.

Um dia, então, me aproximei do rabino, tímida, não a tagarela de sempre. Lembro que o rabino me disse: "Que lindo dia, não acha?" Foi uma pergunta sincera, como se quisesse mesmo que eu apreciasse o belo dia que estava fazendo. Nunca ninguém tinha conversado comigo sobre um lindo dia. Que revelação. Havia dias que eram lindos! Concordei com ele solenemente. Então, ele me perguntou: "Você não acha que os pombos gostariam que lhes déssemos comida?" Mais uma revelação. Eu já tinha visto outras pessoas alimentarem os pombos, mas essa era uma idéia nova. Os pombos gostam quando você lhes dá comida. Você pode fazer os pombos felizes. Puxa!

Jogamos migalhas de pão e, pela primeira vez na minha vida, vi pombos felizes onde antes só via pombos. E tudo isso acontecia num lindo dia, onde antes eu só via dias.

Precisei ir logo embora. Eu disse ao rabino que minha mãe estava me esperando. Ele me agradeceu por ter passado algum tempo com ele. Disse que gostara de estar comigo. Mais uma idéia nova. Éramos refugiados. Eu pensei que fosse apenas obrigação. Mas alguém gostava da minha companhia. Havia dias lindos. Pombos felizes. E eu era capaz de fazer alguém feliz.

Voltei para casa encantada, achando que o mundo de repente se tornara um lugar mais rico, mais maravilhoso, repleto de felicidade. Só era preciso virar a cabeça e olhar para tudo com outros olhos.

O rabino sabia que, se o sentido da vida é gozar a vida, é ainda melhor gozar a vida com alguém.

Se esta for a solução certa, você só precisa permitir-se. Talvez seja difícil descobrir o sentido. Então, por que se exaurir na tentativa de encontrar um sentido para a sua vida se, cessando a busca, você encontra uma imensa fonte de energia?

O filme *Manhattan* de Woody Allen tem uma cena maravilhosa em que o personagem dele faz uma longa lista de coisas que, para ele, fazem a vida valer a pena. Faça isso por si mesmo. O que preencheria sua vida, vivenciar todas as coisas agradáveis e que lhe dão satisfação?

Eis a resposta. O sentido que provém de se desfrutar a vida.

Propulsor de energia emocional nº 2

Assuma a responsabilidade de procurar o sentido da sua vida.

Se você esperar que o universo lhe forneça uma noção de sentido, você se sentirá frustrado, e isso vai estragar sua relação com a vida e consigo mesmo. Mas se você assumir a responsabilidade de procurar uma noção de sentido, ou se descobrir um meio de viver sem ele, vai perceber que o universo é um lugar de abundância, onde você pode encontrar um sentido se estiver disposto a procurar por ele.

Questão especial:

Como funciona a energia emocional

VOCÊ GOSTARIA DE OBSERVAR A ENERGIA EMOCIONAL SE MANIFESTAR plenamente? Basta passar um dia com uma criança. Felicidade, intensidade, perseverança, alegria e curiosidade são sinais de uma forte dose de energia emocional. Pais e mestres maravilham-se com a energia infantil, porém, fisicamente, as crianças são fracas e se cansam com facilidade. É a energia emocional que lhes permite levar qualquer adulto à exaustão e saltar sobre quase todos os obstáculos.

Lembre-se de quando você transbordava uma energia feliz, criativa, alegre, quando tinha muito a dar e uma imensa capacidade de receber. Provavelmente isso aconteceu na infância.

É assim que nós começamos a viver: somos pessoas carregadas de energia, exuberantes, *efervescentes*. Então, por que não permanecemos assim? O corpo envelhece, mas coração, cabeça e espírito não. Há algo errado. Deveríamos ter a energia emocional de uma criança feliz, porém não temos. *O que acontece conosco?*

O seguinte relato contém uma dica importante.

Patti, 31: "Acho que você diria que nasci em um ambiente sem privilégio algum. Minha mãe era garçonete e Deus sabe que ela fazia o possível, mas ela cuidava sozinha de mim e de meus dois irmãos. Quando conseguiu juntar dinheiro suficiente para pôr um teto sobre a nossa cabeça, não lhe restava muito a dar. Fomos criados em um conjunto habitacional. Eu não via muita esperança ali. Não tinha exemplos a seguir. Ninguém no meu mundo esperava muito de mim. Acho que a grande lição que aprendi foi ser uma boa menina e obedecer. Ninguém me via. Ninguém me conhecia. Sei que minha mãe gostava de mim, mas só como um organismo, não como alguém especial. E isso era um recado muito desalentador. Ninguém estava interessado na pessoa que eu era.

"Então, o que aconteceu? Graças a Deus morávamos a três quarteirões da biblioteca pública. Não me lembro de quando a descobri — talvez aos 9 ou 10 anos de idade —, mas foi como descobrir um outro mundo. Na verdade, quase todos os livros que eu lia me mostravam um mundo novo.

"Era um mundo cheio de possibilidades. Não importava o que eu lia. Livros de imagens. Livros de contos. Mais tarde, romances. Mais tarde ainda, não-ficção. Todos aqueles sobre quem eu lia viviam aventuras e saíam de um mundo pequeno para um mundo maior, mais brilhante, mais interessante. As pessoas sobre quem eu lia enfrentavam problemas difíceis, mas conseguiam perseverar. Cada um deles — e não sei como apreendi isso em idade tão tenra — havia encontrado um meio de realizar o próprio sonho. Era disso que os livros falavam. Descobrir a si mesmo, seus sonhos, deparar com obstáculos e, depois, descobrir um meio de fazer os sonhos acontecerem. E, então, você percebe que há um lugar para você no mundo.

"Aqueles livros salvaram minha vida. Não eram apenas setas que indicavam a existência de um mundo maravilhoso. Eram, sim, setas que mostravam algo especial e maravilhoso em mim, e que teria lugar em mundo tão grande. Trago comigo essa mensagem de esperança."

A batalha pela energia emocional

Patti descobriu um meio de se salvar. Cada um de nós descobre um meio diferente. Mas o que cada meio tem em comum?

Todos nós queremos nos sentir à vontade, seguros, esperançosos e felizes no mundo. Queremos sentir que estamos vivendo num mundo adequado a nós. O que nos deixa emocionalmente esgotados é a luta para ser nós mesmos em um mundo com idéias próprias, bem diferentes, sobre quem somos e o que devemos fazer.

O sistema de energia emocional é bem diferente do sistema de energia física. Do ponto de vista da energia física, você é apenas uma máquina. Precisa de combustível, o melhor possível, e de boa manutenção. É isso o que você faz quando se alimenta, dorme bem e se exercita.

O sistema de energia emocional funciona de uma maneira completamente diferente. Você é *você*, de fato, não uma máquina. É um *ser* especial, criativo, dinâmico, feliz e esperançoso. Você é, em essência, a pessoa perfeita e singular que Deus criou. Mas por que Deus criou você especificamente? Para fazer uso especial deste mundo e desfrutá-lo em sua plenitude. Você não é um robô, uma ferramenta, um meio para um fim, nem um animal como os outros de um rebanho. Você é *você*, e não existe ninguém igual a você. Como você perceberá adiante, isso tem implicações magníficas em sua energia emocional.

Compare o que acontece com a energia física ao que acontece com a emocional no nosso desenvolvimento. Para o adulto comum, a energia física atinge o ápice no início da maturidade e, então, diminui aos poucos.

Quando se trata de energia emocional, é outra história. Compare a energia interior de uma criança com a de um adulto normal aos trinta e poucos anos. Na maioria dos casos, a perda de energia emocional é grande e marcante. Muito embora o adulto ainda tenha um pouco, houve um grande embotamento da energia emocional, se comparada a quando ele era criança. Mais ceticismo, mais cautela, menos paixão, menor capacidade de se divertir, desconfiança, perda da confiança em si.

Rapidinha: um grupo de crianças merendando juntas. Sobre o que conversam? Provavelmente, bobagens, estão se divertindo muitíssimo. Agora imaginemos um grupo de adultos almoçando juntos. Sobre o que conversam? É provável que estejam reclamando, falando de problemas. Que diferença enorme entre os dois grupos!

Por que, ao sairmos da infância, nossa energia emocional diminui mais rapidamente do que a energia física?

Desde que os seres humanos apareceram neste planeta, as crianças representam um desafio para a sociedade. É ótimo estar sempre energizado, mas os adultos querem que as crianças sejam forçadas. A vida é dura, requer trabalho e abnegação.

Pense nas mensagens que você recebeu enquanto crescia. Poucas diziam: "Você está ótimo do jeito que é." A maioria dizia: "Quando é que você vai se endireitar e cair na real?"

A criança quer fazer *o que* ela deseja e do seu *modo*. Mas os adultos querem que as crianças façam o que *eles* querem, e que façam da maneira *certa*. Assim, a transição da infância para a maturidade é marcada por adultos que transmitem às crianças a mensagem de que não estão bem do jeito que são. Há algo errado naquilo que querem e em seu modo de agir.

Foi com isso que você e eu — e todas as outras crianças — tivemos de lidar. Aceitamos as exigências dos adultos na nossa infância. Mas ouvir com tanta freqüência que havia algo errado em sermos nós mesmos foi terrível para nossa energia emocional. Vejamos, por exemplo, o mundo dos relacionamentos. Uma garota pode começar a se relacionar com rapazes de um modo que para ela é o certo. Mas a pressão social, os temores dos pais e o jeito de ser dos rapazes a desanimam de continuar a agir com espontaneidade.

Qual é a trajetória emocional de uma pessoa que namora dos 15 aos 30 anos de idade? Deixar de ser ela mesma para ser de outra maneira — construída por pressão social, conselhos de revistas femininas, "regras" de namoro e quaisquer lições que tenha aprendido. Da confiança à cautela, da esperança ao ceticismo, da espontaneidade ao interesse.

O que acontece a uma jovem nos namoros acontece a cada um de nós em todas as esferas — mais ou menos, mas acontece. E nos rouba energia. A energia emocional não se interessa pelo seu êxito mundano. *Ela só se importa com o êxito que você alcança sendo você mesmo.*

Não agir à sua maneira consome muita energia. É preciso vigiar a si mesmo constantemente. É nesse ponto que entra em cena a dolorosa inibição da adolescência. Você precisa conter-se. É aí que surge o comportamento tímido, emocionalmente fechado, dos candidatos a emprego e das pessoas em seu primeiro encontro amoroso. Você tem de agir de maneira desconfortável, desconhecida.

Algum treinador de tênis ou instrutor de golfe já tentou mudar seu balanço? Se tentou, você sabe como é doloroso e difícil. Sabe que a resistência é grande. Sabe quanto isso o desmotiva. Sabe que isso acaba com a diversão do jogo. Se você conseguiu mudar, talvez tenha valido a pena. Mas, sempre que você tenta mudar a direção natural de algo, uma quantidade excessiva de energia é consumida, e quase sempre o retorno é limitado.

Já deu para perceber de que forma a vida cria os buscadores de energia. Completamente impossibilitados de ser nós mesmos, vivemos nos esforçando para encontrar um meio de nos aproximar daquilo que somos. Queremos viver de maneira mais autêntica, de um modo que seja mais coerente com o que realmente somos. A questão é: será que vamos encontrar o que procuramos?

É claro que sim. Por mais esgotados que nos sintamos às vezes, uma das melhores coisas da vida é ser repleta de oportunidades para aumentar nossa energia. Podemos sempre fazer algo para elevar o nível da nossa energia. Todos os propulsores deste livro funcionam porque o ajudam a ser quem você é realmente. Isso torna o mundo mais aconchegante e natural para você. E quanto mais autêntico você é, mais energia emocional você tem.

3

Preces que funcionam

Propulsor de energia emocional nº3

DIZEM QUE NÃO HÁ ATEUS NO COVIL DA RAPOSA. TALVEZ SEJA VERDADE. E cada um de nós já se encontrou em algum tipo de covil da raposa na vida. Já se sentiu sob a mira de um revólver, ameaçado, condenado, apavorado, humilhado, fraco. Sem saber o que fazer. Sem saber a quem recorrer.

Esse tipo de situação faz baixar sua energia emocional. Certo, você deu duro, manteve-se esperançoso, deu o melhor de si. Mas ainda se encontra em um estado de fraqueza e medo. Como manter a energia emocional alta em uma situação como essa? A maioria recorre à fonte suprema de energia — Deus. Eles rezam. Mas, e depois?

> Diagnóstico nº 3
>
> Rezar lhe dá um impulso limitado? E você costuma recorrer à prece para se sentir melhor, mais feliz, mais ativo?
>
> Responder "não" a qualquer uma das perguntas significa que este segredo será um grande impulso para sua energia emocional.

Algumas preces funcionam melhor do que outras

Rezar funciona. Isso é um fato. Já sei — você rezou para chover e não choveu. Não vou entrar na questão teológica sobre se Deus, literalmente, atende preces ou não. Mas o resultado irrefutável de uma pesquisa mostrou que aqueles que rezam se sentem melhor. Rezar eleva o nível de energia emocional, que é, quase sempre, o ingrediente milagroso que nos ajuda a seguir adiante e fazer nossa parte para que as preces se realizem. Afinal, a desistência não é o caminho que leva a preces atendidas.

É assim que você se encontra em um maravilhoso ciclo positivo: as preces lhe dão energia emocional que, por sua vez, o ajuda a agir, e os seus atos trazem coisas boas para a sua vida.

Existe, porém, um outro dado da pesquisa que é mais importante e menos conhecido. Algumas preces funcionam melhor do que outras. Essa é a mais pura e surpreendente verdade. Da perspectiva da energia emocional, alguns de nós rezam da maneira correta, enquanto outros não sabem rezar.

A propósito — e isso pode surpreendê-lo —, não é preciso crer em Deus para rezar e obter os benefícios da prece. Não ore a Deus se não quiser. Ore ao próprio universo. Ore a todas as forças além do seu controle. Ore a qualquer poder superior que possa existir.

Trato este tema como clínica e pesquisadora. Não sou membro do clero nem teóloga. Deus não me telefona para me contar Seus segredos. Pelo que me consta, Deus não me escolhe para nenhuma comunicação direta, pelo menos não mais que a qualquer outra pessoa. Sou igual a você. Mergulho na escuridão e faço o possível para descobrir as verdades supremas da vida.

Quando digo, portanto, que aprendi a rezar bem, falo do ponto de vista de quem trabalha com pessoas que já fizeram milhões de preces sinceras e, algumas vezes, se sentiram muito melhor, em outras, nem tanto. E essa diferença surgiu do modo como essas pessoas rezaram.

A necessidade do segredo da prece emocionalmente energizante

Vamos acompanhar as histórias de duas pessoas bem diferentes que estavam no fundo do poço. E quem encontrou um modo de elevar a energia emocional para sair de lá.

Carol, 42: "Sou uma dessas pessoas que sempre soube o que queria ser quando crescesse. Eu queria estudar botânica. Adorava cultivar plantas e também a idéia de descobrir como cuidar de plantas especiais. Naturalmente a vida não é como a gente pensa que será quando é criança. Mas cheguei bem perto.

"Nos últimos dez anos — mais de dez, na verdade — trabalhei em um projeto para melhorar geneticamente a macieira. Nosso objetivo era uma árvore que produzisse frutos melhores e mais rapidamente. Que crescesse em climas mais quentes, mais secos, como muitos locais da África. O meu lema enquanto trabalhava era que as macieiras seriam uma bênção para o continente africano. Ninguém sabia se conseguiríamos, mas era a isso que nos dedicávamos.

"Criávamos espécimes, fazíamos modificações, conferíamos os resultados e criávamos mais espécimes. Mas não era um trabalho de física ou química, que nos permite armazenar fórmulas num disco rígido e fazer cópias de reserva para que não fossem destruídas. O trabalho da minha vida eram as plantas que eu criei.

"Assim, quando um louco incendiou nosso laboratório, que foi totalmente destruído pelas chamas, o trabalho da minha vida foi para o espaço. Seria preciso uma década para recriar aqueles espécimes, porém, depois de tanto tempo, eu já teria ficado para trás nesse campo. Eu parecia um desses escritores que trabalham dez anos em um livro e só existe um exemplar do manuscrito que, por acidente, foi deixado num táxi e nunca mais encontrado.

"Fiquei arrasada. Eu sempre fui religiosa — considero os botânicos pessoas que trabalham ao lado de Deus. Então, é claro que rezei. Eu queria que Deus me dissesse o que acontecera comigo e me desse uma bolsa de estudos, uma boa idéia, alguma coisa, qualquer coisa. Basicamente, eu rezava para que Deus me devolvesse o que eu tinha perdido. Queria que Deus fizesse o relógio retroceder.

"Não importava o que eu fizesse, pois continuava me sentindo perdida nas trevas. Como Deus não devolveu as minhas árvores, minhas preces só serviram para eu me sentir mais só e indefesa."

As preces de Carol não a ajudaram a elevar o nível de energia emocional. Aconteceu algo semelhante com Ben.

Ben, 29: "Lembro que na infância diziam que eu poderia ser o que quisesse e que poderia subir até onde o meu potencial me levasse. Eu pensava: 'Ei, isso é bem legal.' Então ouvia pessoas como Dylan e Livingston Taylor, e pensava que conseguiria chegar lá. Era o que eu queria. Ser um cantor/poeta. Eu tinha boa voz, boa aparência, era bom guitarrista, tinha um jeito romântico e meio estranho de ver o mundo. Eu já me via com um séqüito e uma carreira.

"Mas, puxa vida, cara, o que eu tinha de fazer? Passei oito anos tentando, toda a minha vida adulta. Arranjava um showzinho de vez em quando. Lancei um CD e todos que ouviram gostaram, mas não deu em nada. Não consegui gravar outro. Durante todo esse tempo eu vivi de biscates, e isso não me levou a lugar algum. Cheguei a um ponto em que meu sonho havia se transformado em um terrível pesadelo.

"Eu rezava, é claro. A gente tem de manter uma boa imagem perante o Amigão. Eu não pedia muito. Só rezava para ser descoberto por alguma gravadora. Lembro que minha oração principal era: 'Rogo-Lhe que algum poderoso se apaixone pelo meu trabalho.' Talvez minhas preces tenham sido atendidas, mas foram atendidas com o silêncio. Senti-me abandonado por Deus."

É triste. Duas pessoas boas, inteligentes, rezando por ajuda como um náufrago reza por uma tábua de salvação, mas não recebiam o impulso emocional de que precisavam.

Prece ativa

Vejamos o que Carol e Ben deviam ter feito, com base no que descobri com as pessoas energizadas. Eu a chamo de *prece ativa*, o segredo da prece que aumenta a energia emocional.

Em primeiro lugar, a prece tem de ser um diálogo genuíno com Deus.

Carol e Ben não faziam isso. Rezavam como crianças — indefesos, ensimesmados, à procura de magia. Faziam exigências. Falavam a Deus, não com Ele. Tratavam Deus como um departamento cósmico de reclamações. Se preces assim proporcionassem energia, ótimo. Mas não é assim. Elas nos deixam parados na chuva esperando pela materialização de um guarda-chuva. E o guarda-chuva não chega nunca, pelo menos para a maioria de nós, não com a freqüência que gostaríamos.

Assim, o primeiro segredo da prece ativa é falar com Deus como se você estivesse genuinamente interessado em estabelecer um diálogo. Como se Deus fosse um amigo supersensato, supercamarada. Sei que Deus não é nosso camarada, somos meros mortais. Não podemos abordar Deus no nível Dele. Mas Deus pode baixar ao nosso nível. Então, que tal *ficarmos* no nosso próprio nível para conversar com Deus como uma pessoa?

Como se faz isso? Conte a Deus o que você pensa e sente. Faça perguntas, é claro! Mas não fique olhando para ontem se não receber uma resposta. Dê respostas que façam sentido para você e pergunte a Deus o que Ele acha das suas respostas.

Meu professor Martin Buber, autor do clássico *Eu e tu*, ensinou-me isso no fim da vida: você sempre tem a responsabilidade e a oportunidade de criar um diálogo genuíno sendo autêntico, dirigindo-se ao outro como um ser autêntico, e presumindo que a verdadeira comunicação é possível. Desse modo, você destrói todas as barreiras.

De uma coisa nós temos certeza: Deus não é tagarela. Portanto, quando conversamos com Deus, temos muito trabalho para manter nosso lado da conversa. Certo, mas é uma conversa. E quem se energiza na conversa com Deus está, de fato, participando de uma conversa. Você não está conversando quando diz: "Dê-me isso", "Faça isso por mim", "Diga-me por que isso aconteceu". Você tem uma conversa genuína quando compartilha idéias e sentimentos, quando faz perguntas sinceras, quando explora diversas possibilidades de mente aberta, quando sonda para descobrir a verdade.

Assim, nesse diálogo, imagine o que Deus responderia a você. É a única coisa que você pode fazer para manter a parte de Deus na conversa — imaginar o que Ele diria. E quem pode dizer que *não é* o que Ele diria?

Vamos supor que um relacionamento seu não deu certo. Seu coração está partido, então talvez você pergunte a Deus: "Eu o amava tanto, por que não deu certo?" E aguça os ouvidos. Então, talvez, de algum lugar, você escute ou sinta a sensação de que "Amar não basta".

Agora faça um comentário sobre a Sua resposta. Talvez você tenha outra pergunta, talvez ela o estimule a fazer alguma consideração. Para manter um diálogo genuíno, você só precisa dizer palavras que demonstrem um desejo verdadeiro de conversar. Imagine como Deus responderia, faça um comentário e prossiga.

Talvez nem todas as suas perguntas sejam respondidas. Mas não é disso que você precisa para receber uma alta dose de energia emocional proveniente das preces. O que faz a diferença é a sensação de estar envolvido em um diálogo, que de algum modo, em algum nível, Deus vai lhe falar. Você não está só.

Naturalmente que quando conversamos com Deus também estamos à procura de ajuda. Estabelecer um diálogo significa que

Deus pode nos ajudar com Sua sabedoria. Mas normalmente queremos mais do que isso. Queremos algo real. Queremos que aquele guarda-chuva se materialize para não nos molharmos. E é aí que também cometemos um grande erro. Ao pedir a Deus que lhe dê algo ou modifique sua vida, você está pedindo que Ele seja um Deus melhor. Não é de admirar que esse desejo suba como um balão de chumbo!

Por isso, o segundo segredo da prece ativa é pedir que Deus o ajude a ser uma pessoa melhor. É a *única* coisa que você deve pedir a Deus, pelo menos do ponto de vista do aumento da energia emocional.

Digamos que você esteja à procura de emprego e começando a se desesperar. Um grande número de pessoas já passou por isso. Pedir a Deus que arrume um emprego maravilhoso para você não aumenta sua energia emocional. Cada dia que Deus deixar de despejar um emprego no seu colo será mais um dia decepcionado com o que Deus faz por você. Em vez de curar sua relação com o universo, você a envenena.

Os energizados rezam pelos recursos internos que todos precisam para produzir os resultados que desejam. Assim, quer um excelente emprego? Ore por perseverança. Peça meios de entender melhor como estabelecer uma relação com os entrevistadores. Peça confiança em si para se apresentar da melhor maneira possível.

Para qualquer coisa que você deseje na vida, sua prece deverá ser para se tornar uma pessoa melhor, a fim de alcançar os meios para que tal resultado aconteça. Gostaria de ter um casamento mais feliz? Então peça a Deus que o ajude a ser uma pessoa mais bondosa, mais carinhosa, mais compreensiva.

Teme que algum ente querido morra? Então peça a Deus que o ajude a ser forte, sensato, inteligente e amável. Do que você precisa para lidar com o fato de que um ente querido está para morrer? É para obter isso que você vai rezar.

Não menospreze o primeiro segredo. Não peça a Deus que lhe dê algo. Em vez disso, estabeleça um diálogo. Pergunte, por exemplo: "Por que tenho tanta dificuldade de perseverar?" Ou: "De que preciso para me tornar uma pessoa mais bondosa?" Ou: "Como conseguirei ser mais confiante?"

É muito comovente rezar com sinceridade para ser uma pessoa melhor. E, de algum modo, isso cura o esgotamento emocional.

Propulsor de energia emocional nº 3
Quando você rezar, tenha um diálogo verdadeiro com Deus e fale com Ele sobre os meios de se tornar uma pessoa melhor.

Por que a prece ativa funciona

Não sei por que Deus trabalha do modo que trabalha, mas sei por que nós trabalhamos do nosso modo. Os resultados não estão em nossas mãos. Quanto mais específicos são os resultados pelos quais rezamos — êxito, saúde, amor —, mais difíceis de serem alcançados eles se tornam. Não faz sentido rezar para achar 1 centavo, pois há centavos por toda parte. Mas o que você pensa que acontecerá se rezar para achar 1.000 dólares? Com que freqüência você acha isso por aí? Quanto mais específico e especial o resultado pelo qual você reza, menor é a probabilidade de obtê-lo. Por que correr atrás do desânimo?

Tudo muda na sua energia quando você reza por mudanças no seu interior. Agora você se aliou à empreitada de fazer essas mudanças acontecerem. Deus ajuda a quem ajuda a si mesmo. A única maneira de ajudar a si mesmo que tem algum sentido é se transformando. E as mudanças que estamos querendo acontecem mais depressa e com mais facilidade quando você sabe que não está sozinho.

É por isso que a prece ativa é um dos segredos dos energizados.

Algumas pessoas gostam de escrever palavras específicas antes de rezar. É por isso que temos o Pai-Nosso, o Shema Yisrael, o Manikka Vasagar — cada religião tem suas preces especiais.

Do ponto de vista da energia emocional, segue um excelente exemplo de prece ativa. Acrescentei a essa prece frases que as pessoas me afirmaram que proporcionam o máximo de energia emocional.

Querido Deus, meu Senhor e Amigo, dá-me visão e compreensão para distinguir o que é real nesta minha vida confusa.

E de tudo o que já percebi verdadeiro, dá-me inteligência para distinguir o que é mais importante.

E quando eu perceber o que é mais importante, dá-me o entendimento para saber o que fazer a respeito, a força para agir e a paciência para concluir meus atos.

E ajuda-me a ser alguém que aceita o que não é possível mudar.

E ajuda-me a ser capaz de perceber o que é bom na minha vida e neste mundo.

E faz de mim uma pessoa mais bondosa.

Dê uma chance a esta prece. Todos os que a rezaram alguns dias seguidos observaram sua energia crescer. Mas o melhor ainda é ter um diálogo espontâneo com Deus, usando suas próprias palavras e sentimentos para conversar com Ele sobre aquilo com que você lida e os meios de se tornar uma pessoa melhor.

Carol e Ben fizeram essa mudança. Veja só a diferença.

Carol: "Não sei como aconteceu, mas me cansei de orar a Deus como se Ele fosse Papai Noel e pudesse me dar de presente todas as árvores perdidas no incêndio. Eu achava que precisava de alguém com quem conversar sobre o meu desespero, necessitava desesperadamente de força para seguir em frente. Portanto, pedi força e conversei sobre a minha vida como conversaria com meu melhor amigo. Sabe aquele tipo de conversa com um amigo íntimo em que você percebe que foi a única a falar durante os últimos 30 minutos? Foi isso que fiz com Deus.

"Rezar por força, inteligência e bondade compensou. Não sei como funcionou. Talvez tivesse algo a ver com pedir a Deus que me ajudasse a descobrir os dotes que Ele me dera e já estavam dentro de mim. Pedir força fez com que eu me concentrasse em minha própria força e começasse a me sentir forte.

"Encontrei uma energia nova para retomar minha pesquisa. Eu entrara nisso para ajudar ao próximo e porque o trabalho me atraía. E consegui voltar a ele."

Ben: "Tenho uma teoria sobre os artistas: muitos de nós acham que, no fundo, não têm o que é preciso. Quando fazemos sucesso, achamos que somos impostores. Quando não fazemos sucesso, achamos que não merecemos o sucesso. É por isso que o ramo da música é tão frustrante. Você sabe que é bom, mas teme que não seja lá tão bom assim.

"Acho que me cansei de rezar por sucesso. Então, um dia eu disse: 'Meu Deus, me ajude a encontrar minha própria voz. E ajude-me a enxergar o que eu preciso fazer para que minha música toque as pessoas. Os verdadeiros artistas são assim. Só quero ser eu mesmo, porém melhor e mais honesto.'

"E me concentrei só nisso: descobrir minha voz e o que tinha a dizer. Descobrir o ouro que estava escondido na obscura mina do meu talento. E prestar atenção nas pessoas, isto é, dar-lhes ouvido. Porque o sucesso dessa relação não se deve ao que você diz, mas ao que você ouve alguém dizer e responde.

"Na verdade, eu rezava por me encontrar. Qualquer que fosse o significado disso, ou aonde isso fosse me levar. Foi algo entre me concentrar na minha verdade e o mundo que eu queria atingir que desencadeou o processo. Até o momento, foram só pequenas coisas. Mas consegui a energia que procurava, e compensou. Estou começando a fazer mais shows. Se faço algo, isso me leva a algo mais. O mundo não mudou. Eu mudei. E agradeço a Deus."

4

“Fiz à minha maneira”

Propulsor de energia emocional nº 4

PODEMOS SER MAIS NÓS MESMOS, SEJA QUAL FOR NOSSO AMBIENTE. Se uma juíza e um monge conseguem, você e eu também conseguiremos, com toda certeza.

Wendy, 44: “Eu sempre quis ser juíza. Na infância, eu sempre assistia a filmes de tribunal na tevê. De *Perry Mason* a *Nos Bastidores da Lei*, não eram os advogados que me interessavam, era o juiz sentado lá no alto que dava o show. A qualquer momento o juiz ou a juíza acabava dizendo ‘A autoridade aqui sou eu’. E isso sempre me empolgava.

“Fui nomeada juíza de um tribunal municipal ainda bem jovem. Minha ansiedade por fazer tudo o que era necessário para chegar lá foi tanta que, quando cheguei, quem chegou não fui eu. Foi uma estranha que era muito inteligente e dizia e fazia o certo.

“Fiquei eufórica no primeiro dia em que presidi uma audiência, mas depois disso minha disposição, minha energia simplesmente foram naufragando cada vez mais. Depois de dois anos eu estava muito mal. Sentia-me infeliz. Era o emprego dos meus sonhos, porém, enquanto as causas iam se desenrolando perante mim, eu desenhava no bloquinho ilhas desertas com palmeiras e uma náufraga de biquíni de bolinhas amarelas na praia. Aquela náufraga era eu, tudo o que eu queria era uma passagem só de ida para o mais longe possível dali."

Assim como a maioria daqueles que sofrem de baixa energia emocional, Wendy não sabia qual era o problema. Ela só sabia que se sentia arrasada. Era como ter uma infecção crônica, mas eram o coração e o espírito que estavam infectados.

Mas Wendy teve sorte, encontrou um meio de recuperar a energia emocional perdida. Todos podem fazer o que ela fez, cada um à sua própria maneira.

Wendy: "Chegou um ponto que eu quis desistir de ser juíza. Aquilo não era para mim, você diria. E quando me dei conta de que me dirigia à porta, parei bruscamente. 'O que vou fazer? Vou abrir mão do meu sonho de infância porque... *Por que* vou pedir exoneração? Porque parece que há algo errado? *Por que* parece errado?'

"É, eu estava entediada e me sentia vazia, mas *por quê*?

"A solução praticamente explodiu na minha cabeça. 'Vou fazer tudo à minha maneira, do jeito que eu quero.' Para começar, eu nem sabia o que aquilo significava. Só sabia que sentia uma alta carga de energia quando pensava que podia ser eu mesma. Então percebi: eu era, de fato, livre. Quer dizer, você tem de obedecer à lei. Mas os músicos tinham de obedecer às leis da música. Por que eu tinha de concordar com a idéia de que a magistratura era uma camisa-de-força dentro da qual eu me comportava? O simples fato de algo ser usual não quer dizer que é o certo. E não quer dizer que é a lei.

"Resolvi levar tudo ao limite. Contanto que não praticasse má conduta, eu estava livre, e corri atrás da liberdade. Eram, principalmente, pequenas coisas, mas significavam que eu era eu mesma. Pendurei um pôster de Janis Joplin na minha sala e disse a mim mesma: 'Que se dane quem não gostar. Janis me faz feliz.' Passei a me expressar no tribunal do jeito que eu queria. Quem disse que precisava me comportar como o juiz da tevê? Eu era sincera, falava o que pensava, e parei de usar a toga. Não há lei que obrigue o juiz a usar a toga. Tudo o que não compromete a dignidade do tribunal é aceitável.

"Eu me divertia tanto que isso passou a influir em meu trabalho. Comecei a me envolver em inúmeros movimentos a favor de sentenças alternativas. Eu me sentia ativa, dedicada e feliz. Tenho certeza de que Janis me acharia bem insípida. Mas eu me sentia livre, e isso salvou minha vida."

Há duas lições importantes para aprender com Wendy. Nós, em geral, perdemos energia emocional porque não nos permitimos ser nós mesmos. Como dizia o grande ator e cantor Paul Robeson: "Só podemos ser alguém quando somos nós mesmos." Quer destruir a energia emocional de alguém? Faça com que essa pessoa se sinta como se não fosse ela mesma dia após dia.

> Diagnóstico nº 4
>
> Você está feliz com quanto há de você em sua vida?
>
> Responder "não" a esta pergunta significa que este segredo será um grande impulso para sua energia emocional.

Volte para si mesmo

Algumas pessoas se enganam. Pensam que ser autêntico tem a ver com ostentar suas singularidades. Isso faz o assunto parecer insignificante e maçante. A questão, no entanto, é bem séria.

O ponto principal é que não pode haver um abismo entre quem você é e a vida que leva, a ponto de parecer que sua vida não é sua. Sabe aquele desconforto incrível que a maioria das pessoas sente na cadeira do dentista? É assim que nos sentimos, mesmo que o dentista seja maravilhoso em que não sintamos dor. Aliás, não se trata de dor, mas sim de passar uma hora em um mundo alienígena onde você não tem lugar. Se pudesse enviar seus dentes pelo correio para tratamento, você os enviaria.

Quando, porém, você personaliza sua vida, quando transforma sua vida naquilo que você é, quando age como quer, sua vida parece seu lar. E isso é uma enorme fonte de energia emocional.

É importante crer que *sempre* é possível haver mais de você em sua vida. Imagine o ambiente mais restritivo que conseguir. Como ser monge, por exemplo. Não é em um mosteiro que todos têm de agir do mesmo jeito, pensar do mesmo modo? Pense mais uma vez. Existem regras fundamentais que os monges precisam seguir, mas grande parte dos monges é mais livre do que possamos imaginar.

Irmão Andrew, 34: "Sou monge franciscano. É uma ordem religiosa com uma disciplina bem definida. É preciso viver na pobreza e, preciso confessar, assim como muitos jovens, achei bem difícil a disciplina religiosa. Sabia que não seria fácil, mas comecei a questionar muito minha vocação quando deixei de achar que ela era autêntica. Sim, dedicamos a vida a servir a Deus e ao próximo. Mas o fato é que, assim como o marinheiro Popeye, sou o que sou. Pode ser um fato triste, mas é verdadeiro. Não se trata de ter um ego enorme, mas não posso servir a Deus sendo outra pessoa. No início, porém, eu vivia na segurança dessa ordem achando que eu não podia ser eu mesmo. Isso era muito doloroso. Mas será que eu precisava suportar aquela dor? Será que isso me ajudava a servir a Deus, ou estava atrapalhando?

"Eu vivia pensando que São Francisco de Assis estava decepcionado comigo. Foi isso que me deteve e me fez fugir de ser eu mesmo. Há alguns anos fizemos um retiro de monges, todos do nosso mosteiro. Foi bem intenso. Em conversa com um franciscano mais velho, ele disse algo simples, mas forte: 'Você não foi chamado para ser São Francisco, mas para ser o irmão Andrew, o que já é bem difícil. Não precisa dificultar ainda mais tentando ser alguém que você não é.'

"Foi um alívio. Deus me convocou para ser *eu* mesmo servindo a Ele. Isso queria dizer que eu podia me dedicar a Deus de corpo e alma. Eu não era impostor na minha vocação. Ela era real porque eu era autêntico.

"E, desde então, tento ser mais eu mesmo sempre que possível para que eu tenha uma relação mais íntima e satisfatória com Deus. Por exemplo, tenho sido muito mais empreendedor na nossa obra com as crianças dos bairros pobres. Estou descobrindo que posso tomar a iniciativa de procurar novos meios de chegar às crianças e de ter idéias novas para ajudá-los. A liberdade suprema para mim é a liberdade de servir melhor a Deus. E assim, sendo mais eu mesmo, tenho ajudado a realizar as metas da nossa ordem."

Como fazer à sua maneira... Não que você precise de instruções

Pense como você faz alguma coisa. Escovar os dentes, por exemplo. É provável que você os escove do seu jeito, como está acostumado a fazer. Já é tão fácil que você nem pensa nisso.

Agora vamos supor que alguém lhe ensinasse um modo completamente diferente de escovar os dentes. Talvez com a outra mão. Ou talvez usando um modo diferente de mexer a escova. Seria mais difícil, mais demorado, consumiria mais energia. Não só a energia física, mas a energia mental, porque você teria de prestar atenção a um modo completamente novo.

É assim com tudo. Do seu modo é fácil, natural, o que lhe convém e o que consome menos energia. Agora vamos supor que se trata de algo muito mais importante do que escovar os dentes, de algo de que você gosta muito. Ao agir do seu modo, além de consumir pouquíssima energia, você adquire o máximo de energia. Ser nós mesmos nos energiza, é como se nos ligássemos numa tomada.

E quando e onde você não é autêntico, você gasta energia extra agindo da maneira de terceiros e não se abastece de energia emocional porque esse modo de agir é alheio a você.

Cada um de nós já ouviu falar de empregos que destroem a alma. Agora sabemos como e por que destroem a alma. Eles não lhe permitem ser você mesmo. Mas não é só trabalho que causa isso: pode ser um caso de amor, uma amizade ou o lugar onde você mora.

A boa notícia é que você já sabe ser você mesmo, ninguém precisa lhe ensinar. Você é o maior especialista do mundo.

E mais: você não precisa forçar nada. Na verdade, se estiver se esforçando para ser você mesmo, não estará sendo autêntico.

Eis o que fazer: passe algumas horas por dia com a seguinte frase na mente: "Se dependesse de mim..." O que você faria de outra maneira se a distribuição de tarefas dependesse de você? Se dependesse de você o modo de falar com os clientes ou colegas? Se dependesse de você o modo de se vestir? Se dependesse de você o modo de realizar o seu trabalho? Se dependesse de você quais serviços ou clientes aceitar? Se dependesse de você o modo de lidar com sua família? Se dependesse de você o modo de passar suas horas de lazer?

Este último é um bom exemplo. Digamos que você está de férias no Havaí. Ótimo. Mas as férias são suas e você precisa ser capaz de dizer que as gozou à sua maneira. Talvez você queira atividade o tempo todo. Então é isso que deve fazer, e não permitir que ninguém lhe impeça de nada. Talvez só queira ficar à toa na praia. Também está ótimo.

Se você continuar fazendo uso da frase "Se dependesse de mim", garanto que encontrará incontáveis bolsões de liberdade, como eu os chamo. Você vai se surpreender com o número de oportunidades que existem na vida para você agir do seu modo. Talvez você nunca tenha se interessado por esses bolsões de liberdade. Talvez soubesse que existiam, mas, não sabe por quê, se absteve de aproveitar a oportunidade de agir à sua maneira.

Vou lhe contar um segredo sobre mim. Sempre que percebo estar com baixa energia emocional, dou um jeito de dizer: "Que se dane — vou fazer o que quero fazer e dizer o que quero dizer, pelo menos em algum setor sem muita importância." Cavo um pequeno bolsão de liberdade. Eis um exemplo: gosto de comer bastante no jantar. Mas não é saudável comer à noite. Além disso, todos os especialistas aconselham abundância no café da manhã. Mas eu não gosto dos alimentos do café da manhã. Então, quando estou em casa, eu janto no café da manhã. Quando todos vocês tomam café, eu como lasanha. E daí? Mas o que funciona para mim não é tanto a comida. Emocionalmente, o essencial é que descobri mais um modo de ser eu mesma.

Mas não faça o que eu faço, ou o que Wendy ou Andrew fizeram. A questão é: Seja mais *você*.

Propulsor de energia emocional nº 4
Sempre que for possível, aja à sua maneira.

Sempre que encontrar um bolsão de liberdade e fizer bom uso dele, você vai se sentir como uma criança fora da escola em uma tarde primaveril de sexta-feira. Quanto mais bolsões de liberdade você aproveitar, mais energia terá.

Questão especial:

Você, o universo e sua energia emocional

Eu gostaria que você imaginasse uma espécie de ringue de boxe cósmico.

Em um corner está você. No outro corner está *todo o universo.* Quem você acha que vence a luta? Sinto muito, você perde.

Agora vamos trocar. Suponha que em um corner do ringue estão as partes da sua vida que você combate. No outro corner estão você e *todo o universo* em sincronia. Agora, quem você acha que vence? É o seu corner, com toda certeza.

A questão é que o universo está repleto de forças naturais. Se você se opuser a elas, ficará exausto. Ninguém tem energia emocional suficiente para lutar contra o universo. Mas quando você se alinha com as forças naturais do universo, vincula sua energia a uma enorme fonte de energia. É impossível exaurir-se.

Isso acontece no campo espiritual, prático, moral, qualquer um. Por exemplo, se você estiver tentando ajudar alguém e pensar que o universo quer, profunda e completamente, que ajudemos uns aos outros, isso aumentará muito a energia emocional recebida na tentativa de ajudar ao próximo. Você está do lado dos anjos, joga no time que está ganhando, está a favor do vento.

Faça o que fizer, e o considere como quiser, você deve reconhecer que tudo o que está fazendo é trabalhar com e para a energia do universo. Senão, faça outra coisa.

Os energizados fazem coisas específicas que funcionam para que tenham a melhor relação possível com o universo. E todos os segredos deste livro expressam isso e o abastecerão com grandes doses de energia emocional porque o farão sentir que você está com o universo inteiro em seu corner.

Talvez os melhores exemplos disso sejam pessoas como Gandhi. Ele possuía objetivos, sonhos e desejos como todos nós. Mas ele não queria apenas vencer: "Eu ganho, você perde. Ha, ha." Ele queria o que achava ser o clamor de todo o universo. Queria o que achava ser o rumo que o universo estava tomando. Ele não estava ligado apenas à maior fonte de combustível do mundo, mas ao maior motor. Comparativamente, as forças contra as quais Gandhi lutava — todo o Império Britânico e a ignorância de centenas de milhões pessoas, seu próprio povo — eram minúsculas.

Mais tarde, Gandhi declarou que o melhor resumo de suas crenças espirituais estava no primeiro versículo do Isa Upanishad, que o próprio Gandhi traduziu assim:

Tudo isso que vemos neste grandioso universo é introduzido por Deus.
Renuncie a ele e desfrute-o.
Não cobice a riqueza nem as posses de ninguém.

Peço ao leitor que pense nestes três versículos com bastante atenção, pois são importantíssimos.

O primeiro deixa claro por que temos de curar nossa relação com o universo: cada parte está ligada a todas as outras partes. Deus, seja o que for, uniu tudo a todos.

É essa única *realidade* que Gandhi quer que nos concentremos: o universo é um campo de força permeado por benevolência.

A essência das demais crenças são ordens.

Agora eis a parte realmente grandiosa. As ordens de renunciar e não cobiçar são ambas negativas. Dizem o que não fazer. E estão basicamente dizendo a você para não se apegar demais a coisas transitórias e sem importância.

O único mandamento positivo no âmago das crenças de Gandhi, a única coisa que ele manda, de fato, fazer, é gozar a vida.

Agora pense um pouco no que isso significa para você especificamente, hoje e para toda a sua vida. Há alguma indicação mais clara do que você precisa fazer para curar sua relação com o universo? *Gozar a vida.* E isso significa que você tem de ser você mesmo e sentir-se à vontade no mundo, porque nada, nada é mais pessoal para você do que o prazer.

Pense no que valeria para sua energia emocional se as forças contra as quais você luta parecessem minúsculas comparadas às forças que estavam do seu lado, trabalhando com você.

Mas tudo na vida, por mais grandioso que seja, deve ser implantado de maneira prática e específica. E é aqui que entram os segredos dos energizados. Eles nos mostram exatamente como curar nossa relação com o universo de um modo fácil.

Minha pesquisa não foi espiritual nem ideologicamente tendenciosa, nem tive segundas intenções. Contudo, todos os segredos que descobri nos ajudam de um modo ou de outro a renunciar ao que não tem importância, a renunciar ao que não podemos controlar, para curar nossa relação com o universo, transformando-o num lugar mais saudável e aconchegante, e para desfrutar o dom da vida. Fantástico! A sabedoria antiga e as ciências modernas convergem.

5

Veja-se com energia emocional

Propulsor de energia emocional nº 5

Diagnóstico nº 5

Você tem o hábito de se imaginar vivendo com energia emocional?

Responder "não" a esta pergunta significa que este segredo será um grande impulso para sua energia emocional.

A VISUALIZAÇÃO É UMA TÉCNICA UTILIZADA PARA MELLHORAR SEU desenvolvimento em determinada atividade, observando-se mentalmente. E eu pensava que isso fosse conversa fiada. Sou tão obstinada! Achava que aprendíamos mais *fazendo* do que vizualizando. Mas eu conversava com os jogadores profissionais bem-sucedidos do beisebol, golfe e tênis sobre como eles conservavam a energia emocional em circunstâncias difíceis e eles sempre me falavam da visualização como parte essencial da sua preparação.

Então, mudei de idéia. Eu estava errada. A visualização funciona, e de maneira extraordinária, para aumentar a energia emocional.

Veja-se com energia emocional

Veja o que disse o interbase de um time de beisebol. (Para gente como eu, que não faz idéia do que seja interbase, é o cara que fica perto da segunda base, e o rebatedor manda a bola para ele com força, e ele precisa tentar apanhar a bola e, depois, fazer um lançamento rápido e preciso para um dos outros caras que estão perto das bases. A questão é que ele sofre muita pressão e pode fazer muita diferença no jogo.)

Hector, 28: "A gente ouve os comentaristas esportivos falarem de jogada de rotina. Detesto isso. Acho que é a morte para o interbase. Não se pode considerar rotineira nenhuma jogada. Temos de achar que pode acontecer qualquer coisa, pois é assim mesmo, tudo doido. A bola pode chegar até você de mil maneiras. E, então, a gente tem de se livrar dela e fazer um arremesso preciso, mesmo que esteja caído de costas no chão. E se cometer um errinho só, dança.

"É preciso estar mentalmente preparado, que é como se sentir pronto por dentro. Você está ali. Não está com medo. Está olhando para a frente, para o que vão lhe jogar.

"Para chegar nesse ponto, preciso visualizar. Eu não sabia o que isso queria dizer. Pensava que era alguma maluquice inventada por psicólogos esportivos. Mas agora vejo que é a única coisa que faz a maior diferença entre um bom dia e um dia ruim.

"Faço o seguinte: gosto de fazer isso na cama, antes de dormir, quando vai ter jogo no dia seguinte. Eu me vejo de pé na minha posição à direita da segunda base. Ali, estou olhando para o rebatedor. O arremessador se curva e joga. O rebatedor faz a conexão. Então eu visualizo qualquer coisa que me dê vontade. Uma boa bola rasteira jogada diretamente para mim. Uma reta à minha direita. Um lance para a segunda base quando tem alguém na primeira para que eu tenha de cobrir. Qualquer coisa. Um milhão de possibilidades.

"Não visualizo êxitos, seja lá o que isso signifique. Só me vejo fazendo o serviço. Quer dizer, se for uma bola rasteira, a gente tem de se ver olhando a bola direto na luva. Se você vai jogar primeiro, visualize que está aproveitando aquela fração de segundo extra para se ajeitar e segurar bem a bola, para não a jogar por cima da cabeça do cara da primeira base.

"Quer dizer, é só se ver do jeito que gostaria de estar. Não é difícil. Mas quando não faço isso, meu desempenho cai e me sinto fraco por dentro."

Todos os bons fazem

Se a técnica de visualização dá certo para Hector e tantos outros atletas, deveria funcionar para qualquer pessoa. E funciona, de um modo que eu nunca teria imaginado. Imagine minha surpresa ao descobrir que alguns cirurgiões visualizam a realização de uma operação na véspera do grande evento; que alguns pilotos visualizam a solução de uma série de situações críticas e que há vendedores que visualizaram reuniões com clientes.

O segredo não é visualizar o momento de êxito, mas se ver fazendo bem o que tiver de fazer.

Talvez você já tenha adivinhado aonde eu quero chegar. Para minha surpresa, *as pessoas com energia emocional costumam se ver com muita energia.* À noite ou logo de manhã, prevendo o dia por vir, elas se vêem passando pelo dia repletos de um estado interior de alta energia. Vêem-se agindo e reagindo do modo como nos sentimos quando estamos felizes, esperançosos e dinâmicos.

Isso é muito útil para quem está sofrendo de esgotamento emocional. Ao se imaginar energizado, você se abastece de energia.

Se você não estiver acostumado a visualizar, eis uma dica bem útil: você está na cama, pronto para dormir. Comece a pensar em qualquer coisa com que tenha de lidar no dia seguinte e que talvez seja difícil, em razão de seu estado atual de baixa energia. Agora vem o truque. A primeira coisa a fazer é ver-se lidando com a situação do modo como acha que faria em seu estado atual de esgotamento emocional. Não permaneça muito tempo aí, mas visualize a imagem de si mesmo lidando com aquilo de maneira monótona, sombria, nada criativa. Você precisa disso como um ponto de referência para as visualizações positivas. Facilita muito a visualização positiva.

Agora, imagine-se tratando da situação como se estivesse cheio de esperança, coragem, força e vigor. Veja-se com energia emocional. Não se preocupe com o resultado final. Por exemplo, se você visualizar sua imagem com mais energia durante uma entrevista de emprego, não desperdice nem um segundo imaginando o entrevistador pulando de trás da mesa para lhe oferecer o emprego dos seus sonhos. Imagine-se inclinado para a frente na cadeira durante a entrevista, sorrindo, conversando, transmitindo confiança em si, sentindo-se feliz quando lhe fazem perguntas difíceis.

Você só precisa ver-se trabalhando de um modo novo e energético. Certo, eu entendo. Nesse momento você talvez ache que não tem toda essa energia. Mas vai visualizar o que faria se tivesse toneladas.

Não se preocupe, você não é obrigado a nada. No dia seguinte, depois de todas essas visualizações maravilhosas, você não precisa comportar-se de nenhum modo especial. Só precisa dar o melhor de si. Mas eu garanto que, depois de dar a si mesmo o presente de se imaginar em ação com energia emocional, sua realidade será bem diferente.

Rachel, 37: "É um problema difícil, especialmente para as mulheres. Faço isso há muito tempo. Sou locutora do canal de tevê local. Não, não sou âncora. Na verdade, o que mais faço é entrevistar políticos e gente importante.

"A certa altura, comecei a me irritar com muitas coisas. Quer dizer, tem o fato de que todos os entrevistados mentem ou nos usam. E acho que meus chefes estão apenas esperando uma oportunidade para me demitir. Além disso, há alguns anos me casei com um homem espetacular, que é um cirurgião muito bem-sucedido, e acho que ele ficaria maravilhado se eu largasse o emprego e ficasse em casa para cuidar dele. Eu nunca quis fazer isso, mas, quando a situação piorou para mim no trabalho, tornou-se uma tentação, e eu comecei a achar que não faria falta nenhuma, e isso também acabava com minha energia emocional.

"Um importante político local, então, envolveu-se em encrenca — acusações de corrupção. A assessoria dele entrou em contato conosco e me concedeu uma entrevista exclusiva. Eu devia ter ficado contente, mas era, na verdade, um insulto. A questão é que eu estava tão esgotada emocionalmente que minhas entrevistas se tornaram suaves e monótonas. Eu fora uma garota durona, mas me abrandara. E aquele político estava se aproveitando da minha fraqueza.

"Acho que se o insulto não fosse tão óbvio, eu teria caído na cilada. Mas aquilo me deu nos nervos. Não sei como, resolvi que tinha de arranjar energia — dar um jeito de me levantar sozinha, sei lá. Tive a inspiração de examinar algumas entrevistas antigas, de quando eu ainda estava cheia de vigor. Era visível na tevê. Eu era uma espoleta.

"Isso me deu uma idéia. Durante alguns dias antes da entrevista com o senador Marajá eu me via entrevistando-o, como se estivesse, de fato, empenhada nisso, *ali*, achando que minha carreira ia estourar no país inteiro em razão de todas as entrevistas que surgiriam. Eu visualizei uma entrevista com aquele sujeito na qual eu estava inclinada para a frente, fazendo pressão e perguntas, sem medo do nervosismo dele.

"Essa preparação fez uma diferença enorme. Todos disseram que a velha Rachel estava de volta, fiz um excelente trabalho. Pela primeira vez em muito tempo eu compareci realmente à entrevista, e foi fantástico. Acho que você pode até pensar que perdeu algo, mas se isso faz parte de você, nunca o abandonará.

Você consegue

Qualquer um pode fazer o que Rachel fez. É bem simples.

Propulsor de energia emocional nº 5
Para se abastecer de energia, visualize a si mesmo com energia emocional.

Talvez você tenha engordado e acabado de perder o emprego, e agora tem de ir ao casamento de uma prima, em que vai encontrar a família inteira. Está tão deprimido que não quer ir. Tudo bem. Mas você consegue se imaginar conversando com o tio Dave ou com a prima June como se tivesse 1 tonelada de energia. Você pode se ver entrando energizado na sala. E, se o fizer, vai fazer uma diferença enorme.

Se você estiver preso em algum ponto da vida, poderá fazer o que Rachel fez. Veja-se atacando o que tem de atacar, porém repleto de energia. Se precisar, lembre-se de uma época em que costumava ter energia. E imagine como a pessoa que você era teria agido.

Se você estiver mesmo preso e não lembrar como estava sua energia emocional, pense em algum ator que simbolize para você a energia emocional que lhe falta. Imagine Julia Roberts ou Tom Hanks, ou qualquer outro ator entrando nessa festa de casamento. Visualize um deles conversando com o tio Dave ou com a prima June.

E se quiser de fato dar a si mesmo um presente energético que dure a vida inteira, pratique esse rápido exercício de visualização toda noite, antes de dormir. Cada um de nós faz idéia do que vai enfrentar no dia seguinte. E, com certeza, é melhor visualizar do que ficar preocupado. Então, é só se imaginar com energia emocional, no dia seguinte, pois você a terá quando passar por esse dia.

6

Faça mesmo algo novo

Propulsor de energia emocional nº 6

PENSE NO MELHOR DIA QUE VOCÊ TEVE NA SEMANA PASSADA. GOSTARIA de reviver esse dia repetidamente até o fim da vida? Se você for como a maioria, não vai se entusiasmar com essa idéia. De fato, mesmo que fosse um *grande* dia, é nauseante pensar na sua repetição incessante. E isso indica uma verdade: temos uma fome enorme de novidade. Para a maioria de nós, essa fome se justifica pelo fato de que há muito pouca novidade na nossa vida.

Isso provoca um enorme impacto sobre nossa energia emocional. A vida com pouca *novidade* é como um pneu com vazamento lento. Pode não fazer diferença imediatamente, mas vai haver perda de energia emocional. Você precisa fazer algo novo para deter o vazamento e se reabastecer com mais energia emocional.

Diagnóstico nº 6

Você faz algo realmente novo pelo menos uma vez por mês?

Responder "não" a esta pergunta significa que este segredo será um grande impulso para sua energia emocional.

Por que as pessoas não fazem coisas novas o tempo todo?

O problema é o seguinte, e sou tão culpada quanto a maioria. Em primeiro lugar, estamos ocupados. Em segundo lugar, criamos uma rotina razoável e relutamos em alterá-la. Em terceiro lugar, experimentamos novidades no passado e elas nem sempre davam certo. Em quarto lugar, não sabemos bem quais as coisas novas que queremos fazer.

Crio desculpas para mim mesma. É dessa maneira que a maioria de nós é: muito conservadora. Então, ficamos presos. Precisamos fazer algo novo. Mas achamos que não podemos.

Novidade é uma necessidade

Estou aqui para lhe dizer que é muito mais fácil fazer algo novo do que você pensa, e muito importante para sua saúde e felicidade.

Maura, 36: "Eu era garçonete em um restaurante, e marmiteira quando sobrava tempo. Meu marido tem uma pequena oficina de lanternagem, e nós temos dois filhos, com 8 e 10 anos de idade. A maior parte da nossa vida de casados tem sido dar duro e pagar contas. Ter de pensar em dinheiro constantemente nos escraviza. Se o Ed, ou eu, adoecer, não quero nem pensar — estaremos encrencados.

"Somos iguais a milhões de pessoas: chegamos a um ponto razoavelmente bom, porém um tanto precário também, e rezamos para que nada mude. Bem, cuidado com o que você pede quando reza. Era sempre a mesma rotina de manhã, eu preparando o Ed e as crianças para sair. Depois, arrumava a casa e fazia as compras. Começava a preparar o jantar, as crianças voltavam para casa e, mais ou menos quando Ed chegava, saía para o restaurante. Era como se fosse um balé. Todos sabiam seus passos.

"Até que um dia eu simplesmente não quis sair da cama. Não estava cansada, se quer saber. Sinceramente, não tenho uma vida muito dura. E até que me cuido bem. Era mais como, meu Deus, olhar para a frente e ver que nada mudaria nunca. Porque não *podia* mudar.

"Eu tinha umas fantasias sobre me afastar de tudo. Vivia dizendo a mim mesma que não faria isso nunca e, naturalmente, não poderia fazê-lo, mas ouvia falar em cidades nos noticiários — uma explosão em Cheyenne, Wyoming, ou uma greve de professores em Baton Rouge, Louisiana — e pensava: 'Humm... Como seria viver lá?' E procurava alguma cena com as casas do local, só para ter uma idéia de como seria se eu morasse lá. Eu estava entediada e infeliz a esse ponto.

"Mas eu tinha um bote salva-vidas. Às vezes, me reunia com algumas amigas e conversávamos sobre praticamente tudo, sabe, como fazem em *Sex and the City,* mas sem o sexo nem a cidade. E sem as roupas maravilhosas!

"Mas, puxa vida, a gente conversava muito. E, certo dia, uma delas disse, de repente: 'Sabe, às vezes tenho vontade de gritar.' Nós olhamos para ela e ela estava com um olhar meio assombrado, como se tivesse revelado um segredo que não deveríamos saber. Para encurtar a história, nós estávamos morrendo de tédio. Não que estivéssemos entediadas, o tédio é que estava realmente nos matando.

"Então começamos a conversar sobre, puxa, fazer algo. Só para acabar com a monotonia. E surgiam todas as idéias loucas. Era o melhor momento. Conversar sobre todas as coisas novas que iríamos fazer.

"É claro que ninguém fez nada. Mas isso me fez pensar. Eu me perguntava o que me dava mais vontade de gritar. Era, de fato, apenas minha rotina cotidiana. Eu sabia que ia ser sempre igual. E pensava na minha amiga talvez um dia se enfurecendo, e foi isso que me levou a perceber que eu precisava salvar minha vida.

"Pensei, então, no que poderia fazer e que seria novidade. Primeiro, achei que poderia fazer ginástica. Eu queria aquelas aulas de que você ouve falar, que são divertidas e nos fazem movimentar o corpo inteiro. Conhecer gente nova também. Então me inscrevi numa academia da cidade vizinha que tinha ioga. Imaginar-me fazendo ioga, isso sim era uma *novidade.*

"Deixe-me ver... o que mais? Mudei meu visual. Eu não queria ter aquela aparência provinciana. Cortei o cabelo bem curtinho, comprei camisetas pretas. Ah, minhas amigas e eu resolvemos fazer uma viagem a Nova York, ver um show, ir a uma boate, comprar na Quinta Avenida — pelo menos ver as vitrines. Assustar um pouco os maridos.

"É inacreditável o que uma novidade pode fazer. Não é a coisa em si. Quer dizer, quem se incomoda se você muda o modo de se vestir? Mas é como dizer: 'Ei, eu sei me salvar.' Lembra-se daquela cena no final de *A Força do Destino*, quando Richard Gere entra na fábrica, pega Debra Winger e a leva embora? Não quero parecer feminista, mas precisamos mesmo sentir que podemos fazer isso por *nós mesmas.* Se alguém vai muda minha vida, serei eu.

"Assim, enquanto estava ocupada fazendo coisas novas, pedi demissão do emprego. Sim, nós precisávamos desse dinheiro. Eu trabalhava como garçonete porque meu serviço de marmitas não estava indo lá muito bem. Mas imaginei que talvez isso acontecesse em razão do tempo que eu consumia no emprego de garçonete. Nesse momento, estou tentando conquistar mais clientes, publiquei anúncios, telefonei para empresas e conversei com o ministro da minha igreja sobre serviços de bufê para casamentos. É assustador, mas já consegui alguns serviços. Estou num mundo de novidades. É empolgante."

Aprendemos muito com Maura. Prender-se a uma rotina é horrível para a energia. Ela se estraga, como um relógio velho que alguém esqueceu de dar corda. Diga a si mesmo: "Se minha energia está em baixa, deve ser porque estou preso a uma rotina e, portanto, preciso fazer algo novo."

Propulsor de energia emocional nº 6
Faça algo novo.

Fazer *algo* novo é o catalisador. O que aprendemos com Maura (e com muitas outras pessoas como ela) é que não importa muito o que você vai fazer, e não precisa ser algo grandioso. Talvez seja até melhor não ser nada tão admirável, pois isso pode ser assustador e difícil.

Aprendi que o segredo é: se você não faria normalmente, então é suficientemente novo para você. Faça um prato que você nunca experimentou, ou um prato antigo preparado de maneira diferente. Volte para casa por outro caminho. Use meias de outra cor, fuja das tradicionais. Faça algo diferente na próxima vez que fizer amor. Vá à livraria e compre um tipo de literatura nova para você. Ouça um outro tipo de música. Vá à floricultura e peça que montem um buquê com flores exóticas.

Eu conheço um segredo seu. Você já andou pensando nisso. Lá no fundo, você já fantasiou coisas novas que quer fazer. Já sabe, em algum grau, o que quer fazer. Então, tire do banho-maria! Faça logo. Novidades proporcionam altas doses de energia emocional rapidamente.

Questão especial:

Primeiros socorros para energia emocional em colapso

ACONTECE. DE REPENTE VOCÊ SE SURPREENDE DESANIMADO, INCAPAZ de fazer um esforço, achando que nada faz sentido, sentindo sua própria mistura particular de tristeza, raiva e medo. De repente, você caiu em um poço de esgotamento emocional.

Muitas vezes isso acontece por algum motivo. Talvez a demissão do emprego, um relacionamento rompido, ou uma grande loja que abriu perto da lojinha que você luta para manter aberta. Pode ser que um furacão tenha destruído sua casa.

Às vezes, porém, são só aquelas pequenas coisas que a gente vai acumulando diariamente, até que, por fim, vem a gota d'água. Seu chefe é um cretino. Tudo bem. Você descobriu que seu(sua) namorado(a) anda conversando com uma(um) ex-namorada(o). Tudo bem. Você percebe que engordou 5 quilos. Tudo bem. Até aqui, você ainda agüenta. Aí descobre que seu gato mais idoso está com problemas renais e, de repente, não consegue mais lidar com isso. É a gota que faz o copo transbordar.

E, às vezes, seu esgotamento emocional parece surgir do nada.

Se você não fizer nada, poderá sofrer e passar muito tempo preso a essa situação. Talvez acabe até piorando as coisas para si mesmo.

Mas você não está indefeso. Descobriu os primeiros socorros — dez remédios que conseguem deter a catástrofe e afastá-lo dela rapidamente. Nada disso aumenta a energia emocional indefinidamente (é para isso que servem os segredos!), porém, assim como todos os bons primeiros socorros, vão levá-lo a se sentir bem o suficiente para começar a melhorar as coisas para si mesmo.

Eis o que você deve fazer:

1. *Compre algo que ache bonito, inspirador ou encantador. Ou peça a alguém que goste de você que lhe dê algo assim.* Quando a vítima de um acidente dá entrada no setor de emergência, aplicam-lhe soro intravenoso imediatamente. Algo belo ou inspirador, como flores, é uma espécie de soro emocional quando nossa energia emocional entra em pane. As flores são especialmente mágicas, pois transmitem uma sensação de esperança e beleza, e a convicção de que a vida está repleta de coisas maravilhosas e de incontáveis reinícios. Você também pode comprar um livro, um pôster ou um CD. É fácil e rápido. É um bom meio de iniciar os primeiros socorros.

2. *Se sua energia emocional entrou em colapso, a energia física precisa ajudá-lo. Faça algo imediatamente para cuidar da energia física.* Descanse bastante, coma muita proteína, obrigue-se a fazer exercícios, mesmo que sejam apenas longas caminhadas. (Veja no Apêndice uma lista completa de estimulantes da energia física.)

3. *Mergulhe no trabalho.* Detesto lugar-comum, e este precisei testar. Todos dizem que quando algo ruim acontece, o melhor a fazer é mergulhar de corpo e alma no trabalho, e se você não tiver o que fazer, precisa se ocupar rapidamente. É verdade. As pessoas que se mantêm ocupadas recuperam sua energia mais depressa do que aquelas que ficam paradas, lambendo suas feridas emocionais.

4. *Faça imediatamente pequenas coisas que o alegrem.* Faça o possível para lembrar-se de coisas que você fez e que o alegraram. Talvez você seja fã de certos filmes. Alugue alguns. Talvez exista algum lugar ao ar livre aonde você gosta de ir. Vá. Talvez você se anime ao escutar uma certa música. Não deixe de ouvi-la. Talvez haja uma pessoa que sempre o deixa animado. Junte-se a ela.

Mesmo que as coisas do passado não façam mais sentido atualmente, não deixe de fazê-las. Se você não conseguir se lembrar de nada, pergunte a uma pessoa que o conheça bem o que você gostava de fazer.

Como você está tendo a sorte de obter essas informações antes de se sentir emocionalmente esgotado, pense *agora mesmo* em três coisas que o deixam feliz. Anote em uma folha de papel. É o seu kit de emergência para quando a energia emocional entrar em pane de repente. Então, quando precisar dele, não faça perguntas — simplesmente aja. O importante é que, mesmo não sentindo vontade de fazer essas coisas, você as execute.

5. *Procure uma pessoa inteligente em quem você confia e converse com ela sobre o seu colapso emocional — por que aconteceu, o que você pode fazer por si mesmo neste momento, por que deve sentir-se esperançoso quanto ao futuro.* Este é o momento de obter apoio genuíno de alguém que possa dá-lo. Faça o que fizer, procure não se sentir só. Não importa se a pessoa é um amigo ou um profissional. Simplesmente certifique-se de que essa pessoa é alguém que sabe incentivá-lo e orientá-lo. Há esperança, e você precisa de alguém que o ajude a encontrá-la.

6. *Tenha expectativas apropriadas a si mesmo neste momento.* Diga a si mesmo: "Terei alguns dias para me sentir *completamente* horrível, mais alguns para me sentir um pouco menos horrível e, então, vou começar a me sentir entediado e nervoso com o fato de estar deprimido, e vou perceber que já comecei a sair desse estado." Isso dá a você energia emocional para saber que isso também vai passar.

Agora você já sabe que é uma situação temporária. Você vai melhorar. Pode ser paciente consigo mesmo. Pode dar-se ao luxo de se concentrar no cuidado de si mesmo. Consegue perceber por que não vale a pena tomar nenhuma decisão importante, do tipo que transforma a vida.

7. *Dê a si mesmo um pouco de solidão.* Agora é o momento perfeito para acampar, por exemplo, passar algum tempo sozinho junto à natureza, numa praia ou num parque. Não fique sozinho em local deprimente. Mas a solidão em um lugar bonito — pode ser apenas sentar-se sozinho em um local de contemplação — acelera o processo de cura.

8. *Descubra de que você tem medo.* Em geral, um dos motivos do esgotamento da energia emocional é o medo. Você só se livra do controle do medo quando o identifica. Você está quase certo de que mergulhou no esgotamento por incapacidade de lidar com seu medo. Sente-se deprimido de repente porque não se acha capaz de voltar até onde precisa. Imagina desastres, debate-se com visões de como tudo é impossível.

Mas, quando você particulariza seu medo — em vez de viver num silencioso estado de colapso emocional —, torna-se mais capacitado a responder ao medo com a voz da razão e do bom senso. Não importa o que você teme, sempre há duas grandes soluções. Primeira: você consegue perceber que aquilo que teme é algo improvável. Segunda: pode fazer algo para se proteger ou cuidar de si. Ambas as soluções o farão sentir-se muito melhor.

9. *Dê um pequeno passo para melhorar sua vida.* Você não sabe o que fazer? Não faz mal. Não torture o cérebro. Não precisa ser uma idéia brilhante, só um palpite sobre algo que possa fazer e tenha boas probabilidades de melhorar sua vida, em vez de piorar.

Eis algumas sugestões: matricule-se em uma academia de ginástica; compre um brinquedinho eletrônico novo; faça um belo corte de cabelo; contrate alguém para fazer uma faxina na sua casa; jogue fora aquele monte de bagulhos que vive atravancando um dos seus cômodos; pegue uma pilha de livros na biblioteca e leia só aquele que o interessa realmente; compre algum tipo de roupa que não compra há muito tempo; ligue para um amigo com quem não tenha tido contato ultimamente; ligue para uma faculdade e peça que lhe enviem um catálogo de cursos de extensão.

Mas não fique de braços cruzados. Faça algo. Faça agora. Tudo o que fizer agora, e que não piorar sua vida, vai torná-la melhor e deixá-lo se sentindo muito melhor. Ação é a solução.

10. *Releia este livro.* Elaborei *Energia emocional* com a intenção de torná-lo um recurso para a vida inteira. Durante o processo de mudar a si mesmo e sua vida é impossível saber qual segredo será o remédio perfeito. Portanto, se a sua energia emocional acabou de entrar em colapso, é quase certo que haja outro propulsor de energia emocional neste livro que lhe servirá bem e que será o estímulo para a reconquista da sua energia.

7

Pelo que você anseia?

Propulsor de energia emocional nº 7

A MAIORIA DAS CRIANÇAS ESTÁ SEMPRE NA EXPECTATIVA DE ALGO MARAvilhoso. A vovó chega no sábado! Meu aniversário será daqui a duas semanas! O Natal é daqui a dez dias! Semana que vem vai ter excursão da escola, jogo na escola ou, simplesmente, a chegada das férias! Vou acampar no quarto de coleguinhas da escola! Bobby me convidou para sair! Sally disse que quer me namorar! Vou ganhar um sutiã, um carro, arranjar emprego!

Seja sincero. Quais as coisas maravilhosas que você deseja *agora*?

Pergunta de Diagnóstico nº 7

Você tem hoje a mesma sensação de que há coisas maravilhosas por ansiar que tinha na infância?

Responder "não" a esta pergunta significa que este segredo será um grande impulso para sua energia emocional.

A maioria de nós pode dizer que, no fim das contas, com toda sinceridade, tem uma vida boa. Não há motivo para sentirmos pena de nós mesmos. Contudo, os deveres e as responsabilidades preenchem nossos dias. A vida é, até certo ponto, um deserto árido que você tem de atravessar, arrastando-se com dificuldade. É normal, e podemos superar esses problemas, mas, ainda assim, às vezes parece mesmo um deserto. Arrastar-se, arrastar-se, arrastar-se. Fim de semana? É, mas sempre tem a arrumação da casa. É comum os fins de semana serem rotineiros. Férias? São ótimas, mas quase nunca são tão especiais.

Prazeres especiais

Deve existir um oásis. Algo com que sonhar, algo com que se deleitar. Contudo, para muitos de nós há deserto demais e pouco oásis.

Jimmy, 44: "Eu queria que não presumissem que minha vida é uma grande festa. Sou proprietário e chef de um restaurante elogiadíssimo. Grande coisa. Eis o que minha vida é, *na verdade*: com a dívida que tive de assumir para abrir o estabelecimento, é claro que não estou lucrando nada. Dia após dia minha vida é só trabalho, trabalho, trabalho, pressão, pressão, pressão. Cada dia é... bom, imagine que o comandante do Titanic também fosse forrador de papel de parede e só tivesse um braço. Mais ou menos isso.

"A única coisa que me faz seguir em frente é minha convicção de que o principal é a sobremesa. Comemos as refeições para poder comer a sobremesa, vamos admitir. As verduras são só uma desculpa para comer carne, e a carne é só uma desculpa para comer algo doce, divertido e fabuloso. É assim que eu como, e sei que é do modo que os meus clientes comem, está é a estrutura do meu restaurante.

"Mas não estava organizando minha vida como estruturava o restaurante. O que eu desejava fazer? Na verdade, não muito. Para ser franco, percebi que eu só queria — se você entrasse na minha cabeça saberia —, realmente, sobreviver. O privilégio de manter o restaurante aberto por mais um ano. É, fecho duas semanas por ano para sair de 'férias' e, pode crer, fico ansioso por isso, mas é só um modo de seguir em frente. Uma praia para relaxar. A gente deseja muito essas férias e as subestima ao mesmo tempo. É mais como se não tirar férias fosse a morte, só que depois você não se empolga tanto.

"Tem um grupo que se reúne no meu restaurante às sextas-feiras, e certa noite eles me convidaram para me sentar à mesa com eles. 'Para descontrair', disseram. Eu já tinha terminado meus afazeres, então aceitei o convite. Eram, em sua maioria, homens e mulheres de trinta e poucos a quarenta e poucos anos, que lecionavam e pesquisavam na faculdade de veterinária local. Sei que trabalhavam muito. E começaram a conversar sobre essas coisas especiais que desejavam.

"Tinham tantos fardos e responsabilidades quanto eu. Tinham tantos motivos quanto eu para se preocupar. Mas era como se entendessem que a certa altura é preciso deixar de lado todo esse senso de obrigação e pôr algo mágico no futuro para si mesmo.

"O quê, por exemplo? Um rapaz queria navegar pelo Atlântico num veleiro. Isso, sim, era grandioso. Uma mulher falou em comprar um cavalo. Outra queria ter um filho. Um casal falou em atravessar o país de carro pelas estradas secundárias. E um sujeito falou em reservar um tempo para aprender a fazer violinos.

"Dava para perceber quanta energia extraíam dos planos para o futuro. Nada disso era grande coisa no quadro geral. Era só para aquele pessoal, que ansiava por algo especial no futuro. E isso os deixava muito felizes.

"E estava bem claro para mim que aqueles veterinários tinham uma sobremesa a esperar da vida. Algo especial. Era disso que eu precisava. Então percebi: eu nunca encontraria algum motivo que justificasse um afastamento do restaurante. Então eu jamais teria algo de especial para desejar, como viajar, por exemplo, que seria um grande prazer para mim. Acabei encontrando uma saída. Resolvi visitar a cozinha de restaurantes pelo mundo afora. Talvez o chef de algum deles fosse amigo de um amigo. Poderia visitar um restaurante sobre o qual li e que admirei. Talvez algum tivesse um estilo de culinária que eu quisesse aprender.

"Foi muito empolgante. É como ter dedução no imposto referente à passagem de viagem de lazer. Só que no meu caso eu poderia justificar profissionalmente uma coisa que, vamos admitir, era apenas um grande divertimento para mim.

"A parte surpreendente foi o quanto apreciei aguardar para ir de um canto para outro. Sempre haverá alguma experiência divertida à minha espera no futuro não muito distante, e isso me faz muito feliz. E agora tenho muito mais a oferecer ao restaurante. É engraçado como isso funciona."

A vida é cheia de mistérios até entendermos como funciona a energia emocional, e então muita coisa se esclarece. Jimmy era um rapaz trabalhador, aparentemente esgotado. Então *acrescentou* algo à vida e acabou com mais energia ainda. Como isso aconteceu?

Como um futuro melhor torna melhor o presente

O anseio por algo especial nos fornece combustível. É a cenoura em um mundo de varas. Porém, a maioria de nós não tem tantas coisas a desejar que nos deixem empolgados. Mas quando você deseja algo, isso o incentiva a prosseguir.

O segredo é a expectativa. *Você nem precisa realizar seu desejo.* O simples fato de ter essa expectativa, em algum ponto no futuro, já basta. É claro que não pode estar distante demais. Deve parecer exeqüível no futuro não muito distante.

Propulsor de energia emocional nº 7
Sempre deseje algo especial.

Por exemplo, tenho uma amiga íntima — minha amiga mais antiga, na verdade — que mora em outra cidade. Raramente nos vemos. Nós resolvemos que, na primeira oportunidade, vamos tirar férias juntas. Só nós duas, sem nossos respectivos maridos. Isso é, decididamente, algo grandioso para nós. Como somos muito ocupadas, nossa viagem não poderá acontecer este ano, mas está ali esperando por nós, um oásis especial de expectativas.

Aguardo ansiosamente por muitas coisas na minha vida. Mas tudo, com exceção dessa viagem, parece normal. Estou na expectativa dessas coisas, é mais como se eu me sentisse trapaceada se não as viesse a ter. Mas a viagem com a minha amiga é uma sobremesa de verdade. Desnecessária. Inesperada. Não é fabulosa. Mas especial e singular.

Por falar nisso, descobri que fazer uma viagem especial é a opção prioritária de todos a quem perguntei qual era a expectativa que lhes transmitia mais energia emocional.

Quando você dá a si mesmo algo especial para desejar, livra-se do fardo de se sentir amarrado à rotina. Pára de achar que sua vida é uma esteira rolante à qual está preso. Todos que anseiam por algo maravilhoso se sentem mais leves e livres.

Não precisa ser algo grandioso nem custar muito dinheiro. Não precisa ser especial para ninguém, só para você. Mas tem de ser fora de série. Precisa estar fora da rotina diária, da rotina anual. Se você já tem algo assim, sabe como é. Se não tem, precisa ter.

Estas são algumas das minhas coisas favoritas

Muito bem, então você precisa ansiar por algo na vida. Também deveria desejar algo especial todo dia. Nada tão extraordinário. Mas, certamente, um prazer. Responda rápido: o que lhe daria prazer hoje? É preciso ter sempre uma resposta para esta pergunta, todo santo dia, que é um antídoto permanente contra o esgotamento emocional.

É fácil e divertido descobrir, diariamente, o que lhe proporcionaria momentos agradáveis. Faça uma lista das coisas que você já fez e que lhe transmitiram energia emocional.

Não transforme sua lista de coisas especiais numa lista de obrigações. Não é obrigação, assim como comer sobremesa não é um dever diário. É uma lista de desejos. Melhor ainda, é uma espécie de mapa dos prazeres da sua vida. Toda vida tem altos e baixos. Mas pequenas doses do prazer foram semeadas em cada vida. Sua lista de coisas que lhe dão energia é um mapa que indica onde está escondida sua fonte de prazer.

Aqui está você, sedento de energia emocional. No entanto, existe um rio subterrâneo de prazeres que você pode explorar sempre que quiser, basta fazer o que lhe dá prazer! Não chamo a isso de tarefa, mas de presente.

E tudo o que você precisa fazer é pensar nisso. Quando você estiver caindo no sono, quando estiver dirigindo o carro na volta para casa, em vez de pensar em coisas que não são nada divertidas, pense no que poderia fazer para seu deleite.

E a energia emocional vai fluir.

Quando se trata do corpo, sabemos que algumas pessoas não praticam nenhum tipo de exercício porque são saudáveis. Outras, no entanto, são saudáveis porque fazem exercícios. A energia tem relação com o que você faz, não com quem você é. Assim, do mesmo modo, algumas pessoas não anseiam por nada especial porque têm energia emocional. Já outras têm energia emocional porque dão a si mesmas coisas para desejar.

8
Por que um bando de macacos pode divertir-se mais que você?

Propulsor de energia emocional nº 8

UM DOS TEMAS QUE PERMEIA ESTE LIVRO É A IDÉIA DE QUE VOCÊ NÃO precisa fazer nada de grandioso para ser abastecido com uma grande dose de energia. Algumas das melhores coisas que você pode fazer só exigem leves mudanças de comportamento. E isso faz sentido. Energia chama energia — você tem de ir ao posto de gasolina, andar até a geladeira —, e o que todos querem é a maior injeção de energia pelo menor investimento.

É nisso que entra a diversão. Diversão não é algo que você faz mas *como* faz.

Observe uma criança presa em um local onde não há divertimento. Pode ser na escola, numa tarde quente de sexta-feira. A cabeça repousa sobre o braço, as pálpebras estão se fechando, ela mal consegue segurar o lápis. De repente, toca a sirene das 3 horas. O garoto passa direto da zona sem divertimento para a zona do divertimento. E observe a energia dele: amplia-se. O que aconteceu? Divertimento.

Vemos isso acontecer no trabalho. Você está no meio de uma conversa chata na sala de descanso. Chega alguém com uma fofoca quentíssima. De repente flui uma corrente calorosa de energia pelas veias de todos. A diversão acionou a energia de todos.

A diversão renova energia

Divertimento muda tudo. A diversão está para a energia como a respiração está para a vida. Sem ela, morremos por asfixia.

Certa vez fiz a seguinte experiência com meus pacientes: durante uma semana, no início de todas as sessões, eu disse: "O que faremos hoje não vai ser muito divertido." E na semana seguinte, ao iniciar as sessões, eu disse: "Vamos nos divertir um pouco hoje." Foi inacreditável a diferença que isso fez. As sessões em que falei de pouca diversão foram mixurucas. Já as sessões que iniciei sugerindo diversão tiveram mais envolvimento, compromisso e criatividade. A energia emocional era muito mais alta quando se esperava divertimento.

Desde então, venho tentando dar um jeito (quando é apropriado) de não só injetar divertimento no meu trabalho clínico, mas de deixar claro que é exatamente esta a minha finalidade. E o faço porque transmite energia, e energia emocional torna tudo que fazemos mais produtivo e satisfatório.

Diagnóstico nº 8

Você diria que não há muita diversão em sua vida diária?

Responder "sim" a esta pergunta significa que este segredo será um grande impulso para sua energia emocional.

Diversão é totalmente viável

A grande vantagem deste segredo é a quantidade de energia obtida por meio de uma simples mudança.

Propulsor de energia emocional nº 8
Diga a si mesmo: "Hoje serei só um pouco menos sério, um pouco menos obsessivo no tocante aos meus objetivos. Tentarei divertir-me um pouco mais fazendo o que faço."

Há quem faça uma ou duas objeções a isso. Dizem: "Mas não sou do tipo que gosta de se divertir." Ou dizem: "Você não conhece meu trabalho/minha vida/minha situação. Se conhecesse, saberia que não há como divertir-se aqui."

Compreendo. Alguns de nós são mais sérios do que outros. Muitos estão em situações que exigem a máxima seriedade. Tudo isso é um pretexto. Mas o que você acha que vou lhe pedir? Que mude a si mesmo ou sua vida? É claro que não. Acha que vou mandar você se divertir mais? É claro que não.

Vou apenas trazer notícias do front: todos, independente do contexto, podem forçar um pouco os limites e divertir-se um pouco mais, seja qual for a definição de diversão. Até a pessoa mais séria, na mais séria profissão, pode ter um pouco mais de diversão. E, se tiver, terá *muito* mais energia emocional.

Thomas, 46: "Detesto os estereótipos que fazem dos gerentes de casas funerárias. Somos apenas pessoas comuns prestando um serviço importante. Até admito que trabalhar com a morte é incomum, mas acho que *nós* não somos assim tão incomuns. Aliás, se você perguntar a qualquer um de nós, diremos que trabalhamos tanto com a morte quanto com gente viva e suas necessidades em vida.

"É lógico, porém, que se trata de uma profissão que requer certa seriedade. Vou contar o que aconteceu comigo. Assumi a empresa quando meu pai se aposentou. Fui eu quem quis — não me entenda mal. Há quem pense, porém, que eu talvez não tivesse escolhido ser gerente de uma funerária se meu pai fosse proprietário de uma sapataria. Mas estou aqui, e meu pai sempre me educou para tratar o próximo com solidariedade e dignidade, ajudar num período difícil da vida — a perda de um ente querido.

"Tudo começou a ficar muito opressivo — toda aquela solidariedade e dignidade que eu demonstrava. Minha vida começou a se dividir em duas. Eu era sério com os clientes e fazia muitas piadas quando não estava trabalhando. Contudo, quanto mais sério eu era com nossos clientes, mais descontente e ressentido eu me sentia. Encarar os parentes do falecido era algo cada vez mais emocionalmente exaustivo.

"Surpreendi-me falando em sair da empresa. Isso me assustou. Ganho bem e, sinceramente, sou do bem. Minha profissão precisa de pessoas como eu. Eu queria saber se havia um modo de me energizar mais para o trabalho. Percebi então que precisava me divertir mais no serviço. Eu achava que aquela era a última profissão no mundo em que alguém poderia divertir-se. Mas eu precisava dar um jeito, senão... É claro que você não vai fazer palhaçada para alguém que está de luto. Mas descobri que algumas coisas eram possíveis.

"Por exemplo, era muito melhor para todos nós, para mim e para os clientes, se eu lhes pedisse que falassem do falecido. Que tipo de pessoa era? O que fazia para se divertir? O que lhe dava prazer? Quais eram os talentos dele? O que de interessante aconteceu com ele? Isso não é palhaçada. Mas é muito mais divertido do que só conversar sobre as opções de caixão.

"Descobri que os clientes estavam tão ansiosos por se abrir e falar dos traços positivos da pessoa que acabara de morrer que conversar deixou de ser algo tão pesado para todos nós. Quem está nos primeiros estágios do luto não quer que ninguém subestime o que está passando, mas também não precisa que um estranho torne a situação ainda mais séria. O luto é algo bem particular, e se eu puder proporcionar algum alívio, eles ficam gratos.

"É claro que o maior impacto foi sobre mim. Eu dizia a mim mesmo: 'Eu consigo me divertir no meu trabalho.' Foi como acionar um interruptor. Para ser sincero, as mudanças que fiz foram bem pequenas. Ainda precisávamos conversar sobre o preço do caixão, mas a mudança no meu comportamento foi bem grande, e isso fez toda a diferença."

Harriet, 34: "Disseram-me que o Exército era igual à sociedade, e estavam certos. Há mais oportunidades para mulheres no Exército hoje do que em praticamente qualquer outro lugar. Mas sabe aquela velha história de que as mulheres precisam ser duas vezes melhores que os homens? No Exército, é preciso ser quatro vezes melhor. Isso é real para mim. Cheguei ao posto de capitão e comando uma unidade de treinamento em uma área de inteligência do Exército. Treinamos recrutas e novos oficiais. É um trabalho sério. Quando a inteligência trabalha direito, a batalha chega ao fim muito mais depressa. Quando não trabalhamos direito, muitos dos nossos morrem. O assunto é grave assim.

"Saí de West Point entusiasmadíssima. Havia a questão das mulheres em combate, e eu queria chegar ao meu limite. Mas o que aconteceu foi que o meu trabalho se tornou maçante muito rapidamente. Nunca pensei que isso fosse acontecer. A rotina era demais. O principal, percebo agora, é que eu era muito séria a respeito de tudo. Sabe, eu ia ser a mais bem preparada oficial comandante do Exército. Com certeza seria promovida a postos mais altos.

"Enquanto isso, deixei de esperar ansiosamente pelos dias de trabalho. E percebi em algumas das minhas avaliações que, sim, eu era bastante organizada, mas, na qualidade de líder, era meio sem graça. Isso foi um choque. O que eles queriam que eu fizesse? Um show? Estava claro que eu precisava fazer um ajuste. Comecei a olhar ao redor, observar os comandantes que eu respeitava. Oficiais graduados. Sargentos também. E reparei que eram mais descontraídos que eu. Era como se dissessem que tinham direito a exercer o comando.

"E como demonstravam isso? Sim, claro, tem aquela qualidade confiante, de estar bem preparado, mas percebi que muitos deles tinham senso de humor no trato com os subalternos. Era como se uma piadinha, ou um toque de sarcasmo, ou um pouco de molecagem falasse alto e claro que eles estavam descontraídos, não estavam se esforçando e não estavam com medo. Não era preciso forçar porque não ocorreria a ninguém não aceitar suas sugestões.

"Esse é o problema das mulheres: somos sérias demais. Falando por mim mesma, resolvi amenizar. Sou caipira, tenho irmãos, sabíamos nos divertir e cumprir com nossa obrigação. Então, resolvi brincar com os rapazes e não me levar tão a sério. Não vale a pena quando não nos divertimos.

"Mudei, e duas coisas aconteceram. Primeiro, estou me concentrando mais no trabalho. Não fico pensando que gostaria de estar em outro lugar. Segundo, sou uma oficial mais eficiente, notei isso imediatamente. Percebi que os rapazes passaram a me dar mais atenção. Ser ouvida é fundamental. Agora, me divirto no trabalho e sou ouvida."

Chuck, 29: "Sou jogador profissional de golfe tentando fixar minha posição no torneio permanente. É pressão constante, a cada buraco, a cada tacada. Se me sair mal em dois ou três torneios, eu já era. E esse, naturalmente, é o segredo — como lidar com a pressão. Cada um de nós tem talento. Cada um de nós tem boa técnica. Tudo se resume em como lidar com a pressão.

"Percebi que a maioria dos meus problemas estava nos últimos nove buracos. De algum modo, eu estava perdendo a concentração. Quanto mais eu tentava me concentrar, mais minha atenção se dispersava. Eu não queria enlouquecer, mas estava exausto, e o peso de tudo isso estava me matando.

"Então li a respeito do grande violoncelista Pablo Casals. Ele pressiona os dedos para cima e para baixo nessas cordas retesadas e pesadas, e como consegue não ficar exausto? Veja como: por mais rápido que seja o trecho que ele toca, quando ergue um dedo, ele o relaxa, mesmo que só por uma fração de segundo. Era isso! A concentração é um músculo. Quanto mais você precisa usá-la, mais você precisa se descontrair, caso contrário ela se esgota. E eu ficava no campo tenso, concentrado em cada minuto dos 18 buracos, e então eu tentava me manter assim durante os três dias de jogo.

"Então eu disse: 'Que se dane!' É, concentre-se quando estiver alinhando uma jogada. Mantenha o foco na hora da tacada. Mas quando a bola se afastar do taco, divirta-se até a próxima tacada. O que isso quer dizer? Jogue um pouco de conversa fora com o *caddy*. Brinque com algum espectador. Faça piada com os outros jogadores. Descontraia-se.

"Funcionou. Divertir-me não estragou minha concentração. Eu estava certo — divertindo-me mais era como se eu desse um descanso à concentração, e, assim, ela acumulava mais energia para voltar a trabalhar quando eu a convocasse. O que dizer? O golfista feliz é o bom golfista. Isto era verdade a meu respeito.

Thomas, Harriet e Chuck são pessoas sérias desempenhando funções que requerem seriedade. Mas o esgotamento emocional sabotava sua eficiência e prazer. O que eles fizeram, da maneira que lhes pareceu apropriada, foi injetar disposição para se divertir um pouco mais. E isso liberou muita energia.

Para alcançar isso, você só precisa tomar uma decisão. À sua maneira, você vai tornar sua vida mais divertida. E não só no trabalho. Se houver alguma parte na sua vida em que você gostaria de ter mais energia emocional, divirta-se um pouco mais nela que você conseguirá.

Questão Especial:

Energia emocional e emagrecimento

A *DIETA* DA ENERGIA EMOCIONAL? PODE ESTAR CERTO! É ESPETACULAR. E talvez seja exatamente o que você procura.

Para que nos alimentamos? Para nos abastecer de energia física. Muitas vezes, porém, parece que estamos em baixa, mesmo quando o corpo tem toda a energia física de que precisamos. O que falta é energia *emocional.*

Muitos de nós já passaram por isso. E toda a comida do mundo é incapaz de satisfazer o apetite. E nós comemos assim mesmo, pois é difícil distinguir os verdadeiros motivos da baixa de energia. Comer é uma solução fácil. É por isso que muitos de nós comem demais e engordam. Estão usando os alimentos como fonte de energia emocional.

Isso indica uma solução maravilhosa para as dificuldades que uma grande parte da população tem para perder peso.

Vi, 56: "Sou orientadora em emagrecimento há... quanto tempo mesmo? Vinte e quatro anos. E já vi de tudo. Não ligo para o que os comerciais dizem. Emagrecer é difícil. E, sinceramente, tem sido uma batalha para mim também, e às vezes eu perco. Costumo dizer que, se você quiser ser magro, é preciso ter nascido assim ou preparar-se para lutar pela magreza.

"Mas eis o que vejo quando as pessoas voltam a me procurar semana após semana e me contam por que tiveram problemas. 'Fui mal esta semana', elas dizem. Por quê? Bem, às vezes é porque houve três festas de aniversário e um casamento naquela semana. Mas a maior parte do tempo o que ouço é 'Fui mal porque estava me sentindo só', 'Não estava me divertindo', 'Estava triste', 'Estava chateado', 'Estava estressada', 'Estava nervoso' ou 'Nada de bom me aconteceu'.

"Os alimentos são uma espécie de combustível. Às vezes, porém, o tipo de combustível de que mais precisamos é emocional. Qualquer coisa que nos deixa com o estado emocional enfraquecido nos faz procurar comida. É só um palpite, mas eu diria que, de cada 5 quilos acima do peso, 4 quilos provêm de alimentar o esgotamento emocional.

"Qual foi a época em que mais engordei? É interessante. Não foi depois do divórcio. Naquele ponto eu estava bem aliviada e na expectativa do que viria depois. Eu engordei mais, porém, naquele longo e obscuro período em que o nosso casamento estava acabando e eu não conseguia admitir nem sabia o que fazer, sentia-me desamparada e perdida. Então, é claro que eu comia.

"Para mim, o divórcio trouxe esperança, portanto foi uma fonte de energia emocional. Você não pode se divorciar sempre que precisar de mais energia emocional, graças a Deus, isto não é preciso. Eu penso que comer deve ser algo que você faz por si mesmo que é saudável, e agradável. Se você está precisando de um impulso emocional, tudo bem, certo, então você precisa fazer algo por si mesmo que seja emocionalmente saudável e gostoso. É lógico que você precisa se alimentar. Mas não precisa *alimentar-se* com *comida*. Precisa fazer algo divertido, espiritual, que o faça sentir-se bem consigo mesmo, ou algo que o ligue a um tipo de nutrição emocional, como conversar com alguém de quem você gosta.

"É bem simples mesmo. A fome física requer alimento físico. A fome emocional requer alimento emocional. Se você satisfizer cada uma das suas fomes com o tipo apropriado de alimento, jamais será gordo."

Vi explicou com tanta propriedade que dispensa qualquer aprimoramento. Portanto, vou apenas reforçar o que ela disse. Quando tentamos emagrecer, sentimos fome e desejos. Você tem de entender que 90% dessa fome e desejos são reais, porém pedem combustível emocional, energia emocional. É preciso, de fato, consumir algo. Você precisa mesmo de algo delicioso na vida, algo condimentado ou algo doce. Mas não é de comida que você precisa. Não é a comida que lhe parecerá de fato deliciosa.

Se você precisa que alguém lhe diga "Amo você", peça. Não coma sorvete. O sorvete jamais fará com que você se sinta amado.

Se precisa rir, vá a algum lugar ou procure alguém que o faça rir. Não coma biscoito. Ele não o fará cair na gargalhada.

Caso sua necessidade seja fazer algo para ajudar alguém, ajude principalmente alguém que seja grato. Não coma outra porção de massa. Isso jamais fará com que você se sinta útil.

Se precisa sentir-se jovem, faça o que você fazia quando era jovem, ainda que os "dias da sua juventude" tenham sido ontem mesmo. Não coma porcaria. Não era a comida que você comia quando jovem que lhe dava sua jovialidade.

Caso sua necessidade seja sentir-se criativo, crie algo. Escreva o pior poema do mundo. Pegue os seus pincéis atômicos e pinte o pior quadro do mundo. Mas não coma bolo. Não existe nenhum modo de comer bolo que o faça sentir-se criativo.

Se você precisa mandar uma pessoa ridícula sumir da sua frente, mande mesmo. Mas não coma pizza em substituição. Assim você vai sentir-se ridículo perante si mesmo.

Se estiver inseguro a respeito do futuro, faça alguma coisa para melhorar seu futuro. Mas não abra um pote de creme de amendoim e comece a comer com colher. O único futuro que isso lhe dará é gordura.

Se o caso for conversar com Deus, converse. Não existe fila de espera. Mas não jogue dinheiro fora se enchendo de comida em um restaurante caro. O maior chef do mundo pode achar que é Deus, mas não é.

Se precisa que seu filho converse com você, vá até ele e ouça-o. Mas não se encha de doces. Você não vai se satisfazer nem com todos os doces do mundo.

Se a sua necessidade for molhar os pés no mar, ou num lago, faça-o. Ou vá a uma piscina, ou tome um banho de banheira. Mas um oceano de comida não lhe dará o que o oceano de verdade lhe dará.

Tudo isso é notícia boa. Significa que há muitos modos de se abastecer com energia emocional. E, sempre que o fizer, você terá uma vitória em sua campanha para emagrecer.

Esta é a dieta da energia emocional. Prometo-lhe uma coisa: se você só comer para satisfazer a necessidade de nutrição física e a fome física, e se não deixar de seguir os segredos deste livro para suprir sua necessidade de energia emocional, *você emagrecerá.* E pense em quanta energia emocional *isso* lhe trará.

9

Não fique preso às suas perdas

Propulsor de energia emocional nº 9

CADA UM DE NÓS TEM ALGUM TIPO DE DOR NOS ARQUIVOS DA VIDA. Todo mundo, por mais feliz que pareça, tem um passado pontilhado de perdas e arrependimentos. Houve erros e oportunidades perdidas. Cada um de nós já perdeu algo que gerou uma tristeza difícil de acabar.

O fato de sentir isso significa que você tem coração e consciência. Sua vida tem importância para você. Você e eu não queremos nos envolver com pessoas que não se abalaram com as provações pelas quais passaram.

Mas, do ponto de vista da nossa energia emocional, a sensação de perda em si é peso morto. Quando você está sobrecarregado com sensações de arrependimento e oportunidades perdidas, trata-se, na verdade, de uma espécie de luto, porém pior. No luto real, você passa por um processo em que há luz no fim do túnel. Ninguém tem muita energia um dia ou uma semana depois da morte de um ente querido. Mas e um ano depois? Cinco anos? A esse tempo todos já deveriam ter recuperado a energia. Caso contrário, não há algo errado?

Diagnóstico nº 9

Você diria: "Raramente passo mais de dois ou três dias sem pensar em uma das perdas, arrependimentos ou oportunidades perdidas na minha vida."?

Responder "sim" a esta pergunta significa que este segredo será um grande impulso para sua energia emocional.

A perda é uma armadilha

Você é um buscador de energia. Mas pode também ser buscador da verdade: alguém para quem é muito importante descobrir, encarar e entender as verdades da vida. Pode ser alguém que detesta denegar as coisas que lhe aconteceram e o que elas significam. Talvez você não suporte a idéia de fingir que o que aconteceu não aconteceu.

Compreendo totalmente. Como você poderá obervar, eu fui assim durante a maior parte da vida. E isso significa que, estranhamente, eu era fascinada pelas perdas e dificuldades que se escondiam no meu passado. Muitos de nós são assim.

Mas isso é uma tragédia para nossa energia emocional. Seja qual for a verdade do seu passado, a verdade do futuro é que *qualquer pessoa que não consegue deixar de lado a perda depois de um período razoável de tempo está com problemas e precisa de ajuda.* Isso porque quando a sensação de perda permanece após a data de validade, começa a ter mau cheiro. Se a sensação de perda não for embora por conta própria, você precisa chutá-la, senão ela o arrastará para o fundo do poço. Não é possível ter energia emocional sem se livrar da sensação de perda.

Daqui a pouco ensinarei como fazer isso.

Como lidei com a perda

Tive meu quinhão de perdas. Perdi meu pai quando estava com 4 anos, e meus pais se divorciaram. Vivíamos em um campo de refugiados na Alemanha. Meu pai foi com minha irmã para Israel. Minha mãe foi para Nova York comigo e com meu irmão. Só voltei a ver meu pai aos 16 anos, mas nunca tivemos uma relação de verdade. Por ser menina refugiada, perdi algo que muitas das minhas amigas tinham: ser criada em uma família, ter um pai, parentes, dinheiro e uma família que conhecia bem o mundo em que vivíamos para me orientar. Estas são apenas algumas das minhas perdas. Mas cada um tem as suas.

Quando você conversa com as pessoas sobre suas perdas, surpreende-se com a variedade de histórias que elas contam. Uma pessoa tinha um pai frio, exigente; outra não tinha pai. Uma delas foi criada numa família que não lhe dava instrução nem vantagens; outra teve boa instrução e depois, bem idiota, desperdiçou literalmente os primeiros 15 anos de vida após a faculdade. Uma teve neném e não pôde fazer faculdade; outra era estéril. Às vezes a perda é de tempo; outras vezes, de oportunidade, dinheiro, esperança ou de boas recordações.

Lamento dizer que na juventude eu me apegava demais às minhas perdas. É esquisito afirmar isso, mas elas me transmitiam uma sensação de segurança. Eu achava que me ajudavam a me explicar para mim mesma — meus defeitos, meus humores. Às vezes, davam-me uma identidade, quando eu não tinha certeza de quem eu era de fato. Quantos de nós obtêm um sentido de identidade de uma parte do passado que está carimbada com perdas?

Mas o meu passado também me arrastava para baixo. Era como se eu tivesse uns ossos quebrados, mas não permitisse que se curassem. O problema é que eu não sabia mais o que fazer.

Então passei por uma situação que me ensinou muito sobre o trato com a perda. Uma das perdas que eu carregava comigo era o fato de ser filha de sobreviventes do Holocausto. Nasci depois da guerra e nada do que passei se compara aos horrores do Holocausto. Mas os meus primeiros quatro anos de vida foram entre refugiados, primeiro no Uzbequistão, depois viajando pelo leste europeu destruído pela guerra; e a seguir num campo de refugiados na Alemanha. Passei todos esses anos cercada pela pobreza, pelo medo e por pessoas que tinham sofrido. Perdi os primeiros anos de uma infância normal e feliz.

Minha mãe, meu irmão e eu conseguimos chegar à América na qualidade de imigrantes sem 1 centavo no bolso, e tivemos anos de muita luta. Todos os meus parentes próximos, com exceção de meus pais, meu irmão e minha irmã, tinham morrido. Jamais conheci meus avós. Privaram-me de dezenas de tias e tios e só Deus sabe de quantos primos.

Embora nossas perdas sejam diferentes, nós fazemos o mesmo com elas. Quase sempre nos concentramos nelas, somos obcecados por elas, fazemos delas nossa vida. Eu me envolvi com instituições que promoviam a conscientização do Holocausto. Acho que é importante para a nossa sociedade, mas para mim era como ter um dente cariado e não parar de cutucá-lo com a língua, só para voltar a sentir a dor.

Eu estava me perdendo nas perdas.

Certa vez — eu estava com uns 30 anos de idade — fui a Israel para uma cerimônia especial. Foram convidados os sobreviventes do Holocausto e os filhos de sobreviventes, de todos os cantos do mundo, para participar, pela primeira vez na história, de um tributo aos mortos. A certa altura, cada um de nós se levantou — milhares de nós —, em uma fila, no Yad Vashem, o monumento israelense ao Holocausto, para colocar uma rosa sobre uma pedra comemorativa.

Eu jamais conseguiria prever o que aconteceu. Durante as longas horas de espera para depositar minha rosa, cercada por pessoas enlutadas e pela recordação da dor e das perdas, ocorreu-me que estava na hora de parar. Eu já estava cansada. Sabe quando você já comeu tanto que não agüenta mais nem um pedacinho?

Foi o que me aconteceu com o luto do Holocausto. Cheguei a um ponto que encerrei o assunto.

Minha sensação de perda acabou. Não esquecerei nem deixarei de estimar a verdadeira perda, mas os fantasmas não me assombram mais. Imagino que temos uma escolha quando se trata da sensação de perda. Podemos nos afogar nela. Ou sair dela, nos enxugar e viver o futuro que nos está destinado.

A caminho de casa na volta daquela solenidade, senti-me como se tivesse tirado um peso enorme dos ombros. Parecia que megawatts da minha energia emocional haviam permanecido amarrados à minha sensação de perda, e quando perdi essa sensação, toda aquela energia foi liberada. Mas fui eu que me liberei. E se eu consegui, qualquer um poderia se liberar da sensação de perda. Isso me elevou a outro nível de esperança no tocante à capacidade humana de mudança que permaneceu comigo desde então. É algo que nós podemos e devemos fazer.

Propulsor de energia emocional nº 9
Acontecem situações ruins a cada um de nós,
mas não deixe que a perda defina sua personalidade.

Mas como se faz isso?

Como libertar-se da perda

Nos anos seguintes a esse acontecimento, aprendi muito sobre o que fazer para que as perdas não nos definam. Existem três caminhos a seguir, todos funcionam, mas funcionam de maneiras diversas para cada pessoa, em momentos diversos da vida. Se um caminho não funcionar, experimente outro, e continue tentando, até conseguir.

Primeiro caminho. Observe quais as perdas, os ressentimentos e os arrependimentos que você pode estar carregando consigo, e tente livrar-se deles. Este é o caminho mais direto. Diga a si mesmo que basta, que a hora do luto, a hora de viver no passado acabou. Diga a si mesmo: "Sim, aconteceu-me algo ruim, mas isto não é quem eu sou. Não vou deixar que minhas mágoas me definam. E se eu não sou minha perda, realmente não preciso mais prestar atenção nela."

Fazemos esse tipo de coisa o tempo todo. Não podemos carregar conosco as mágoas de todos os sofrimentos da vida. Isso quer dizer que podemos parar de considerar tão grandioso o fato de que sua mãe era cruel com você, ou o fato de que a única pessoa que você amou de verdade o abandonou há dez anos. A certa altura, até nosso próprio passado se torna uma telenovela chata a que não vale mais a pena assistir. Isso funciona para um número surpreendente de pessoas.

Irene, 32: "Passei por uma das piores crises da minha vida há uns quatro anos. Eu estava namorando um rapaz — na verdade, ele já estava praticamente morando comigo — e um dia, de repente, foi inesperado mesmo, ele me disse que conhecera outra mulher e se apaixonara por ela e que estava tudo acabado entre nós. Por falar em chute, parecia que eu fora empurrada de um avião. Fiquei arrasada. Sempre é duro ser chutada, mas eu nos via como almas gêmeas. Eu tinha planejado todo o nosso futuro juntos. Aliás, para falar a verdade, sou uma garota de boa aparência, nada especial, mas Joe era lindo e tinha dinheiro, e eu tinha certeza de que nunca mais encontraria alguém como ele.

"Para piorar ainda mais minha perda, já havia muitos anos que eu tinha a sensação de que minha mãe não gostava muito de mim. Ela adorava a minha linda irmã mais velha e idolatrava minha irmã mais nova, que era muito meiga e doentinha. Mas sempre achei que minha mãe me considerava um estorvo decepcionante. Nunca me senti amada por ela, e não conseguia me libertar disso.

"Fiz o que todos fazem. Eu me arrastava pela vida, taciturna, e acabava com a paciência das minhas amigas falando sem parar de

Joe. Era como se eu tivesse um peso que arrastava comigo. Eu parecia um vale de lágrimas ambulante.

"Um dia uma das minhas amigas me perguntou se eu pretendia passar o resto da vida assim. Ela disse: 'Porque, se pretende continuar assim para sempre, me avise. Mas, se vai seguir em frente, pelo amor de Deus, siga. Quer dizer, tudo bem, Joe chutou você, mas por que você não consegue superar isso? Acabou. Não pense no passado, pense no futuro.'

"Isso me tocou. O passado já passou, e minha vida está no futuro. Eu devia largar o passado. Acontecem coisas ruins a todos nós, mas você pode parar de pensar nelas. Será que você não tem nada melhor para fazer do que ruminar o que alguém lhe fez e que você nunca poderá modificar?"

Irene está, na verdade, falando em escolher o primeiro caminho para se libertar da perda. Você diz a si mesmo com firmeza e força que, de agora em diante, não vai mais pensar no que lhe aconteceu nem reclamar, nem ficar obcecado por isso. Se lhe vier na mente, você vai expulsá-la imediatamente.

E fará isso porque está cansado de carregar sua perda consigo e quer algo melhor. Talvez queira saber como funciona simplesmente dizer a si mesmo que tem de largar a perda. As pessoas fazem isso o tempo todo. Você já teve um móvel feio ao qual se acostumou até que, um dia, olhou para ele e viu como era feio e imediatamente percebeu que precisava desfazer-se dele? Bom, é isso o que algumas pessoas fazem com a sensação de perda. Descobrem que é só uma peça feia da mobília emocional.

Eis outro modo de percorrer o primeiro caminho para largar a perda: vamos supor que você tenha dito a si mesmo que tem de deixar essa perda de lado, e queira fazê-lo, mas não consegue. Talvez você seja mais inteligente do que imagina. Você percebe, intuitivamente, que precisa de algum tipo de compensação. Mas ninguém vai lhe pagar. Você tem de encontrar sua própria compensação encarando sua vida com um novo olhar. Você deve procurá-la.

Talvez você consiga largar se puder ver que, de fato, já tem o que perdeu de outra forma. Por exemplo, como alguém me disse: "Meu pai sempre me criticou muito. E isso me incomoda porque eu queria acreditar que essa pessoa tão importante para mim me amava e me respeitava. Mas agora gosto de mim e outras pessoas também me estimam." É um caso a pensar. Não podemos voltar atrás e recuperar exatamente o que perdemos. Mas, se temos algo semelhante, ou algo que compense a perda, então é nisso que devemos nos concentrar, não na perda.

Talvez você ainda possa recuperar aquilo que acredita ter perdido para sempre. Um homem disse: "Desperdicei minha mocidade, e isso me incomoda porque eu queria estar mais avançado na vida do que estou agora. Mas se eu realmente quero isso, posso começar, agora mesmo, a concentrar minha energia naquilo que eu queria fazer antes." Afinal, ninguém fica deprimido porque abriu a geladeira e descobriu que o leite acabou. É só sair para comprar mais leite. Eu desafio você. Esta é uma grande oportunidade de amadurecimento. Se você encontrar um meio de recuperar de algum modo aquilo que acredita ter perdido, garanto que sentirá grande carga de energia emocional.

E talvez você consiga viver muito bem sem recuperar o que perdeu. Uma mulher disse: "Destruí o melhor relacionamento que tive. E isso me incomoda porque tenho a impressão de que nunca mais encontrarei o verdadeiro amor. Mas aprendi muito e me conheço muito melhor, e mesmo que eu nunca mais recupere o que acreditava querer, sei que agora posso ser feliz em qualquer relacionamento que eu venha a ter." Isso pode ser meio difícil, mas também é uma oportunidade gigantesca de crescimento e um modo fantástico de obter uma tremenda energia emocional a um custo próximo a zero. Na verdade, não é preciso fazer *nada*. Você olha para a perda e diz: "Tudo bem, perdi." Dá de ombros. Segue em frente. E faz isso porque vê que, por maior que tenha sido a sua perda, o fato é que você não precisa dela agora. Então, para proteger sua energia emocional, tem de deixá-la de lado.

Mas esse caminho não funciona para todos. E quando você tenta largar, mas não importa de que modo você encara a situação, não consegue? Felizmente existem outras opções.

Segundo caminho. Um dos motivos da dificuldade de deixar de lado a perda é não ter passado por um genuíno processo de luto, e isso pode sugar energia emocional. Se ao menos você pudesse chorar a perda apropriadamente de uma vez por todas, então poderia esquecer e seguir em frente. Não estou me referindo a queixas, isso você não pode evitar. É preciso fazer tudo em alto estilo.

De certa maneira, foi o que eu fiz quando fui a Israel. Meu luto sempre fora recatado, mas a imensa cerimônia de que participei possibilitou um luto em alto estilo — tão grande, na verdade, que tirou de mim toda a tristeza. É por isso que as grandiosas cerimônias de lamentação são tão purificadoras. É por isso, por exemplo, que os praticantes de muitas religiões são obrigados a observar um período rígido de luto após a morte de um ente querido. No entanto, a maioria das religiões instrui seus fiéis a seguirem em frente e abraçar a vida quando terminarem o período de luto intenso.

Em outras palavras, talvez não seja possível seguir em frente porque o luto não foi suficiente. Para tanto, é preciso fazer algo grandioso como tirar uma licença de uma semana no trabalho e passar todos os dias na cama, sem fazer nada além de chorar até não ter mais lágrimas. Convide um amigo para o fim de semana e passe o tempo todo chorando até as lágrimas secarem. Faça um longo retiro religioso. Pegue o carro e passe horas rodando sem destino, ouvindo músicas tristes no rádio. Escreva uma carta de despedida longa e manchada de lágrimas para quem a abandonou ou magoou. É pegar ou largar. Se tentar largar e não conseguir, então você está passando por um luto imenso, portanto entregue-se a esse luto em alto estilo.

A maioria das pessoas afirma que quando alguém se entrega totalmente a um período limitado de luto intenso a sensação de perda acaba por desaparecer. Em outras palavras, às vezes não conseguimos deixar a perda de lado porque não nos permitimos vivenciar a tristeza até a última gota.

Se você se obrigar a ter um luto de fato, conseguirá parar de se lastimar. Mas e se nem isso funcionar?

Terceiro caminho. Isto nos leva a uma bifurcação na estrada. Se você não conseguiu largá-la e o luto não funcionou, há uma decisão importante à sua frente. Agarrar-se à perda destrói sua energia emocional. Portanto, se você ainda não consegue deixar de lado a perda, deve encarar o fato de que não se trata do tamanho da perda. Trata-se da sua falta de disposição para abraçar a vida. Afinal, que outro motivo alguém teria para se agarrar a uma sombra?

Portanto, a escolha é sua.

Você poderá ter uma boa conversa consigo mesmo e dizer que todo mundo já sofreu algo ruim. Se você continuar se agarrando a isso, vai perpetuar os estragos, e não há sensatez nisso. Não importa se sua perda ou mágoa foi terrível. Você não teve, nem por um momento, a intenção de minimizar os acontecimentos. De uma coisa você tem certeza: o que aconteceu pertence ao passado. Você não pode modificar o passado, ninguém pode fazer isso. Se o seu pé explodiu numa mina, se você foi estuprada, se perdeu todo o dinheiro, se perdeu a família em um acidente — sim, são experiências terríveis, mas agarrar-se a essa recordação e mantê-la viva é unir-se à perpetuação dos danos, a quem ou ao que fez isso a você. É uma dupla forma de se vitimar: primeiro você se vitima pela coisa ruim que lhe aconteceu; depois, por manter o acontecimento vivo dentro de si.

"Não posso fazer nada", talvez você diga. Compreendo. Mas será que tentou mesmo?

Já experimentou não conversar sobre isso? Além de determinado ponto, a conversa só mantém a ferida aberta e evita sua cicatrização.

Já tentou não pensar nisso? Isso requer um pouco de disciplina. Sempre que a recordação da sua perda, sua culpa ou seu arrependimento lhe vier à mente, tente imediatamente pensar em outra coisa. Se não for bem-vinda à sua mente, a recordação da perda desaparecerá gradativamente. Isso pode demorar um pouco, mas vai acontecer. E transformará a perda num imenso crescimento, pois você terá saído do papel de vítima.

Acima de tudo, você já tentou abraçar a vida? Já usou sua energia para pensar em todas as maravilhosas partes da sua vida de que você se afastou e para descobrir meios de mergulhar em novos relacionamentos, novas atividades?

Não se esqueça de que: se você não seguir em frente, vai aumentar ainda mais o estrago.

Você sabe que a certa altura vai acabar se esquecendo dela. Com a maioria das pessoas é assim. Você vai chegar a um ponto em que dirá: "Não sei por que me agarrei de maneira tão obcecada a essa perda e por tanto tempo." Então, se você vai acabar deixando-a de lado, por que não abandoná-la agora?

A outra bifurcação da estrada é fazer terapia. Se tem dificuldade para esquecer, está ganhando algo com esse apego. Talvez sua gratificação seja o fato de todos sentirem pena de você. Ou talvez você esteja dando a si mesmo uma desculpa para não tomar uma atitude na vida. Pode precisar de um terapeuta para ajudá-lo a perceber o que esse apego à perda lhe proporciona. O segredo é procurar um terapeuta que o ajude a descobrir um meio de afastar-se da perda e a começar a abraçar sua vida. Se estiver nesse ponto, admita que precisa de ajuda e procure por ela.

Cada grama de energia emocional que estiver vinculado à perda o envelhece e esgota interiormente, e evita que você obtenha os maravilhosos benefícios provenientes de aplicar a energia emocional nas maravilhas que a vida tem a oferecer.

10

Inveja é veneno

Propulsor de energia emocional nº 10

VOCÊ ESTÁ NUM BARCO DE PEQUENO PORTE EM ALTO-MAR, E O MAR está agitado. Lá está você no convés, para cima e para baixo, para cima e para baixo, e então se inclina a estibordo e, depois, a bombordo, e volta a se balançar para cima e para baixo. Em pouco tempo começa a enjoar e vai ficando verde.

Existe outro aspecto na vida em que falamos de ficar verde — a inveja —, e é, de fato, pelo mesmo motivo: em vez de ter um chão firme sob os pés, em vez de se sentir forte, equilibrado e seguro, você foi agarrado por forças potentes e nauseantes que não consegue controlar. Você foi arrebatado pelo impiedoso mar irracional da inveja.

E assim como o enjôo marítimo destrói a energia física, quando somos agarrados pela inveja a energia emocional se esgota completamente. Seja qual for a esperança e a concentração que tínhamos, a inveja chega, cava-nos a barriga, esvazia-nos o estômago e nos deixa fracos e enjoados.

Por que isso acontece e o que podemos fazer?

Como a inveja gera esgotamento emocional

Mike tem um mistério. É verdade que sofreu muita pressão e teve de superar muitas frustrações, mas seu total esgotamento emocional parecia desproporcional. Devia haver alguma explicação. E havia.

Mike, 42: "Admito que tenho tarefas demais. Minha pequena empresa é uma loucura — só os problemas e pressões normais, nada excessivo, mas são constantes. Naturalmente, estou noivo e estamos procurando casa. Tem muita coisa acontecendo, mas é só a vida cotidiana. O problema é que me sinto esmagado. Nunca pude admitir isso diante de ninguém, mas na maior parte do tempo sinto vontade de ficar na cama, com a cabeça embaixo das cobertas. Quero dizer não a tudo. Eu devia conseguir lidar com tudo isso, mas é como se houvesse algo enguiçado dentro de mim e eu me sinto sobrecarregado.

"O que houve? Como foi que me puxaram o tapete?"

Eu tinha acabado de conhecer Mike e não sabia responder às perguntas dele. É preciso provocar a revelação dessas coisas. Às vezes, porém, a melhor resposta é tentar descobrir *quando* a pessoa começou a sentir-se de determinado modo e, então, investigar o que estava, de fato, acontecendo na vida dela naquele exato momento.

E foi isso que levei Mike a fazer. Acontece que ele se sentia muito bem consigo mesmo alguns anos atrás, ainda que a vida dele não fosse nem um pouco mais fácil. Então Mike disse:

— Sabe, é engraçado. Comecei a me sentir em baixa mais ou menos na época da minha reunião de 20 anos de formatura.

— É mesmo? — perguntei. — O que aconteceu lá?

Nessa reunião, Mike encontrou os rapazes que eram seus melhores companheiros no time de futebol. Eram iguais a ele, nunca melhores, no campo de futebol, e fora do campo não eram mais inteligentes do que ele. Agora, 20 anos depois, cada um deles possuía algo que fazia Mike sentir-se um idiota que não havia construído nada, só havia perdido tempo.

Mike: "Tive uma sensação de naufrágio depois de conversar com aqueles caras. Estávamos pondo as conversas em dia, mas todos os detalhes me penetravam como uma facada. Era tudo. Um dos rapazes tinha um Porsche, e eu estou a 1 milhão de anos de comprar um Porsche. Todos estavam casados e com filhos, mas eu e minha noiva ainda não temos certeza de nada após cinco anos. Um deles trabalhava em Wall Street e ganhava rios de dinheiro. Outro montou uma cadeia de pizzarias muito bem-sucedida. A caminho de casa, minha noiva comentou que eu estava muito calado. Era como se tivessem tirado tudo o que eu tinha de dentro de mim.

"Sabe como é? É como estar participando de uma corrida e ver todos os caras na frente e perceber que todos são melhores atletas. O que adianta? Por que não desistir?"

É surpreendente a freqüência dos ataques de inveja. Uma pessoa vai bem na vida. Fica sabendo que alguém tem algo que ela não tem. Conversa com alguém que sabe fazer algo que ela não sabe. Talvez apenas veja alguém que *parece* ter o dinheiro, a família ou casamento feliz que ela não tem. É como se um veneno debilitante lhe tivesse entrado no organismo. É uma sensação de azedume no fundo do ser. É comum ela ter um surto de raiva que degenera em estado de pesar e desamparo.

Diagnóstico nº 10

Você se sente inferior a outras pessoas? Tem uma sensação de ter perdido algo na vida? Você diria que se compara aos outros com freqüência e se sente ressentido?

Responder "sim" a qualquer uma destas perguntas significa que este segredo será um grande impulso para sua energia emocional.

Se a inveja fosse uma substância química, a Secretaria do Meio Ambiente declararia você ilegal de tão tóxica que ela é. Mostre-me alguém com problemas emocionais que lhe mostrarei alguém que está lutando com a inveja. Por exemplo, foram realizados estudos do impacto do desemprego sobre a saúde mental. Na década de 1930, quando havia milhões de desempregados, havia menos depressão ligada ao desemprego. Por quê? Porque havia a sensação de que todos estavam no mesmo barco. Todos estavam lutando. Mas nas décadas de 1960 e 1980, quando houve breves períodos de aumento do desemprego, houve mais sofrimento psicológico. Por quê? Porque as pessoas sentiam inveja de quem tinha um bom emprego.

O pior da inveja, e um dos motivos de ser tão letal para nossa energia emocional, é que ela nos ataca de surpresa. Estamos muito bem conversando com uma amiga na hora do almoço quando, de repente, ela faz um comentário que nos derruba. Digamos que ela tenha dito que quando ficou doente o namorado cuidou muito bem dela. Isso não é lá grande coisa, mas quando nós ficamos doentes a pessoa importante da nossa vida não cuida tão bem de nós. Inveja instantânea. Exaustão emocional instantânea.

Então, vou explicar: se você não estiver se sentindo tão enérgico quanto gostaria, é provável que esteja invejando alguém, e isso o está exaurindo.

A luz do Sol mata a inveja

Nada é mais patético que a inveja do que quando ela é percebida exatamente como é. E isso faz do processo de se livrar da inveja algo bem simples.

Scott parecia um sujeito feliz, saudável. Tinha a aparência do golfista profissional que era, sempre participando do PGA Tour. Mas não estava sempre tão radiante.

Scott, 33: "Acho que não existe nenhum golfista profissional que não tenha tido pesadelos com Tiger Woods. O jogo já é bem difícil, e a competição é feroz, mas então aparece esse sujeito, que é um gorila de 400 quilos, e nós nos tornamos anõezinhos. Ele recebe todas as atenções, ganha todo o dinheiro, tem todo o divertimento. Nós lutamos pelas migalhas.

"Pelo menos é esse o pensamento doentio de muitos caras. Não se recuperaram do fator Tiger. É como se estivessem condenados enquanto ele estiver vivo.

"Eu também me sentia assim. Levei muito tempo para entrar no torneio e acho que minha posição não é segura. No início, Tiger fazia com que eu me sentisse um tremendo idiota. O que adiantava? Eu jamais seria igual a ele. E mesmo que ganhasse um dos torneios importantes, jamais receberia a atenção que ele recebe. Eu queria entregar os pontos.

"Um dia de manhã, bem cedo, eu estava treinando. Nono buraco, par quatro, ângulo abrupto. Mas a grama estava coberta pelo orvalho, o aroma era delicioso e o sol varria o campo. Cada folha tinha sua própria sombra. Dei a tacada e fiz uma ótima jogada, distância muito boa, bem aonde eu queria ir. Uma beleza de tacada.

"Então, percebi quanto eu adorava aquilo. Por que alguém, mesmo o Tiger, teria o poder de estragar aquilo tudo? Na verdade, ninguém tinha esse poder. Mesmo que eu estivesse jogando com o Tiger em duo, e ele me derrotasse em todos os buracos, como isso poderia tirar o prazer do sol, do cheiro de tudo e da alegria de bater na bola? O que uma coisa tinha a ver com a outra? Como o que alguém tem poderia levar o que eu tenho?"

Scott descobriu o segredo: a inveja é uma força esquisita. É muito poderosa quando caímos na sua rede. No entanto, desmorona como um castelo de cartas quando exposta à fria luz do dia.

Antes do ataque da inveja, você é você, com todos os altos e baixos da sua vida. A inveja o agarra e o lança em direções que não têm relação nenhuma com o ponto onde você se encontrava. Acaba por sugá-lo para dentro de um jogo que você não vai vencer. Precisamos admitir que o mundo está cheio de pessoas que têm coisas que nós não temos. Há sempre alguém mais inteligente, mais rico, mais magro, mais bonito, que possui coisas melhores. E você vai dar de cara com essas pessoas quando menos esperar.

Como tornar-se à prova de inveja

Observe o que os energizados fazem para arrancar o espinho da inveja.

- *Tome conhecimento de todos os pontos em que você foi atacado pelo espinho da inveja.* Preste atenção se depois de ver alguém na tevê ou ler a respeito de alguém em uma revista você, de repente, se sente misteriosamente arrasado. Pense nos membros da sua família que despertam inveja em você. Repare se numa conversa com um colega de trabalho, em que ele faz algum comentário sobre algo que tem, de repente você fica deprimido. Siga o que sente. É esse o impacto da inveja em você.

  Quando passamos por uma perda ou fracasso nos tornamos vulneráveis à inveja. O seu cachorro morreu e a professora acaba de dizer que seu filho tem o raciocínio lento. Isso já é bem ruim, mas, para completar, você vê alguém passeando com um cachorro e uma outra pessoa comenta sobre a inteligência do filho. Bum! Os demônios da inveja atacam você!

  Mas não gostamos de nos considerar invejosos. Geralmente não sentimos inveja explícita. O que nos acontece é ouvir falar de alguém e ficar deprimido. Lembro-me de ter passado anos deprimida nas manhãs de domingo. É grotesco. Quem já ouviu falar em depressão nas manhãs de domingo? Mas todo domingo de manhã eu lia os jornais, que estavam cheios de matérias sobre pessoas que vão a lugares e fazem coisas. Eu ainda estava despertando e me sentia invisível. Havia tantas pessoas que tinham o que eu não tinha, apesar de ter trabalhado duro. Eu me sentia deprimida, mas, na verdade, era inveja. Quando você descobre como essas minas terrestres da inveja explodem sob seus pés, elas perdem o poder.

- *Saiba que a inveja faz mal à saúde.* Você já está motivado para o que deseja para si mesmo. A inveja só serve para fazer com que você se sinta frustrado, deixá-lo fora de si, lembrar o que você não tem e obrigá-lo a jogar um jogo impossível de vencer, pois sempre haverá alguém que possui algo que está fora do seu alcance.
- *Perceba que a inveja é principalmente um exercício de ignorância.* Você sabe, interiormente, quanto a sua vida é caótica e complicada. Aquela pessoa que você inveja — o que você sabe da vida dela é só externamente. Você não conhece as frustrações, os sofrimentos dela, o precipício onde ela se encontra, prestes a cair. É bem provável que você inveje alguém cuja vida você não ia gostar de viver.
- *Saiba que você se sentirá melhor sem a inveja.* Vamos supor que você não se deixasse derrotar por coisa alguma que alguém tivesse e você não. Assim, você seria feliz e esperançoso. Então, por que não se antecipar nisso? Deseje, especificamente, sentir-se bem consigo mesmo e com sua vida, porque ninguém e nada terão o poder para fazer você sentir-se mal.
- *Considere suas bênçãos.* Já ouvimos isso tantas vezes que nos esquecemos da sua importância. É um poderoso acesso a mais energia emocional. É o que fazem as pessoas energizadas. Veja o que você tem. Conscientize-se de todos os fatores positivos da sua vida. E sinta-se propositadamente grato por eles, sem comparar-se com mais ninguém.

Propulsor de energia emocional nº 10

No país da energia emocional, verde significa perigo.
Nunca inveje ninguém.

Às vezes é preciso passar por uma crise existencial para poder desfrutar o que você tem. Foi o que aconteceu com Cheryl.

Cheryl, 32: "Dizem que os cegos se sentem satisfeitos porque nunca conheceram outra coisa. Mas não é verdade. Sim, eu era feliz na infância. As crianças aceitam qualquer coisa que a vida lhes dê. Mas aos 13 anos de idade isso começou a me incomodar. Eu queria ir a festas e ser normal, mas entendi que jamais seria normal. Freqüentava um colégio normal e sentia inveja de todas as meninas. Eu queria ser bonita. Perguntei a minha mãe se eu era bonita e ela disse que sim, que eu era muito bonita. Mas ela era minha mãe. Como eu poderia saber?

"Acho que passei todo o ensino médio e os dois primeiros anos de faculdade deprimida. Eu estava do lado de fora olhando para dentro, só que não via nada.

"Então, conheci um rapaz que parecia interessado em mim. E eu gostava dele também. Mas fiquei desconfiada. Que tipo de homem iria querer uma garota cega? Por isso acho que era meio fria com ele. Mas ele insistia tanto que chegamos a sair algumas vezes. Nós nos divertíamos quando eu me descontraía. Por fim, perguntei por que ele queria estar com uma cega. Ele me disse, e me lembro das palavras dele: 'Não quero estar com uma cega. Quero estar com você.' Engraçado, ele simplesmente gostava de mim. Perguntei se ele me achava bonita e ele me surpreendeu ao dizer: 'Vou lhe contar, você é mais bonita que a média. Tem um grande sorriso e uma ótima silhueta. E lindos cabelos negros. É muito mais bonita para uma moça do que eu para um rapaz.'

"Isso me pareceu muito honesto. Ele podia ter dito qualquer coisa, como eu saberia? Mas acreditei, e aquilo me tocou profundamente. Eu estava na metade do curso, e é nesse momento que a gente deve se divertir, aproveitar enquanto pode. Eu seria sempre cega, nada poderia mudar isso. Então, eu poderia ficar sofrendo por não ter a vida de outra pessoa ou gozar minha própria vida."

Cheryl era mais inteligente aos 19 anos de idade do que a maioria de nós com qualquer idade. Aceitou o que já possuía. Sabia que era impossível ganhar no jogo da comparação. Quando você é vítima da inveja, perde sempre porque está emocionalmente em desvantgem, não porque se encontra numa condição humana ou social desfavorável. Cheryl compreendeu que uniria a desvantagem da cegueira a uma desvantagem emocional muito mais destrutiva se parasse de gozar a vida.

A inveja é terrível porque o impede de ver quem você é de fato e o que já tem.

11

Culpa é burrice

Propulsor de energia emocional nº 11

UM DOS SEGREDOS MAIS INTERESSANTES E NOTÁVEIS DE QUEM TEM uma carga imensa de energia emocional é não carregar consigo a sensação de culpa por nada. É claro que a pessoa pode sentir-se mal em relação a uma coisa ou outra no passado, mas isso não é um peso.

A questão é: ela obtém energia resolvendo a culpa.

Como a culpa gera um peso sobre os ombros

Não se engane, a culpa é um fardo terrível. Pouca gente sabe mais disso que Barbara. Mas também aprendi com ela que, seja qual for o tipo de culpa que você esteja carregando, existe um meio de libertar-se do fardo. E, quando o fizer, você vai sentir-se uma nova pessoa.

Barbara, 29: "Sinto-me bem comigo e com minha vida pela primeira vez. É fantástico. Quem carrega uma culpa nos ombros não sabe o que está perdendo. É como alguém que é surdo de nascença — sabe que existem pessoas que ouvem sons, mas não faz idéia do que isso significa, a não ser que, por milagre, comece a ouvir sons também.

"Acho que houve uma espécie de milagre na minha vida. Eu quase morri. Cheguei a ponto de ser presa por dirigir bêbada. Foi no dia seguinte à minha demissão da banda em que eu era a cantora. Estávamos nos tornando famosos e, quase da noite para o dia, fiquei praticamente sem teto e sem dinheiro. Como perdi o controle assim? Tudo por causa de uma culpa terrível.

"Não me lembro sequer de um momento em que não me sentisse culpada. E havia motivo para isso. Eu estava com 5 anos e fui com o meu irmão Eddie, de 8 anos, passar o verão no interior do estado de Nova York. Era no meio do mato mesmo e nós passávamos parte do dia perambulando sem ver alguém. Encontramos um buraco onde podíamos nadar, talvez fizesse parte de uma antiga pedreira, sei lá. Mas havia um rochedo, bem alto mesmo, e nós dois estávamos na beirada olhando para a água escura lá embaixo. Eu era mesmo molequinha e fiquei dizendo "Pula, pula, pula". Queria vê-lo mergulhar e espalhar água para todos os lados.

"Ele estava, obviamente, com medo, mas quando a irmãzinha sapeca desafia você... enfim, ele pulou. Eu o vi entrar na água, mas não sair. Havia pedras sob a superfície da água, ele bateu com a cabeça e se afogou.

"Corri para nossa cabana e contei à minha mãe que Eddie havia pulado na água e desaparecido. Nunca contei a ninguém que eu o mandara pular. Mas os adultos me fizeram tantas perguntas sobre onde ele estava quando pulou, por que pulou, que me fizeram sentir ainda mais culpada por não ter impedido que pulasse. Eu só pensava: 'Puxa, se soubessem que eu praticamente o empurrei.'

"Então cresci pensando que tinha matado meu irmão, que eu amava e idolatrava. Ele fora o meu herói.

"Eu não podia fazer nada a respeito da culpa. É como ser corcunda, sei lá. Era uma realidade que eu carregava dentro de mim: eu era uma pessoa má, horrível, destruidora, tanto que se isso se espalhasse destruiria tudo ao meu redor. Quer culpa? Culpa é isso.

"Lá ia eu vivendo com minha culpa quando, no último ano de Berklee, prestes a lançar minha carreira musical, engravidei. Imediatamente — por causa do meu irmão, é claro — pensei: 'Não vou fazer aborto, de jeito nenhum'. Não sou contra, em princípio, mas não me sentia no direito de fazer. Então resolvi ter o neném. Achava que daria conta. Mas cerca de um mês antes de dar à luz eu tinha certeza de que não conseguiria ser mãe naquele momento. É óbvio que eu não tinha chegado a lugar nenhum na vida e estava muitíssimo infeliz. Estava pagando um preço alto pela culpa da morte do meu irmão. Estava sempre cansada, sempre com dificuldade de concentração. Eu tinha uma bela voz para cantar e sem ela acho que seria uma mendiga.

"Dei minha filha em adoção três dias depois de nascida. Sabia, então, e ainda sei, que foi o certo. Mas passei a carregar um novo fardo de culpa. Mãe que é mãe não dá o filho. Isso é horrível.

"Comecei a me achar um verdadeiro monstro. Tudo bem, mas entrei em algumas bandas e comecei a fazer sucesso, e me sentia culpada também por *isso*. Percebi, de imediato, que estava tendo sorte na profissão e que não merecia. Merecia castigo, não recompensa.

"Foi quando comecei a autodestruição. Não que eu quisesse me destruir, mas não conseguia seguir em frente. Ir aos shows, acordar de manhã, me vestir... era tudo tão difícil. Beber era ótimo — não facilitava minha vida, mas me ajudava a não ver como tudo era tão difícil.

"Depois de ter sido presa, de me expulsarem da banda e de não ter nada nem para onde ir, liguei para minha antiga professora de canto — era minha mentora — e, por milagre, ela se ofereceu para me abrigar por algum tempo. No início eu não conversava com ela, não fazia nada. Ficava parada em casa, entorpecida. Por fim, Alice me disse que ou eu começava a falar com ela ou eu caía fora. Comecei a falar.

"Tudo sobre a minha culpa veio à tona. Alice não era terapeuta, mas era professora de canto e usava um método no qual para cada problema existe um pequeno ajuste técnico. Hoje em dia costumo dizer a quem precisa de um terapeuta para procurar uma professora de canto.

"Aliás, eu nunca havia conversado sobre isso com ninguém. É a culpa que faz isso. Ela o deixa trancado sozinho com seu problema.

"Enfim, Alice me conduziu por uma espécie de processo purificador. Simples perguntas, respostas simples. Com relação ao meu irmão, por exemplo, ela me perguntou se alguém poderia julgar uma criança de 5 anos responsável por tudo o que faz. Principalmente quando estava agindo apenas como uma criança normal de 5 anos de idade. Então, ela me perguntou: 'Punir de maneira excessiva e imprópria uma criança normal por fazer o que qualquer criança faria não seria um crime muito pior?' E concluiu: 'Se você quiser sentir-se culpada, sinta-se culpada por sentir-se culpada. E depois pare, porque você não fez nada que nenhuma outra criança não fizesse.'

"Quanto à adoção do meu filho, ela me perguntou o que eu havia feito de tão mau. 'Afinal', ela disse, 'você deu ao seu filho a oportunidade de ser criado numa família muito melhor.' Onde estava o estrago? Por que eu deveria me sentir culpada quando havia melhorado as coisas, em vez de piorar?

"Quanto à minha sorte na carreira de cantora, ela disse que era loucura sentir-me culpada por isso. Eu tinha roubado algo de alguém? É claro que não. Era assim que tudo funcionava. Cada pessoa nascia com um dom. 'Mas', ela disse, 'tem uma coisa, e *só* uma, que você faz quando tem um dom: age com gratidão. Põe o dom em local de honra. E tenta descobrir um meio de retribuir o favor'. Ela disse que queria ter o meu dom e a minha sorte. E só me pediu que os usasse de maneira plena e fizesse algo para ajudar o próximo.

"'Vou simplificar bem', ela disse. 'Viver é fazer acontecer. Sentir-se culpada não vai fazer nada de bom acontecer — é óbvio que não vai mesmo —, então, pare com isso.'

"Absorvi tudo o que Alice disse. Fez minha cabeça girar. Eu fora uma idiota. Como não sabia o que fazer em seguida, então perguntei a ela. O que ela disse foi incrível: 'Olha, você tem duas opções. E só duas. Se você, de fato, fez mal a alguém, então tem de fazer algo tão grandioso e importante que deixe claro para si mesma que está pagando o preço pelo que fez. Ou tem de esquecer. Mas com esse sofrimento ninguém lucra. É consertar ou esquecer. Se não puder fazer nem uma coisa nem outra, então você não serve para nada.'

"Engraçado, era difícil sentir-me culpada pela morte do meu irmão quando eu pensava no incidente como um crime de fato. E se eu não queria ir para a cadeia, por que não me livrar daquela prisão? O mesmo acontecia com relação à adoção da minha filha."

Pôr fim à culpa

Barbara recebeu imensa carga de energia quando decidiu se pagaria pelos crimes ou abandonaria a culpa. Começou a procurar emprego de cantora. Começou a compor. Abriu a voz. Tornou-se confiante. Talvez o mais surpreendente tenha sido o fato de que ela começou a sentir um surto de sensualidade circulando pelas veias. Isso a fez perceber que uma parte dela se sentira morta durante muito tempo. Mas não estava morta, apenas exausta em razão do fardo da culpa que carregava.

Aprendi que só podemos ajudar alguém a se livrar da culpa se esse alguém quiser livrar-se dela. Por mais louco que pareça, há pessoas que *gostam* de se sentir culpados. Faz com que se sintam importantes sem ter de fazer nada de importante. Faz com que se sintam vivas sem ter de participar da vida. É um modo de acovardar-se, é, portanto, perfeito para os covardes. Precisamos admitir que há certas pessoas que não querem mais energia emocional. Acham que é melhor viver uma vidinha com pouca energia do que uma vida grandiosa, cheia de energia.

Mas se você for mesmo um buscador de energia, vai precisar examinar a questão da culpa na sua vida.

Diagnóstico nº 11

Tente pensar em alguma coisa que o faça sentir-se culpado. É fácil lembrar-se de algo?

Responder "sim" a esta pergunta significa que este segredo será um grande impulso para sua energia emocional.

Se você acha que é um desperdício sentir-se culpado e se aprecia a idéia de ter mais energia emocional, o caminho para abandonar a culpa exige que você a encare com honestidade para poder deixá-la para trás.

O que você vai fazer é, em essência, pôr-se em julgamento. Aqui mesmo. Agora mesmo. No fim do processo você terá clareza e, de um modo ou de outro, chegará a uma conclusão sobre o sentimento de culpa.

Primeiro passo. Você cometeu mesmo um crime, não no sentido jurídico estrito, mas no sentido humano? Afinal, não há necessidade de continuar se condenando, se você não for responsável por crime nenhum. Barbara não cometeu crime nenhum, ao dar o filho em adoção. Naquele momento ela não tinha meios de criar o filho, mas conseguiu para ele uma família maravilhosa. Onde há crime quando sua única intenção é fazer o melhor?

Depois, pergunte a si mesmo se você foi, de fato, responsável. Com certeza, você não é responsável se não fez nada de errado.

Muitas pessoas se sentem culpadas por algumas coisas ruins que aconteceram a pessoas de quem gostam. Talvez elas não tenham tentado evitar o que aconteceu. Mas é provável que elas não tenham conseguido evitar. Por exemplo, se uma mulher está se relacionando com um homem que faz da vida dele um caos, não há por que se sentir culpada, a não ser que tenha posto um revólver na cabeça dele para obrigá-lo a desorganizar a própria vida.

E você também não é responsável se estava fazendo o melhor possível por uma pessoa da sua idade e com o mesmo nível social. Barbara não foi responsável pela morte acidental do irmão porque só tinha 5 anos de idade e, pedindo-lhe que pulasse, não fez nada que uma criança normal de 5 anos não faria. Uma senhora idosa que conheço passou os últimos anos atormentada pela culpa porque espancava os filhos quando eram pequenos. Ela não batia neles, simplesmente espancava. Mas todas as mulheres da geração dela, criadas do mesmo jeito que ela, espancavam os filhos. Na pior das hipóteses, o que ela fez foi algo que só agora sabemos que estava errado. Não foi crime nenhum.

E também não há culpa se você sofreu coação. O tema principal de *Os miseráveis* é que não se pode condenar um homem por ter roubado um pão para alimentar a família faminta. Certamente, não no âmbito da moral. E muitas das coisas aparentemente ruins que fizemos foram sob a pressão do desespero, do pânico, de hormônios em fúria e muitas outras forças.

E não é crime, se nada de tão ruim aconteceu. Alguém sofreu por causa do que você fez? Você terminou o namoro, a outra pessoa sofreu. Mas, faça-me o favor! Há pessoas sendo largadas o tempo todo. E todas se recuperam.

Talvez a pessoa tenha sofrido um colapso nervoso. Mas não se esqueça de que não é crime se você não foi responsável, e não é possível ser responsável por alguém que não consegue se controlar porque está abalado emocionalmente. E não é crime se você foi apenas você mesmo. Será que você algum dia fez alguma coisa? Você se emocionou. As pessoas à sua volta ficaram aborrecidas com isso. Azar delas. Você é assim mesmo.

E não é crime se o que você fez foi algo que qualquer pessoa faria na sua situação. Isso se aplica a você? Você matava aula na faculdade, por exemplo. Isto é vergonhoso, mas você estava com 20 anos, pelo amor de Deus! Com essa idade é normal fazer isso.

Então muito bem — se você não cometeu nenhum crime, então o julgamento precisa ser interrompido. As acusações devem ser anuladas. *Acabou.* Agora você *tem de* parar de se sentir culpado.

E aí? O sentimento de culpa persiste? Então você precisa descobrir qual foi o crime que acredita ter cometido e passar ao segundo passo.

Segundo passo. Se você fez algo que pode ser classificado como um crime, precisa se levantar e declarar-se culpado. Você sabe a verdade. Sabe que fez algo que não devia ter feito e que prejudicou alguém.

Nesse caso, o julgamento passa à fase da condenação. Agora você terá de fazer algo significativo para compensar o crime.

Se você prejudicou alguém, indenize essa pessoa. Se não for possível indenizá-la, indenize a sociedade ou outra pessoa. Faça algo que o liberte dessa culpa. Elabore um programa para si mesmo. Pena de prisão perpétua se necessário, caso você seja de fato responsável por um crime tão grave. Por "pena" quero dizer algo específico como serviços voluntários todos os sábados durante um longo período de tempo. Ou doar uma quantia significativa em dinheiro a uma pessoa ou causa. A questão é que você não poderá trapacear. Sua "pena" não poderá ser tão pequena, pois deverá aliviar ao menos um pouco da sua culpa. Mas também não poderá ser flexível. Você terá de dizer: "Quando terminar *isto*, terei pago minha dívida." O milagre é que mesmo que você se condene a uma pena perpétua, o fardo emocional da culpa desaparece assim que você *começa* a cumprir a pena.

Propulsor de energia emocional nº 11

Se pagar pelo seu crime não faz sentido, livre-se da culpa — por que se sentir culpado se não há nada pelo que pagar? Se você, de fato, é responsável por algo ruim, então tem de pagar — mas por que se sentir culpado se está pagando pelo que fez? Seja como for, o peso da culpa desaparece.

O surto de energia emocional que provém de livrar-se da culpa ou começar a pagar pelo "crime" só pode ser descrito por quem passou por isso. É drástico demais, profundo demais, para alguém acreditar, se não avaliá-lo por experiência própria. Há quem o descreva como a sensação de subitamente ser capaz de ver, quando nem tinha percebido que era cego. Outros o descrevem como ir dormir com 400 quilos e acordar perfeitamente magro, com o peso ideal.

Você voltará a ter sentimentos, esperança, a gozar a vida. Isso é energia emocional.

Questão especial:

Energia emocional e problemas de saúde

LEMBRE-SE DA EQUAÇÃO FUNDAMENTAL DA ENERGIA:

Energia completa = energia física + energia emocional

A boa notícia sobre a energia emocional é que, quando o corpo apresenta algum distúrbio e você tem menos energia física, a energia emocional pode salvá-lo e compensar o que está faltando. Assim, em geral, você consegue manter a energia total.

Infelizmente, a má notícia acerca dos problemas físicos é que, às vezes, eles esgotam a energia emocional. Assim, é muito importante, se estiver doente ou estiver se recuperando de alguma lesão, que você reconheça de que modo está ficando emocionalmente esgotado e que use os segredos deste livro para manter e aumentar a energia emocional.

Conversei com muitas pessoas que passaram por sérias enfermidades, e aqui seguem algumas sugestões dadas por elas que funcionam bem para manter a energia emocional.

- *Reconheça que os problemas físicos têm conseqüências emocionais.* Quando pego um resfriado, fico triste. Eu costumava psicanalisar isso, mas agora sei que é assim que a energia funciona. A redução da energia física leva à redução do nível da energia emocional. Estresse, desânimo, baixa auto-estima, medo, raiva e outras reações emocionais podem enfraquecer a energia emocional. Isso não quer dizer que há algo errado com você. Significa que é preciso fazer algo para tratar disso. Não se pode viver em denegação. Felizmente você tem nas mãos um livro repleto de dicas que, além de repor sua energia emocional, vão equilibrar sua energia física. Você só precisa utilizá-las. No instante em que for acometido por algum distúrbio, use um dos segredos deste livro para elevar a energia emocional.

- *Durma.* Nada possui propriedades curativas mais eficientes do que o sono. É preciso torná-lo prioritário. Não seja valente nem tente vencê-lo. Considere o sono uma oficina especial de reparos que permite a cura das energias física e emocional. Se você não tem dormido o bastante, está na hora de dormir. Se tem dormido o suficiente, está na hora de dormir mais. O sono pode não parecer grande coisa, mas se você fosse a um grupo de apoio a pessoas que passam pelo que você está passando ouviria quanto o sono é importante.
- *Informe-se muito bem sobre o seu estado físico.* Às vezes, quando estamos assustados, não queremos saber o que temos. Temos receio de que isso nos apavore ainda mais. Mas quem se sente no controle do mal de que sofre, quem se sente esperançoso, é inteligente e se esforça ao máximo para saber da própria afecção. Pergunte a alguém que está combatendo o câncer. Escuridão é desespero. Luz é esperança. Conhecimento é força.
- *Não deixe que sua doença o defina.* Cada um de nós já ouviu falar daqueles velhinhos da Flórida que ficam sentados em bancos de praça e só falam de suas doenças e dores. Isso nos chateia, seja qual for nossa idade. E temos razão de ficar chateados. Uma coisa é lidar com um problema de saúde. Mas deixar-se arrastar por ele já é outra coisa. Eis o que dizem que funciona: não passe o tempo todo falando da sua doença. Não permita que ela o impeça de fazer o que precisa. Defina o que

é uma vida normal e continue vivendo normalmente. O seu problema físico não é sua vida. Não deixe de viver sua vida.

- *Procure apoio.* Esta sugestão caminha de mãos dadas com a anterior. Se na maior parte do tempo você não vai prestar atenção à sua afecção física, nem mesmo permitir que outras pessoas lhe perguntem sobre ela — porque está tentando esquecê-la —, haverá momentos em que você vai precisar de um local onde possa conversar sobre o seu problema com alguém que o entenda. Poderá ser um grupo de apoio com reuniões uma vez por semana, um amigo que já passou pelo mesmo problema ou uma pessoa solidária com quem você possa conversar de tempos em tempos. Você vai precisar desse apoio para que na maior parte do tempo preste atenção à vida, não ao problema.
- *Tenha expectativas apropriadas para si mesmo.* Talvez você precise mudar sua rotina de trabalho. Ou apenas alterar suas expectativas para que se encaixem nas circunstâncias atuais. A questão é aceitar o fato de que você precisa sentir-se bem consigo mesmo para levar a vida de um modo diferente daquele que vinha levando.
- *Não deixe que ninguém o obrigue a ultrapassar seus limites.* Quando você está enfrentando um problema físico, principalmente se for algo novo, as pessoas não sabem como tudo se torna difícil para você. Aliás, talvez estejam um pouco assustadas ou se sintam ameaçadas. É possível, então, que continuem a pedir-lhe que faça o que antes você podia fazer, mas agora não pode mais. E como você não vai querer decepcioná-las, vai tentar estar à altura das expectativas delas, porém vai fracassar ou se esgotar. E assim sua energia emocional vai se enfraquecer mais. Poupe-se disso. Diga não, e diga muitos nãos. Diga mais não do que o necessário. O pior que poderá acontecer será você ficar com excesso de energia.
- *Descubra meios de assumir um controle maior da sua vida.* O impacto psicológico dos problemas físicos surge quando o corpo assume o controle sobre você. É como ser seqüestrado. É

emocionalmente doloroso. A única solução é recuperar algum controle. E o único modo de recuperar o controle é tomar decisões, grandes e pequenas. Decida que vai comprar um sofá novo. Decida que vai tratar seu problema físico do jeito que quiser tratá-lo. Decida que vai parar de falar com alguém que você acha um chato. Decida que vai mudar o tipo de tratamento que está recebendo. Decida que vai cortar o cabelo. Cada coisa que você se decida a fazer para assumir algum controle reconstruirá sua energia emocional.

- *Fique atento às melhorias.* Qualquer que seja o seu problema físico, você pode tomar conhecimento das mudanças para melhor que estejam acontecendo. Repare como sua dor diminuiu. Repare como os sintomas estão aparecendo com menor freqüência. Repare que você está melhorando um pouco porque está administrando os sintomas. Repare como você melhorou, quando aceitou a doença. Repare como você melhorou, ao pedir ajuda. Seja o que for, sempre haverá melhorias em algum ponto, e é preciso concentrar-se nelas, não no problema.
- *Procure esperança.* Há esperança em algum lugar. Aquele resfriado que parecia eterno? Os resfriados sempre chegam ao fim. A dor crônica que você sente em conseqüência de um acidente de automóvel? As novas terapias e os impactos cumulativos de tudo o que você está fazendo farão sua dor desaparecer. Uma doença misteriosa? Em algum lugar, alguém já passou por isso, sabe o que é e sabe como tratar. E também deve haver um grupo para isso. Se você descobriu que tem algo muito grave, poderá extrair esperança da sensação de que finalmente o seu problema foi diagnosticado e agora você vai começar a resolvê-lo. Todo problema de saúde significa enfrentar alguma perda, temporária ou permanente. Isso é fato, mesmo que seja só um resfriado. Mas, quando você aceita sua perda necessária, surgem inúmeros modos de encontrar nova esperança. Procure-a. Adote-a. Ela é real. E sua esperança lhe dará energia emocional.

12

Mantenha o disco girando

Propulsor de energia emocional nº 12

AS PESSOAS FALAM DE ENCONTRAR A PAIXÃO DA SUA VIDA, E ISSO É ótimo, mas, do ponto de vista da energia emocional, talvez seja grandioso demais para a maioria de nós. Qualquer coisa difícil de achar e difícil de harmonizar com o que há na sua vida pode intimidar e exaurir mais do que energizar.

Então eu falo em manter o disco girando. Isso quer dizer que existe algo em que você está interessado, de que gosta, que lhe dá energia emocional. É o seu disco, e todos podem beneficiar-se de ter um. Extraí o termo de um dispositivo mecânico — quase sempre é um disco grande, pesado, giratório, como o da transmissão do carro — que armazena energia e lhe devolve quando você precisa. Quando eu era criança, o meu brinquedo favorito no parquinho era o pequeno carrossel que nós empurrávamos até alcançar a velocidade máxima e, então, pulávamos em cima dele. Aquele carrossel era um disco. Por ser muito pesado e grande, demorava um pouco para começar a girar, mas quando pegava impulso não parava mais. E nós ríamos muito. Era divertidíssimo.

Cada um de nós precisa de um disco. Se você é energizado, com certeza tem um: algo que lhe desperta interesse apaixonado. Está sempre presente na sua vida. Quando você se liga ao seu interesse, e faz algo com ele, isso lhe dá energia. Não importa o que seja. Pode ser algo que pareça idiota para os outros. Mas se lhe dá energia, o que há de idiota nisso? É ter o amor que conta, não para que ele serve.

Leslie, 29: "Conheço muitos colecionadores de antiguidades. Adoro colecionar *receitas* antigas. É isso mesmo. Procuro livros de receitas bem antigos nos sebos. Tento descobrir cartas do século XIX em que alguém poderia ter escrito uma receita. Há muitos lugares onde procurar. É divertidíssimo, mas isso é só o começo. O problema é que raramente encontro os ingredientes ou eles são muito diferentes. As medidas, em alguns casos, não são nem mencionadas, então preciso experimentar muitas vezes, até conseguir preparar um prato que seja autêntico e gostoso.

"Coitado do meu marido. Em primeiro lugar, tenho de jogar fora um monte de pratos que não dão certo. Mas digo que é apenas um sacrifício no altar da arte. Preciso ser sincera: a culinária antiga — dos séculos XVIII e XIX até a rainha Isabel e Henrique VIII, ou mesmo Eleanor de Aquitaine — nem sempre é para o paladar moderno, assim como quase ninguém gostaria de usar as roupas que eles usavam naquele tempo. Eles cozinhavam língua de faisão — que é uma delícia —, mas não é isso que a geração fast-food quer comer.

"Sinto-me recriando a história. Quando faço algum prato de uma receita muito antiga, talvez eu esteja comendo algo que ninguém come há séculos. É o mais próximo que se pode chegar de viver, só por um momento, na pele de alguém que viveu há muito tempo.

"Só sei dizer que para mim é empolgante, muito emocionante, especial. Sinto-me como um daqueles arqueólogos que encontra um fóssil de dinossauro que ninguém vira antes, só que, para mim, é como se eu tivesse achado o fóssil e trouxesse o dinossauro de volta à vida. E, naturalmente, existem outras pessoas iguais a mim. E nós sempre trocamos receitas e idéias. Estou fazendo algo que é muito divertido e, não obstante, algo que acho importante, à sua própria maneira. É uma maravilha. Estou sempre ansiosa por alguma coisa."

É isso. Neste relato, você pôde observar todos os ingredientes deste propulsor de energia emocional. Algo divertido, envolvente. Algo especial. Algo que deverá encher sua vida de aventuras. Algo que deverá estar relacionado com quem você é ou com aquilo de que você gosta.

Diagnóstico nº 12

Há algo na sua vida que realmente interessa? Você está correndo atrás disso?

Responder "não" a estas perguntas significa que este segredo será um grande impulso para sua energia emocional.

Seu próprio atalho para a energia emocional

Talvez um grande número de pessoas adore o que você adora. Talvez sua paixão seja solitária. Mas o segredo é a percepção de que isso lhe dá energia, não o contrário. Não é algo que você precisa se obrigar a fazer. Não há enrolação nem sensação de bloqueio. Pensar nisso e envolver-se com isso lhe fornece energia emocional, e você fica energizado quando tem de parar. Só o fato de pensar na próxima vez que vai se envolver com isso o faz acordar de manhã e agüentar um dia que de outro modo seria difícil de tolerar.

Robert, 32: "Sou professor de matemática do ensino médio, e adoro meus alunos. Mas leciono porque me permite mergulhar na minha verdadeira paixão, o que não seria possível na maioria dos empregos, porque não sobraria muito tempo livre.

"Talvez eu seja louco, mas o que eu adoro de verdade é ir para algum lugar bem distante, exótico, de bicicleta, e lá pedalar por locais que talvez nunca tenham sido vistos pelos olhos de alguém de bicicleta. Pelo menos estão distantes, e o fato de pedalar significa que consigo ver detalhes que você não percebe quando está dirigindo um carro. Para mim é fácil parar em locais onde ninguém pára.

"Já pedalei por caminhos de terra na floresta amazônica. Já pedalei pelos contrafortes do Nepal e na ponta da América do Sul durante o verão. Pedalei por estradas secundárias no Mississippi, no Alabama e em Louisiana. Já pedalei até nas ilhas gregas, percorrendo o caminho de Odisseu. Graças a Deus, tenho uma memória visual excelente. É como se eu filmasse tudo enquanto vou pedalando. Eu consigo fechar os olhos e ver cada lugar nitidamente.

"Sempre quero ir a algum lugar especial. Meu próximo projeto é pedalar até Timbuktu, que já foi uma importante área de comércio. Dizem que hoje em dia não é grande coisa, mas eu digo "Ei, é Timbuktu." Também é muito distante de qualquer coisa e quase no deserto do Saara, portanto vai ser bem difícil. Mas é o que gosto de fazer. Primeiro passo semanas, e até meses, investigando se o meu projeto é realmente viável e depois começo a planejar tudo.

"As pessoas viajam por vários motivos. Vejo o que eu adoro como um meio de ser íntimo do mundo. É algo muito especial."

Leslie e Robert podem não ser ótimos exemplos porque são incomuns. Milhões de pessoas recebem uma carga igual de energia quando se entregam a um interesse menos movimentado, como golfe ou bordado. Não importa se é especial para mais alguém. O que interessa é quanto é especial para você.

E então? O que você adora fazer?

À procura de seu próprio atalho

Talvez você já tenha algo. Pode ser aproveitar cada oportunidade. Pode ser seu trabalho ou cuidar da família. Seja o que for, entenda que é uma grande fonte de energia emocional para você.

Talvez haja coisas na sua vida pelas quais você se interessa e tem apreço, mas você não as tem aproveitado ultimamente. Mas devia. Se for algo que você gosta muito e o energiza, você deverá promovê-lo a algo importantíssimo na sua vida. Não se trata de luxo, mas de uma necessidade.

Ou talvez seja difícil para você apontar para algo e dizer: "É isso que eu adoro." Bem, há tantas maneiras de obter energia emocional que o mundo não vai acabar se você não encontrar algo imediatamente. Mas procure, fique de olhos abertos. Preste atenção nas coisas às quais você reage de maneira positiva e com interesse. Prepare-se para se surpreender. Para muitos de nós, o que se revelou alvo do nosso interesse foi algo que jamais teríamos imaginado.

Lembre-se de que: se você estiver aberto, descobrirá algo que o interessa. Cada um de nós precisa disso emocionalmente. Você pode ter um dia horrível no trabalho. O relacionamento amoroso pode entrar em crise. Alguém que você ama pode mudar-se para longe. Tudo isso é deprimente, desanimador — são acontecimentos que nos levam a ter vontade de ir para a cama e enfiar a cabeça embaixo das cobertas. Isso é uma realidade na vida de cada um de nós. Mas pense no que isso significa. Isso quer dizer que sua energia emocional é refém de acontecimentos que estão além do seu controle. Você se energiza quando tudo vai bem, mas descarrega quando tudo vai mal.

É terrível viver assim. Você precisa de algo que gere uma carga constante de energia, haja o que houver, para que possa sempre recorrer a isso e voltar a sentir-se bem. Se encontrar algo que adore, o efeito disco sempre funcionará para lhe dar energia emocional. Mesmo quando Leslie e Robert têm dias ruins, ainda têm algo que amam e desejam para pôr tudo em perspectiva.

Nas piores ocasiões, ter um disco poderá evitar que você entre pelo cano emocional.

Judy, 38: "Meu marido morreu no ano passado e eu queria morrer também. Fomos casados 17 anos. Ele foi o único homem que amei. E, sabe, os casamentos têm altos e baixos, mas sempre fomos grandes amigos e amantes, em qualquer situação. Quando Larry morreu, eu sabia que passaria o que me restava de vida sozinha, pois nunca haveria ninguém capaz de substituí-lo.

"Meus filhos estavam com 16 e 14 anos quando o pai morreu. Sei que a gente diz que segura a barra pelo bem dos filhos, mas eles já tinham vida própria e faltava muito pouco para saírem de casa rumo à faculdade. Nenhum filho no mundo compensa a perda de um marido como o meu.

"Então, o que me fazia seguir em frente? Eu não precisava trabalhar. Larry tinha seguro de vida. Eu acordava de manhã, mandava as crianças para a escola e depois voltava para a cama e ficava. Pouco antes que voltassem, eu me arrastava para fora da cama, me arrumava para não parecer que havia passado o dia inteiro na cama e fazia o que era preciso fazer. Minha vida era vazia, e eu estava vazia.

"Eu estava de luto, mas tinha medo do que aconteceria quando saísse do luto, porque sabia que não havia nada mais. Quando parasse de me sentir triste, pararia de sentir qualquer coisa, e foi então que fiquei com medo de me suicidar.

"Vou lhe contar como salvei minha vida. Preciso explicar que os pais de Larry fugiram de Hitler, e que Larry e eu éramos membros ativos de algumas organizações de refugiados. Começou no nosso templo, mas depois criamos subdivisões, porque, vamos admitir, não há muitos refugiados judeus nos Estados Unidos hoje em dia. E eu sempre achei que refugiado era refugiado.

"Envolvemo-nos, então, em apoio, expansão e serviços diretos. Vivia ocupadíssima com isso. Eram pessoas que não tinham nada e estavam perdidas em um país estrangeiro, cuja língua não falavam e cujos costumes ignoravam. Não sei por que me deixei envolver tanto com isso. Eu teria de voltar muito no tempo na minha própria família para encontrar algum refugiado. Acho que eu só pensava que eram pessoas que eu poderia realmente ajudar. Sou uma pessoa muito prática. Eu simplesmente me importava com essa causa.

"Não sei quanto tempo fazia que Larry morrera, mas eu ainda estava arrasada quando recebi um telefonema de uma mulher do nosso templo. Ela me deu os pêsames, mas em seguida começou a me falar de uma família de refugiados da Indonésia, onde havia muitos problemas, e era uma família de 12 pessoas que precisava de todos os tipos de ajuda. Era uma emergência e eu era a única voluntária disponível. Era sempre uma emergência.

"Com todas as forças do meu ser eu queria dizer: 'Não, não me importa. Não estou interessada.' Fiquei com raiva de ter de sair da cama. E estava prestes a dizer não, mas me ocorreu a idéia de que era minha ocupação. Eu faço isso: ajudo refugiados. *Essa sou eu.* A morte de Larry me deixou sem nada, mas se disser não a isso serei eu a deixar a *mim mesma* sem nada.

"Eu sentia uma dor quase física por ter de sair do pequeno casulo de sofrimento que eu construíra para mim mesma. Mas é impossível pensar em si mesmo quando se chega a um apartamentinho miserável de dois quartos, ocupado por 12 pessoas que não sabem comprar comida nem usar as instalações domésticas. Tenho o dom da comunicação com o próximo quando nenhum de nós fala a mesma língua. Arregacei as mangas e mergulhei.

"Algumas horas depois, percebi que isso era minha paixão. Sempre fora. Ninguém poderia salvar-me do que acontecera comigo, mas eu poderia salvar essas pessoas do terrível lugar onde estavam. E, depois delas, havia um mundo de refugiados para atender.

"Foi como se eu tivesse apertado o interruptor. Num minuto eu não conseguia sair da cama, mas no minuto seguinte fui arrebatada por algo de que gosto muito. Parei de pensar em mim, e percebi que voltei a sentir-me feliz e viva. Era como se eu tivesse me desligado da vida e, ao encontrar aquela gente, tivesse voltado a me ligar na tomada. De repente, eu estava com toda a energia do mundo."

Propulsor de energia emocional nº 12
Procure algo que o interesse genuinamente
e a que sempre possa recorrer.

O disco vai estar sempre ao seu lado para salvá-lo quando seu nível de energia estiver baixo. Um dia ele poderá salvar sua vida.

13

Não procurar ajuda é um erro

Propulsor de energia emocional nº 13

TENHO UMA AMIGA QUE TEVE DE LIDAR COM UM CÂNCER DE OVÁRIO. É um problema assustador para qualquer pessoa. Existe a possibilidade de morrer. O tratamento é doloroso. E você tem de viver com uma incerteza terrível. Se alguém um dia precisou de coragem, foi ela.

Minha amiga é uma mulher maravilhosa e muito otimista. Ela detesta reclamar. Sua primeira intuição foi guardar seus temores para si mesma. Infelizmente, isso significava que ela ficaria sozinha com eles, que envenenariam seu espírito e lhe destruiriam a energia emocional.

A sabedoria intuitiva da minha amiga a salvou. Ela sabia que era um momento da vida que não poderia enfrentar sozinha, portanto chorou e se queixou com o marido, a família e os amigos. Revelou os sentimentos de tristeza e medo em troca de todo o consolo que lhe fosse possível receber das pessoas que gostavam dela. Esse consolo lhe deu coragem. A coragem lhe deu energia. E ela fez tudo isso acontecer agindo de um modo que é natural a cada um de nós.

Quando você precisa de coragem, tem de se chegar às pessoas de todas as formas possíveis. Por que você acha que inventaram o confinamento solitário? Porque destrói o ânimo. Isolar-se é passar recibo de esgotamento emocional.

Diagnóstico nº 13

Existe alguém com quem você sempre conversa sinceramente sobre todas as coisas da sua vida que de fato o incomodam?

Responder "não" a esta pergunta significa que este segredo será um grande impulso para sua energia emocional.

Todos precisam se abrir

Talvez você ache que isso não se aplica a você, que tem muitos amigos e conhecidos, para não falar de membros da família e, talvez, um cônjuge. Por isso você achou que jamais estaria só, não é?

Infelizmente, talvez você esteja se sentindo sozinho. Todos se sentem só em alguns períodos da vida. O motivo é a *vergonha*. Com todas as pessoas da nossa vida sempre haverá assuntos que nos deixam constrangidos, e são precisamente esses assuntos que nos fazem sentir maior esgotamento emocional. Assim, quanto mais precisamos de ajuda, menor é a probabilidade de pedir.

A vergonha nos induz ao isolamento por dois motivos.

Às vezes não pedimos ajuda porque estamos constrangidos e temerosos do problema que temos. Uma mulher com quem conversei explicou assim: "Todos os nossos amigos acham que temos um casamento maravilhoso. Meu marido é bonito e charmoso. Mas o fato é que ele está cada vez mais irritado comigo e seu discurso é ofensivo. Mas a quem vou contar isso? Somos casados há quase dez anos, todas as minhas amigas agora formam casais que são nossos amigos. Se eu contar a elas, contarão aos seus respectivos maridos. Na verdade, estou com mais medo é de que me ouçam reclamar do meu marido e pensem no Ned que vêem quando estamos todos juntos, e eu vou parecer louca. Além disso, se, por acaso, elas acreditassem em mim, poderiam até parar de nos convidar para visitá-los. De repente não teríamos mais vida social. E, então, se o que eu disse chegasse aos ouvidos do Ned, ele ficaria ainda mais irritado."

O problema é maior do que você poderia imaginar. Da próxima vez que estiver trabalhando, olhe ao seu redor. Vê todas essas pessoas? Ficaria espantado de saber quantas delas estão se protegendo ou protegendo alguém, quantas estão mantendo silêncio a respeito de um problema. E, nesse ínterim, sentem-se solitárias, indefesas, burras, esquisitas e emocionalmente esgotadas. É por isso que não se abrem.

O segundo motivo de não nos abrirmos com ninguém é que não sabemos com quem falar. Quando o vaso sanitário está entupido, você chama o bombeiro hidráulico. Mas quem você vai chamar se você é um professor de meia-idade que leciona em uma faculdade politicamente correta, que acha a esposa cada vez mais feia porque ela engordou muito e, portanto, parou de fazer amor com ela e o relacionamento está entrando num ponto de paralisação? Com quem você vai falar da esposa que engordou e se tornou feia? Poderia reclamar com um colega, mas o que o colega poderia dizer? "Puxa, que saco"? Qual seria a finalidade disso?

E você não pode conversar com sua esposa porque sabe que ela é muito sensível e já reclamou do seu jeito crítico e controlador. Um terapeuta de casais? Fizeram isso há alguns anos e ajudou um pouco, mas você achou que era burrice fazer terapia de casal pelo simples motivo de odiar a mulher por ser gorda.

Já sei. Podemos dar algumas sugestões ou explicar-lhe por que não deve sentir-se constrangido por falar com esta ou aquela pessoa. Mas o fato é que você não sabe a quem recorrer.

Tenho uma regra prática. Diga-me se acha que estou certa no seu caso. Minha regra afirma que *todo mundo tem pelo menos um problema que acredita não poder contar a ninguém.* Qual é o seu?

Faça-me o favor, você sabe que tem um. Esse é o seu fardo secreto. E quanto maior for, ou mais fardos você tiver, mais emocionalmente desgastante será. É como perder-se onde o diabo perdeu as botas. Você teme não conseguir achar o caminho, e se sente um idiota por ter-se perdido. É muita coisa para resolver sozinho. Se pudesse resolver sozinho, já o teria feito. Mas está esmagado e se sente mal consigo mesmo, e quase por definição isso é receita de esgotamento emocional.

Como superar a vergonha e o isolamento

A solução pode ser mais fácil do que você pensa. É essa a diferença em entender o que a energia emocional faz. Quando você se deixa controlar pela vergonha, ou não sabe a quem recorrer, você fica preso ao seu fardo secreto porque não pensa no que isso vai acarretar à sua energia emocional. Mas isso seria o mesmo que ir trabalhar de manhã com um pacote de 20 quilos preso às costas, sem pensar nas conseqüências sobre sua energia física.

Tudo muda quando você prioriza sua energia emocional. Você começa a perceber que tudo mais é secundário ao abastecimento de energia emocional. Você está com vergonha de contar a alguém a respeito do seu fardo secreto? Está bem, eu entendo. Mas encarar sua vergonha é um preço baixo a pagar pelo reabastecimento de energia emocional.

Afinal de contas, você está com vergonha de quê? De ter o problema que tem? Todos têm algum problema. Não seja tão egocêntrico. Quando você fala do seu problema, a reação da outra pessoa costuma ser: "Ah, agora será mais fácil falar do *meu* problema."

Ou está com vergonha de reclamar? Talvez seu ponto de vista esteja errado. Você acha que isso o faz parecer fraco. Mas, para as pessoas, isso o faz parecer humano.

Quando você sai da concha, recebe dividendos altos em apoio e ajuda. E sabe de uma coisa? A certa altura você terá de procurar ajuda, apesar da vergonha. Todos acabam por fazê-lo. Então, por que não se antecipar ao esgotamento emocional?

Observe a história do rapaz que arranjou problemas porque tentou se virar sozinho. Sei que os detalhes da sua vida são diferentes. Mas veja o que é semelhante: você tem um problema que o faz sentir-se isolado porque tem vergonha de ter esse problema. E ainda existe alguém que você poderia procurar para pedir ajuda.

Arnie, 34: "Como é que a gente se mete nessas situações? Foi o período mais difícil da minha vida. E tudo o que eu fazia só piorava. Veja o que aconteceu: eu estava a caminho de me tornar sócio da minha firma de advocacia. Você sabe que nem todos chegam a sócios. Mas eu conseguira algumas causas e me saíra bem, e conhecia gente igual a mim ali. A certa altura, um dos sócios me disse durante uma avaliação: 'Nós gostamos do que você está fazendo aqui.' Quando me lembro disso, parece uma tremenda burrice, mas eu li a sorte nas folhas de chá, examinei a concorrência e calculei que tinha sido escolhido.

"É claro que contei à minha mulher que ia ser sócio. Achei que devia. Sei que um dos motivos de ter se casado comigo foi o fato de que eu ia ser um advogado bem-sucedido como o pai dela. Nosso segundo filho estava a caminho e achávamos que íamos precisar de uma casa maior, então demos um passo maior que as pernas, mas tudo estaria bem se eu me tornasse mesmo sócio.

"Então algo inesperado aconteceu. Época de dureza na firma. Novas diretrizes a respeito de novos sócios. Além disso, dois associados começaram a captar negócios espetaculares. Caí na armadilha. Acho que teria sido mais fácil se me demitissem, uma daquelas políticas de promoção ou demissão. Mas deram-me um pequeno aumento e disseram que seria um prazer continuar comigo na firma.

"Fiquei arrasado. Disseram que talvez no futuro eu me tornasse sócio, mas era só da boca para fora. Então, o que eu devia fazer?

Dizer à minha mulher que nunca seria igual ao pai dela? De modo algum.

"Tomei a única atitude que me ocorreu. Fingi que nada disso tinha acontecido. Quando ela perguntava como ia o negócio da parceria, eu simplesmente dizia que estava tudo lento, mas parecia que corria bem. Também não contei a nenhum dos meus amigos, pois conheciam minha mulher, ou eram casados com amigas da minha mulher. Não contei aos meus irmãs e às minhas irmãs pelo mesmo motivo. Acho que eu imaginava que um dia deixaria escapar e que trataria disso, então, por que me apressar? Talvez eu arranjasse um emprego melhor nesse meio-tempo.

"E todo mês, quando venciam as prestações do financiamento da casa nova, era como ver uma bola vir na direção da minha cabeça a 150 quilômetros por hora. Eu não tinha dinheiro suficiente, e não iria ter.

"Comecei a cair em depressão, não via uma saída. Procurava emprego em grandes grupos empresariais sem que ninguém soubesse, mas era difícil montar uma rede de contatos sem a participação dos meus colegas, e não havia tantos empregos que trouxessem receita à altura de sócios. Então me vi num beco sem saída, estava perdido. Pensei que para minha mulher me abandonar era só questão de tempo.

"A situação continuava a mesma e eu ia piorando cada vez mais. Então, num fim de semana fomos a um churrasco na casa dos meus sogros. Eu fiquei ali o tempo todo, com meu segredo sombrio, sentindo-me muito mal. Depois da refeição, meu sogro me convidou para acompanhá-lo na caminhada que sempre fazia após a refeição da tarde. E me fez a pergunta normal sobre como iam as coisas no trabalho. Respondi que estavam bem. Então ele me deixou atordoado. Foi logo perguntando: 'Entrou na sociedade?'

"Pronto! Não havia como evitar a verdade sem contar uma mentira descarada. Senti-me amedrontado e envergonhado, como quando a gente é criança e precisa confessar ao pai que quebrou seu taco de golfe predileto. Contei tudo a ele. Acho que o alívio de contar a verdade foi como quando a gente enche um balão, solta e ele sai voando. Saiu tudo: minha mentira, os problemas financeiros, o fracasso na procura de emprego, tudo.

"Meu sogro só ouvia. Quando finalmente meu fôlego se esgotou, ele disse: 'Parece que você está encrencado e precisa de ajuda.' Isso mesmo! Exatamente! Eu estava ferrado e precisava de todos os tipos de ajuda.

"Era esta a questão. Quem está com problemas *precisa de ajuda.* Isso era mais do que óbvio. Ele sabia disso, eu não, não tinha ainda percebido. Então, ele começou a falar sobre o que eu poderia fazer. Opções em que eu nunca pensara. Por exemplo, trabalhar em outra empresa de advocacia. Eu me considerava mercadoria estragada. Como eu poderia passar de uma tentativa fracassada de me tornar sócio de uma firma a candidato à sociedade em outro lugar? Repito, era uma situação que eu temia e da qual me envergonhava.

"Enfim, meu sogro — não se esqueça de que ele é 35 anos mais velho que eu — começou a me contar todas aquelas histórias de pessoas que não deram certo em uma firma de advocacia e, quando foram para outra, conseguiram subir na carreira. Ele disse: 'Olha, Arnie, você precisa lidar direito com essas coisas. O modo de apresentar o seu caso não é dizer que você não conseguiu chegar lá, mas que você não se encaixou na direção escolhida pela firma.' E me disse que ia dar uns telefonemas. Também me aconselhou a conversar com meus amigos. 'Dê a eles a oportunidade de lhe fazer um favor. Então ficarão com a sensação de que você lhes deve esse favor.'

"Ele foi muito gentil com relação a toda a situação. Depois assumiu um tom grave. 'Agora, essa idiotice de não contar a Claudia... Ela é sua mulher, pelo amor de Deus! Você se enfiou num buraco, mas precisa ser homem e descobrir que espécie de pessoa ela é. É minha filha, mas você precisa ter a pessoa certa dentro da toca da raposa com você. Se ela não lhe der apoio, então não convém ficar com ela. Mas acho que eu a conheço, espero que sim. Sei que é ambiciosa, mas não é tão superficial. Conte e ela. Ficará com muita raiva por algum tempo, mas, depois, você não estará sozinho nessa situação.'

"Contei a Claudia a caminho de casa, depois que as crianças caíram no sono. Foi a coisa mais difícil que já fiz na vida. Eu preferia ter contado que a traíra, coisa que jamais faria. E ela ficou com muita raiva. Passou a noite inteira muito irada. No dia seguinte, ainda estava aborrecida, mas muito contente porque finalmente eu lhe contara. Disse, categoricamente, que se eu voltasse a esconder algo semelhante estaria tudo acabado entre nós. Eu me arrependi muito do que havia feito, principalmente quando ela começou a me dar apoio e dizer que tudo daria certo.

"A certa altura, ela disse algo que eu nunca havia admitido para mim mesmo: 'Olha, se o pior acontecer, talvez só queira dizer que você será mais feliz em outra profissão. Muitos advogados mudam para administração ou economia.' Foi tão bom ouvir isso! Foi como se eu não estivesse mais encurralado nem sozinho nesse meu pequeno e vergonhoso desastre particular.

"Foi fantástico perceber como eu me sentia diferente por obter ajuda. Quando você está sozinho com um problema desse, é como empurrar um carro. Você simplesmente não consegue. Então, outras pessoas se juntam a você e tudo fica muito mais fácil. As pessoas o ajudam. Quem gosta de você quer ajudá-lo. Acho que todos precisam passar por isso."

Propulsor de energia nº 13

Mesmo que esteja envergonhado, mesmo que não saiba a quem recorrer, peça ajuda a alguém para resolver qualquer problema que o incomode.

Peça ajuda aos amigos e à família. Procure profissionais. Se não souber a quem recorrer, pergunte às pessoas com quem conversa a quem elas recorreriam. Fale com todo mundo. Nem todos oferecerão ajuda e apoio, mas a maioria vai tentar e você vai se surpreender ao ver quem vai oferecer a verdadeira ajuda. Pode ser ajuda em forma de apoio, ou ajuda de fato, concreta, prática, como pegar o telefone e falar com alguém a seu favor. Não tenha vergonha de pedir orientação a quem talvez possa ajudá-lo de maneira concreta.

O erro que você comete é ver o problema em termos de se proteger da vergonha. Mas você precisa proteger-se da perda de energia emocional. Passar por alguns momentos de constrangimento é um preço baixo a ser pago pela energia que você vai receber quando vierem ajudá-lo.

14

Traga algo de belo à sua vida

Propulsor de energia emocional nº 14

ESCOLHA ARTE OU NATUREZA — TANTO FAZ. VOTO NA ARTE. PREFIRO olhar uma bela pintura a sentar num tronco na floresta. Mas acho que sou minoria. Talvez você prefira ouvir pássaros de verdade a um quarteto de cordas de Mozart. Talvez os mais afortunados entre nós sejam os que gostam tanto de arte quanto de natureza. Tudo é sublime, e isso é o que conta para nossa energia emocional.

Estar cercado por gente feia e insossa consome energia emocional demais. Vejamos, por exemplo, os presidiários. Uma das privações por que passam de maneira mais vívida é que tudo o que vêem e ouvem é, na melhor das hipóteses, entediante, e quase sempre só vêem grades.

Diagnóstico nº 14

Há algum aspecto da sua vida que seja cinzento, monótono?

Responder "sim" a esta pergunta significa que este segredo será um grande impulso para sua energia emocional.

O que estimula você?

Propulsor de energia emocional nº 14

Se quiser um fluxo constante de energia emocional, dê um jeito de se unir, com a maior freqüência possível, ao que considera belo, maravilhoso e sublime.

O segredo é descobrir o que o estimula e não deixar de tomar doses constantes disso. O belo, o maravilhoso que você traz à sua vida pode ser qualquer coisa. Conheci uma mulher que tinha um papagaio. Há algo de espetacular numa bela ave que voa pela casa e pousa no seu ombro. Há algo de emocionante em domesticar um animal silvestre para que ele o deixe coexistir com ele. Essa pessoa não sabia que fonte importante de energia emocional era sua ave até que ela morreu. É claro que nós sofremos profundamente com a morte de um bichinho de estimação, mas havia uma dimensão extra na perda dessa mulher: a perda de uma dose diária da beleza natural, silvestre. Durante muito tempo ela se recusou a criar outra ave por lealdade ao amigo que perdera. Mas quando finalmente passou a cuidar de outra ave, a energia emocional dela renasceu.

E Joe. Você não olhava para Joe e pensaria se tratar de um artista. E estaria certo. Ele não *detestava* música, pintura e poesia — essas coisas simplesmente não o estimulavam. Mas ele descobriu um jeito de transformar a beleza em algo fundamental para a vida dele.

Joe, 34: "Acho que nós temos essa reação quando descobrimos algo que nos desperta paixão: 'Por que não entrei nessa antes?' Foi assim que me senti em relação ao alpinismo. Existia um clube de alpinismo na minha faculdade, eu podia ter começado há muito tempo. Mas não comecei.

"Alguns anos atrás, porém, fui visitar um colega que tinha um chalé de veraneio nas White Mountains de New Hampshire. Eu ia passar alguns dias lá, praticamente só para jogar tênis e golfe. Ele sugeriu que eu tentasse escalar uma montanha que soube ser bem fácil para novatos. 'Por que não?', eu disse.

"Foi como relutar em ir a um encontro às cegas com uma mulher e depois acabar loucamente apaixonado por ela. No início foi só uma caminhada na floresta, até chegarmos ao sopé da montanha. Mas quanto mais alto subíamos, mais empolgado eu ficava. Não sei como descrever. Era mais do que lindas paisagens. Era como se eu estivesse conquistando a montanha, mas, quanto mais eu me aproximava do topo, era a montanha que me conquistava. Foi uma sensação arrebatadora. Era mais que lindo, era espetacular.

"Eu precisava fazer aquilo de novo, imediatamente. Dois dias depois, meu colega e eu escalamos uma montanha mais alta. Quer dizer, tentamos. Era difícil demais e não sabíamos o que estávamos fazendo. Felizmente tivemos a inteligência de voltar. A gente podia morrer lá em cima. Enfim, não estou interessado em perigo, pois ele não me estimula. Para mim, trata-se de estar no meio daquela beleza incrível, estonteante.

"É claro que fui fisgado imediatamente. Para encurtar a história, ingressei num clube. Então me entreguei para valer. Sempre que havia um fim de semana prolongado, eu tentava fazer uma escalada. Eu tentava arranjar licenças no trabalho a fim de participar de escaladas ao redor do mundo. Não me entenda mal. Longe de mim a idéia de ser mais que um amador entusiasmado. Não estou tentando bater nenhum recorde. Eu só quero passar o máximo de tempo possível lá no alto da montanha.

"O surpreendente é como isso é contagioso. Sabe, gosto do meu emprego, mas os dias no escritório são quase sempre iguais. E em alguns dias a gente se cansa demais. Mas a simples idéia de que eu havia escalado uma montanha — algo tão diferente, tão distante de estar no escritório —, ou saber que em poucas semanas eu escalaria mais uma, era empolgante. Põe tudo mais na minha vida em perspectiva. A política do escritório não me assusta mais. Sou mais forte interiormente porque tenho algo a que me ligar, e isso mantém as minhas baterias completamente carregadas."

Então, as montanhas não o empolgam? Não importa. Joe descobriu o que servia para ele. Qual é o *seu* modo de se ligar ao sublime?

Há muitos caminhos para o sublime

Observe como algumas pessoas fizeram o sublime se tornar parte da sua vida e extraíram disso a energia emocional de que precisavam.

Uma mulher, quando uma gravidez difícil a obrigou a passar semanas na cama, resolveu bordar. Ela nunca se imaginara uma pessoa afeita a agulha e linha. Era apenas algo com que se distrair, em vez de assistir à tevê o dia inteiro. Mas ela se deixou conquistar pela beleza do que poderia criar. E a emoção de criar algo lindo do nada lhe deu mais energia emocional do que qualquer outra coisa durante esse período frustrante, cheio de preocupações, quando precisava desesperadamente de energia.

Um homem, hoje bancário de meia-idade, fora um artista talentoso na infância. Sempre desenhava e pintava, e um professor de arte do colégio o incentivara a tornar-se artista. Mas ele era prático demais para querer seguir por esse caminho. Então, resolveu seguir a carreira comercial. Mas desperdiçou todo o talento, que deixou de lado. Certo verão, porém, a esposa finalmente o obrigou a tirar três semanas de férias. Ele entrou em pânico. O que ele faria nessas três semanas na praia?

Certa noite, ouviu algo no History Channel sobre Churchill ser pintor amador. Ele recordou o próprio passado artístico e sentiu um enorme desejo de pintar. Pegou tintas a óleo, telas, todo o equipamento e levou para a praia. Divertiu-se com a esposa ao passar os dias pintando alegremente.

Eis o que eu faço. Pode não ser uma idéia muito criativa, mas me proporciona um enorme contato com o sublime. Comecei há alguns anos e agora é o ponto alto dos meus dias. Eu queria realmente aprender sobre música clássica. Então resolvi, junto com meu marido, que iríamos percorrer toda a história da música, partindo da música medieval, em ordem cronológica. Todo dia ouvíamos uma música. De cada compositor, tentamos ouvir tantas músicas quanto nos é possível ouvir. Já sei: talvez pareça obsessivo. E vamos levar anos. Mas, puxa, tem sido maravilhoso.

Ouvir música no carro a caminho do trabalho não é a mesma coisa. A questão é trazer algo de sublime à vida e pôr em destaque. Fazer algo especial. Obter algo especial para si mesmo.

Não sei como dizer isso com mais clareza: se você já não estiver fazendo algo, precisa começar a fazer hoje mesmo. Descubra o que é o belo, o sublime para você, e o transforme na sua missão de fazer disso uma parte importante da sua vida.

Não é necessário investir dinheiro, tempo, ou talento. Basta entender que esse contato com o sublime lhe dá energia. Amy era uma mulher pobre que trabalhava numa fábrica e vivia numa parte deprimente da cidade. Mas sabia que estava cercada por feiúra, e perceber isso a ajudou.

Amy, 41: "Não sei o que teria acontecido se não tivesse chovido naquela dia. Acho que eu teria encontrado o caminho para toda essa maravilhosa arte assim mesmo. Mas quando a chuva começou realmente a cair, eu estava passando em frente a biblioteca e entrei para esperar a chuva passar. Lembro-me de que andava pensando em como meu bairro era feio.

"Então entrei na biblioteca e vi uma exposição de livros. Naquele dia eram livros de arte. Eles estavam comemorando algo relacionado com o Renascimento. E fui atraída para aqueles livros como aqueles ímãs gigantescos dos desenhos animados. Fui simplesmente puxada.

"Apaixonei-me pelas imagens. Como tinha a carteirinha da biblioteca, peguei alguns livros emprestados. De duas em duas semanas eu pegava alguns livros de arte, só pelas imagens. Quer dizer, eu também lia, mas o meu interesse real eram as imagens.

Toda noite, depois de pôr as crianças na cama, arrumar a cozinha e escovar os dentes, sabe, é aquele período em que estamos prestes a desmoronar, eu ia para a cama com todos os meus livros de arte para ver Michelangelo, Raphael, Rembrandt, Titian, Rubens e Caravaggio — eu adorava os mestres antigos. Éramos só eu e essa arte incrível, como se eu fosse a mulher mais rica do mundo com a maior coleção particular e pudesse olhar para qualquer pintura do mundo quanto tempo eu quisesse.

"Acho que talvez eu tenha uma forte percepção visual, porque eu me lembro muito bem dessas pinturas. Era algo duradouro. Às vezes, durante o dia, eu pensava em algumas das pinturas que tinha visto. Talvez eu visse alguém no trabalho com um rosto que me lembrasse alguém de uma pintura.

"Era o meu segredo, nunca contei a ninguém. A quem contaria? Minha melhor amiga sabia, e achava que era meio esquisito, mas se me fazia feliz, por que ela iria se importar? Mas, sabe, fazia tudo ficar diferente. É sério. Minha vida ficou diferente por causa daquelas grandes pinturas. Lembro-me de uma vez ter me sentido muito triste por achar que a vida que eu levava era feia. Ao olhar essas pinturas, eu trazia beleza à minha vida. Isso me dava esperança."

Questão especial:

Pensamentos noturnos

QUANDO VOCÊ ESTÁ EMOCIONALMENTE CANSADO, OS DEMÔNIOS aparecem à noite.

Você põe a cabeça no travesseiro, mas, em vez da bênção do sono, a maldição dos pensamentos dolorosos aflige seu pobre cérebro. As preocupações brotam como erva daninha. A tristeza se espalha como vinho tinto derramado sobre uma toalha branca. Se tiver a sorte de cair no sono, talvez acorde no meio da noite e, então, surgem os pensamentos.

Talvez você veja com clareza o buraco financeiro que cavou para si mesmo e como será fácil falir. Ou talvez pense que até agora não conseguiu nada do que mais queria na vida e que provavelmente não vai conseguir nunca. Lembra-se, com sofrimento, de algum terrível fracasso ou humilhação de dez anos atrás. Compreende que você é um completo idiota aniquilado.

Cada um de nós já viu esse filme. Cada um já teve pensamentos noturnos desse tipo, e muitos outros.

Está na hora de reconhecer que isso é errado. A noite não é uma lente que nos permite investigar mais fundo a verdade. É a hora de anéis de fumaça e espelhos distorcidos que transformam as sementes da verdade em formas de pesadelo.

E os pensamentos noturnos são terrivelmente nocivos. Deixam você com medo de ir para a cama. Acabam com o descanso de que você precisa. E você se lembra deles durante o dia. É como ter pesadelos acordado, que ganham credibilidade.

Diga boa-noite aos pensamentos noturnos

A maioria das pessoas é suscetível a pensamentos noturnos dolorosos. Observe como não se deixar cair nas garras deles.

Em primeiro lugar, mantenha hábitos que conduzem ao bem-estar e ao sono. Vá dormir à mesma hora toda noite. Não beba álcool nem cafeína antes de dormir. Não vá para a cama com o estômago cheio. Tenha um quarto confortável, escuro e bem ventilado. Comer uma pequena quantidade de carboidratos complexos (uma fatia de pão ou uns biscoitos) pode ajudá-lo a pegar no sono. Siga uma rotina relaxante antes de ir para a cama, como tomar um banho de banheira ou ler um livro.

Em segundo lugar, elabore uma lista de coisas para pensar que vai ajudá-lo a dormir. Eis algumas sugestões comprovadas — e você também poderá apresentar as suas.

- Jogar partidas de tênis ou golfe mentalmente.
- Lembrar-se de todas as pessoas que já conheceu na vida.
- Lembrar-se de suas músicas prediletas e cantá-las para si mesmo.
- Enumerar todos os livros que adorou.
- Enumerar todos os estados e suas capitais.
- Imaginar todos os lugares que gostaria de visitar.
- Lembrar-se de todos os lugares onde já viveu ou que visitou.
- Tentar lembrar-se com detalhes do último filme que viu.
- Lembrar-se de todas as pessoas famosas que conseguir.
- Ver-se fazendo seus passeios favoritos.

- *Visualizar a si mesmo com energia emocional fazendo exatamente o que vai fazer no dia seguinte, seja o que for.*

Um pequeno truque de que a maioria das pessoas lança mão é usar o alfabeto para fazer listas. Seja o que for que você esteja tentando enumerar — amigos, países, gente famosa, qualquer coisa —, tente pensar em um para cada letra do alfabeto, em ordem. Austrália, Brasil, Colômbia... e por aí vai. É um pouco maçante, mas também envolvente. Isso o fará dormir e o impedirá de pensar em qualquer outra coisa.

Seja qual for seu pensamento, a questão é pensar em algo que seja interessante para você, conhecido, prazeroso. Pense nisso, então, de modo a deixar a mente ocupada durante algum tempo.

É fato: é doloroso pensar em algumas coisas, enquanto em outras é agradável e relaxante. Assuma a responsabilidade de ter bons pensamentos para substituir os maus pensamentos à noite. A eficácia desse método é impressionante, mas você precisa obrigar-se a praticá-lo.

A terceira coisa a fazer, se os pensamentos noturnos o castigarem, é sair da cama e ler um livro ou revista; comer uma porção pequena de carboidratos. Não passe mais de meia hora lendo. No instante em que sentir um pouco de sono, volte para a cama. É quase certo que você achará mais fácil adormecer sem maus pensamentos.

Isso é ensinar a si mesmo que não vai tolerar pensamentos noturnos ruins. Você tem coisas melhores para pensar. Essa política de tolerância zero envia à parte de você que produz pensamentos noturnos o recado de que deve parar de incomodá-lo. Assim você se liberta.

15

Descarte os críticos, os urubus e os "do contra"

Propulsor de energia emocional nº 15

QUAL É A MAIS IMPORTANTE FORMA DE RIQUEZA? DINHEIRO É BOM, é claro. Bens imóveis são bons. Mas para a maioria de nós a maior riqueza provém das pessoas que fazem parte da nossa vida. Amor, amizade, comunidade, bondade, diversão, apoio, vínculos, projetos futuros — tudo isso emana dos amigos e da família. E já que os seres humanos são tão importantes, nossa tendência é encher nossa vida com eles, como um colecionador de arte enche a casa com todas as pinturas que consegue adquirir.

Mas há uma outra questão. O que mais o irrita? Trabalho? Poluição? Dor nos pés? Talvez, mas para a maioria das pessoas a irritação mais profunda se dá com algumas pessoas da sua vida.

Poluição de gente é a pior poluição

Não existe nada pior do que alguém ridículo, cansativo, frustrante e irritante, que parece sugar sua vida. Pessoas que o deprimem. Pessoas que o esgotam. Pessoas que tiram mais do que dão. Pessoas que desperdiçam seu tempo. Pessoas que o magoam. Pessoas com quem você não tem nada em comum. E todos têm alguém assim em sua vida.

Eis o que alguns homens e mulheres me disseram:

- "Tenho idéias de coisas que quero fazer — pequenas, como viajar ou comprar algo para a cozinha —, mas, seja o que for que eu queira fazer, meu namorado me diz que é má idéia."
- "Tenho uma amiga no trabalho que sempre começa a conversar comigo dizendo: 'Sabe o que há de errado com você?' Ela é um pouco mais velha e eu sei, pelo menos acho, que está tentando ser útil, mas sempre me faz sentir como alguém que não faz nada certo."
- "Tenho um irmão bem-sucedido que sempre me obriga a fazer o que ele quer. Por exemplo, se ele acha que devemos alugar juntos uma casa de veraneio, ele me azucrina até eu concordar, e, então, me faz sentir como uma grande idiota por não ter percebido o grande negócio desde o início. Ele é a pessoa mais controladora que eu conheço."
- "Tem uma mulher que é uma das minhas amigas mais antigas. Dividimos o quarto durante três anos na faculdade, e éramos bem íntimas. Mas nos últimos dez anos tudo mudou bastante. Estou indo bem na vida e me divertindo muito. Ela sofre um desastre, infligido a si mesma, atrás do outro. Está sempre sofrendo e reclamando, e me pedindo que a deixe morar comigo, ou lhe empreste algum dinheiro, ou passe horas ouvindo seus problemas. Sinto-me muito culpada, mas essa amizade é um verdadeiro dreno."
- "Meu pai é uma chatice na minha vida. Qualquer coisa que eu queira fazer é motivo de preocupação para ele, que fica me dizendo como tudo pode dar errado. Digamos que quero comprar um utilitário. Ele começa a falar que o carro consome gasolina demais e que costuma capotar com muita facilidade. Então digo que vou comprar um sedan. 'É', diz ele, 'mas e o valor de revenda?' Sempre há algo errado em tudo o que eu faço. Ele me esgota."

Mostre-me uma pessoa que sofre de esgotamento emocional que eu lhe mostro alguém na vida dessa pessoa que lhe suga a energia. Em geral, agimos como se pessoas desse tipo fossem um pequeno aborrecimento. Mas, na verdade, elas são uma calamidade.

Diagnóstico nº 15

Há pessoas na sua vida que quase sempre deixam você se sentindo pior depois de conversar com elas?

Responder "sim" a esta pergunta significa que este segredo será um grande impulso para sua energia emocional.

Se quisermos manter nossa energia emocional, precisamos identificar as pessoas que nos sugam. E precisamos afrouxar nossos laços com elas, pelo menos um pouco. A boa notícia é que quase sempre há enormes compensações energéticas quando nos afastamos, pelo menos um pouco, dos críticos ou dos urubus.

Como terminar com a poluição de gente

Primeiro é preciso identificar as pessoas que o esgotam emocionalmente.

A parte fácil é saber quem são os controladores, os mal-humorados, os mercadores do medo, os criadores de culpas e apontadores de dedos: quando você percebe que está prestes a conversar com um deles, sua reação imediata é "Ihhhhh!". A parte difícil é admitir que essas pessoas são mais problemas do que valem. Nós inventamos desculpas, tentamos explicar por que elas fazem o que fazem. Usamos antolhos. Entramos na fase de denegação. E dizemos: "É, ela é muito negativa e não é nada divertida, mas tem boa intenção e somos amigas há muito tempo."

Mas o que isso quer dizer? O que nós dizemos em situações como essa. "Este amigo/amante/parente é um sanguessuga, mas não quero parecer que sou desleal ou mal-intencionado."

Tudo bem, você é uma boa pessoa. Mas é inacreditável que deixe sua bondade estender-se até o ponto de ser devorado vivo. Eis a verdade: você tem uma quantidade limitada de energia. Quem a drena evita que você a dê a pessoas de quem gosta. Não é bondade deixar pessoas de quem você gosta menos tirar de quem você gosta mais. Elas estão roubando sua vida.

Gloria, 34: "As pessoas olham para mim e dizem: 'Ah, ela é uma cabeleireirinha fofa.' O que não vêem é que tenho talento, sonhos e ambições. Sou cabeleireira diplomada, pratiquei e entrei em competições. Eu sabia que um dia iria morar em Los Angeles para ser cabeleireira das estrelas do cinema. Mas, sabe, minhas amigas começaram a me menosprezar. Diziam: 'Gloria, essa história de ir para L.A., o que a faz pensar que você vai se dar bem lá quando tem 1 milhão de garotas como você?' E a verdade é que eu acabei ficando com medo. Eu sabia o que fazer e como fazer. Estava preparada. Mas não conseguia me recompor para fazer acontecer. Eu estava perdendo o élan. Estava esgotada antes de começar. Era como se eu tivesse me perdido de mim mesma.

"Então percebi o quanto aquilo havia me afetado, tudo o que elas me diziam. Eu poderia ter pensado: 'Elas são minhas amigas, estão tentando me ajudar.' Eu sei que elas fariam qualquer coisa por mim. Mas, faça-me o favor, elas estavam tentando ajudar a si mesmas. Não se viam realizando uma grande mudança como a que eu iria fazer. Então, precisavam justificar isso para si mesmas. Eu ficava me sentindo mal, ao pensar em partir, enquanto elas ficavam se sentindo bem por eu ficar.

"Mas eu tenho uma tia — é a irmã mais velha da minha mãe. Ela sempre foi um exemplo para mim. Perguntou sobre os meus planos e eu lhe contei que estava com muito medo. Então ela me disse que eu nunca faria realmente nada de bom se deixasse o medo me deter. Não poderia deixar o medo impedir o curso da minha vida. Isso me abasteceu de energia. Então refiz meus planos e agora estou pronta para ir."

Eu fazia uma imagem das amigas de Gloria como daquelas pessoas que chupam gasolina do seu tanque para esvaziá-lo, e de repente a tia lhe deu uma injeção de combustível de alta octanagem. Combustível. Energia emocional é isso. Não podemos deixar que o tirem de nós.

Diga "adeus" aos bandidos

Você já deu o passo mais difícil: identificar as pessoas que lhe tomam tanta energia emocional, a ponto de serem mais problemáticas do que valem.

O próximo passo é fácil. Imagine que você e a outra pessoa estão ligadas por uma corda. Afrouxe um pouco a corda. Não completamente. Só um passinho para trás. Da próxima vez que essa pessoa falar em encontrar-se com você, diga "não". Caso se encontrem, vá embora cedo. Programe menos tempo juntos. E recue emocionalmente também. Não fale das suas realidades mais íntimas. Se a outra pessoa falar de detalhes íntimos, não esteja tão ansioso por participar.

Um irmão, ou irmã, brigão? Envolva-se menos com ele. Um colega de trabalho encrenqueiro? Ignore-o mais do que antes. Uma pessoa ansiosa? Não conte a ela nada que possa gerar preocupação.

Faça o que Gloria fez. Afaste-se de quem rouba sua energia, aproximando-se mais de quem lhe dá energia.

Não é a distância criada que lhe devolve a energia. É fazer algo para gerar essa distância que lhe dá energia. Um telefonema a menos por semana não é tanto. Mas é da iniciativa de ter feito algo para reaver um pedacinho da sua vida que você tira sua dose.

E saiba por quê: quando você permite que sua energia seja canibalizada, sabe que está diante de um futuro debilitante — é isso que o deixa exausto. Mas quando você faz algo para se afastar, constrói uma nova relação de confiança. Você está dizendo a si mesmo: "Agora posso confiar em você para cuidar de mim porque demonstrou que consegue afastar-se dos canibais emocionais." Dar um pequeno passo pode render muitos dividendos de confiança em si, que rende dividendos ainda maiores de energia emocional.

Propulsor de energia emocional nº 15

Não entregue sua preciosa energia emocional a quem a devora.
Afaste-se dessas pessoas de todas as maneiras possíveis.

16

A vida é muito importante para ser levada a sério demais

Propulsor de energia emocional nº 16

VAMOS SUPOR QUE VOCÊ CONSEGUISSE PROJETAR O UNIVERSO. VOCÊ O planejaria como um lugar austero ou divertido? Divertido, é claro. Vamos admitir: é assim que queremos o universo, contudo não é assim que vivemos. Para a maioria de nós, a realidade cotidiana está repleta de decisões e responsabilidades esmagadoras. Prazos. Objetivos a alcançar. Pessoas a quem precisamos satisfazer. Tudo isso suga nossa energia.

Até os acontecimentos felizes se deterioram com isso. Quantas vezes já vimos que planejar um casamento ou a chegada de um neném se transforma em algo intimidador. O que deveria ser divertido contamina-se do medo de errar.

Conheço uma mulher que é corretora de imóveis e mãe. Adora mostrar casas aos interessados. E também gosta de brincar com os filhos. Mas quando se trata de conversar sobre uma venda, ela sempre acha que a carreira inteira está em jogo. E embora pudesse divertir-se com os filhos, vive tão irritada com o desempenho deles na escola que o futuro deles parece estar sempre em risco, na opinião dela.

É como se a vida dela fosse um jogo de pôquer de cacife alto em que acabou de apostar a prestação do apartamento e sabe que não está com uma boa mão. *Isto* é receita de esgotamento emocional, é assim que muitas pessoas vêem a vida. Não é um jogo, é uma faca no peito.

> Diagnóstico nº 16
>
> Você sempre se irrita quando parece que perdeu o controle sobre sua vida? Existe alguma parte da sua vida que lhe dá sempre a impressão de que está prestes a sofrer um desastre?
>
> Responder "sim" a qualquer uma destas perguntas significa que este segredo será um grande impulso para sua energia emocional.

As pessoas energizadas vivem a mesma vida que você e eu. As mesmas pressões, as mesmas preocupações. Não é uma vida especial que dá energia a essas pessoas. São elas que abastecem a vida delas com energia. Como? Elas têm um jeito especial de encarar a vida que lhes poupa a energia emocional quando estão sob pressão. Vou lhe contar que jeito especial é esse e como você poderá adquiri-lo.

"Não importa"

Você se lembra de um filme com Bill Murray num acampamento de verão chamado *Almôndegas*? É só uma comédia, mas tem uma cena que poderá mudar sua vida, se você souber o que fazer com ela. É a véspera do grande concurso atlético contra o outro acampamento. A derrota parece inevitável. Todos estão nervosos e agitados. A energia emocional deles está se escoando diante dos nossos olhos.

Murray faz um discurso. Ele pretende aliviar a pressão e o ponto de apoio do discurso é o apaixonado refrão "Não importa!

Simplesmente não importa!" Incessantemente, cada vez mais alto, ele diz isso, e faz os garotos se juntarem a ele, até que todos estão gritando com o máximo dos pulmões.

Ele fez uma loucura? O discurso de Murray é, na verdade, uma atitude inteligentíssima. Ganhar é divertido, jogar é divertido. Mas quando estamos com medo de perder a energia se dissipa numa velocidade alarmante. Quanto mais pensamos que aquilo que fazemos é muito importante, mais nos sufocamos, entramos em pânico e sofremos. Perde-se toda a alegria. Quem vive como se estivesse à beira de um desastre não tem possibilidade de se divertir, portanto perde energia emocional.

O segredo é parar de levar tudo tão a sério. Ensinarei como fazer isso daqui a pouco. Mas sei que, neste momento, isto pode parecer impossível para você. "A minha realidade é austera — preciso levá-la muitíssimo a sério." Sua realidade pode parecer austera, mas você *não* precisa levá-la tão a sério assim.

Rir em períodos assustadores

Já passei por muitos períodos assustadores. Passei os quatro primeiros anos da vida em campos de refugiados. Vim para os Estados Unidos como pequena imigrante que não falava nem uma palavra em inglês. Houve uma época, quando eu estava na pós-graduação, meus filhos tinham 1 e 3 anos de idade, tínhamos 200 dólares no banco, sem receita nem perspectiva de ganhar dinheiro em breve, e nossas famílias não podiam nos ajudar. Passei por uma situação em que achava que o meu marido estava prestes a morrer. Sobrevivi ao susto de um câncer de mama. Superei uma doença misteriosa que me fazia sentir como se meu corpo estivesse se desmontando. Viajei de avião no dia seguinte a um grande ataque terrorista.

Além disso, há trinta anos tenho participado dos períodos difíceis e assustadores dos meus pacientes. Sei o que é viver o pior que a vida tem a oferecer.

Mas sei uma outra coisa. Vamos pegar duas pessoas, ambas lidando com a mesma situação difícil — qualquer situação que você queira imaginar. Sei que *elas têm opção* quanto à seriedade com que vão lidar com essa situação, e sei que *aquele que levar menos a sério a situação terá mais energia emocional.*

Vamos trabalhar com uma das situações mais difíceis em que os seres humanos já se encontraram: Auschwitz. Aqueles que conseguiram subsistir melhor psicologicamente foram os que descobriram meios de levar menos a sério a situação que enfrentavam. Faziam piadas. Faziam amizades e davam um jeito de desfrutar da presença dos amigos. Conseguiam se entreter. Aceitavam o fato de que não poderiam controlar se viveriam ou morreriam.

Naturalmente, a situação continuava grave. Você não pode passar por Auschwitz e se convencer de que está participando de uma festa. Mas era possível optar por levar a situação *menos* a sério, e quando escolhiam esse caminho, tinham muito mais energia emocional.

Um dos grandes livros sobre a resistência humana, *The Long Walk* (A longa caminhada), de Slavomir Rawicz, é a história de seis prisioneiros que fugiram de um campo soviético de trabalhos forçados na Sibéria e percorreram mais de 6 mil quilômetros a pé caminhando por tundra, deserto e montanhas, até estar em segurança. Podemos imaginar que situação terrível. Mas Rawicz afirma que a qualidade que admiravam, valorizavam e necessitavam mais era a capacidade de fazer piadas sobre o que estavam passando. Ele está dizendo, especificamente, que a sobrevivência emocional foi fundamental para a sobrevivência física, e que o principal fator foi a energia emocional, e que o segredo da energia emocional era a capacidade de não levar tudo tão a sério.

Propulsor de energia emocional nº 16

Você sempre poderá levar a situação que está enfrentando menos seriamente. E toda vez que agir assim, terá uma grande compensação de energia.

Você leva tudo a sério porque tem medo. O medo é uma emoção natural, mas também é nociva. É bom para os animais, porque os ativa. Quando ativados, eles não pensam. Mas eles não precisam pensar, agem por instinto. E, já que os animais não ficam parados pensando como será o amanhã, o medo deles nunca se cristaliza em depressão.

Com pessoas é diferente. O medo nos torna burros e miseráveis. Diante de qualquer perigo que você possa imaginar, quem tem menos medo é mais inteligente e mais feliz. Ninguém jamais escolheria o medo como uma boa maneira de lidar com uma situação. Talvez você desejasse ter prestado mais atenção a certos riscos, mas se trata apenas de ser mais inteligente. Ninguém nunca desejaria, realmente, ter sentido mais medo.

Contudo, sempre que você leva tudo a sério, abraça o medo, como se esse pesadelo fosse seu amigo. Mas quando você pára de levar tudo tão a sério, cura sua relação com o universo. Para isso basta ver o universo como um lugar melhor. Ao levar a vida menos a sério, você acaba realmente tornando o universo um lugar melhor. Pense no poder que tem nas mãos!

Quando você leva tudo um pouco menos seriamente, ganha um poder enorme. Vejamos um exemplo trivial: você vai ao consultório e a médica o deixa esperando. Isso induz algumas pessoas à raiva e à frustração. Desse modo, porém, elas abrem mão de todo o poder, permitem que uma circunstância irrelevante defina como se sentem. Mas se você resolver que não vai levar tão a sério a espera mostrará a si mesmo que é você quem controla como se sente. E isso lhe dará uma grande carga de energia emocional.

Como fazer

A maneira mais simples de sair da armadilha de levar tudo a sério demais é usar o método de Bill Murray. Pense em algo na sua vida que esteja sugando sua energia emocional. Sei que é uma coisa importante, e compreendo. Mas diga a si mesmo que não importa. Liberte-se da esmagadora seriedade de tudo isso. Haja o que houver, você estará bem.

Algumas pessoas, quando ouvem isso, conseguem acionar o interruptor. Percebem que não podem continuar como estão. Se continuarem supervalorizando as situações, vão entrar pelo cano emocionalmente.

Para muitos de nós não é tão fácil. Tentamos dizer a nós mesmos que não importa, mas descobrimos que importa muito. Isso acontece porque é difícil abrir mão de uma coisa quando não há outra para substituí-la. Portanto, eis o que fazem algumas pessoas bem-sucedidas em não levar tudo tão a sério: descobrem outra coisa para abraçar que as encha de esperança, não de desgraça. De divertimento, não de austeridade. De prazer, não de sofrimento. De significado, não de vazio.

E seguem os modos utilizados por elas.

Abrace o presente

Um modo de parar de levar tudo tão a sério é abraçar o hoje, não o amanhã. Você está perdendo energia emocional porque se concentra no futuro. Vai ganhar energia emocional quando se concentrar no momento presente. O que está fazendo agora? Como se sente? O que pode fazer agora mesmo para sentir-se melhor? Como melhoraria este momento?

Talvez você fosse mais bondoso, talvez mais concentrado. Mas uma coisa é certa: se você não se preocupasse com o desenrolar deste momento, estaria mais relaxado, não o levaria tão a sério, iria se divertir mais e acabaria tornando-o muito melhor.

Você *precisa* viver no presente. É o único momento em que pode fazer acontecer qualquer coisa boa. E é o único momento em que pode de fato ter prazer.

Frank, 43: "Há cerca de um ano descobri que estava com uma úlcera. O recado chegou bem alto e claro: eu estava me matando aos poucos. Até então eu sempre atribuí a culpa a minha vida, que admito é muito exigente. Vendo computadores, que é uma atividade muito competitiva, e estou sempre viajando. Meu chefe é exigente. Meus clientes são exigentes. Também tenho uma mulher exigente. E meus filhos são ótimos, mas um deles não vai muito bem na escola e o outro vai bem, mas também vive aprontando. Portanto, para qualquer lado que eu olhe, vejo problemas.

"Mas o problema estava em mim. Todas as situações com que eu me deparava tratava como um combate corpo a corpo. Matar ou morrer. Se o meu chefe me repreendesse, era o fim do mundo. Se um cliente estivesse insatisfeito, era o fim do mundo. Se meus filhos se metessem em encrenca, iam entrar pelo cano.

"E isso tudo me consumia por dentro, literalmente. Eu acordava de manhã completamente exausto. Tomava uma xícara de café atrás da outra para me manter ativo. Vivia comendo barras energéticas, contudo não tinha energia.

"Saí para tomar um drinque com um amigo depois do trabalho numa sexta-feira e comecei a reclamar de tudo, e sei que devo ter feito tudo parecer grave demais. Eu ia falando e falando quando, de repente, meu amigo me interrompeu e disse: 'Olha, você é um bom vendedor, um bom marido, um bom pai. Então, com o que está preocupado? *Desfrute a viagem.*'

"Era isso. Eu poderia gozar a vida se me concentrasse em viver a vida. Gosto de vender — quem é vendedor entende o que digo. Então, se gosto e sou bom nisso, por que não desfrutar? Darei o melhor de mim e o que acontecer, aconteceu.

"O momento decisivo chegou quando eu estava falando com um cliente importante. Ele era grande para mim. As repetições de encomendas e as atualizações de sistemas eram grande parte dos meus negócios. Ele começou a falar do preço disto e da data de entrega daquilo, e das especificações de outra coisa. Comecei a ficar nervoso, mas me lembrei de que era melhor desfrutar a viagem. Então, me surpreendi dizendo a ele: 'Olha, somos uma boa empresa, a sua é uma boa empresa, tudo sempre deu certo. O senhor sabe que farei o melhor pelo senhor, e o que acontecer, aconteceu, mas tudo vai dar certo.' Eu tinha resolvido que não levaria nada tão a sério. Ele me olhou e disse: 'É, está certo.'

"Continuo esforçado e interessado, mas me concentro no que está à minha frente, no momento. É aí que se encontra a diversão, e é daí que obtenho muita energia."

O que Frank disse é que a vida deve ser do mesmo modo que os times da Liga Infantil. Você se esforça para jogar bem, mas se diverte e não se preocupa em vencer. O importante é o jogo, não o placar. O jogo está no presente e o placar está num futuro que não podemos alcançar.

Concentre-se em si mesmo

Outra maneira que as pessoas energizadas descobriram de parar de levar tudo muito a sério foi concentrar-se em si mesmas, não nas outras pessoas. Você tem necessidades, sentimentos, pensamentos, sonhos. Se você se concentrar no que está acontecendo a você e naquilo de que precisa, o que os outros fazem se tornará menos importante.

Isso não é o mesmo que ser egoísta. Mas quando as dez pessoas mais importantes da sua vida estão lhe fazendo exigências, você se sentirá pressionado, a não ser que pergunte a si mesmo o que quer.

Mandy, 36: "Sou um jornalista freelance que escreve principalmente sobre quem passou por algum tipo de catástrofe, às vezes recentemente, às vezes há muito tempo. Eu costumava me preocupar muito com as pessoas sobre as quais escrevia. Elas quase sempre tinham muitos problemas e eu sempre temia pelo que lhes aconteceria no futuro. Eu achava que estava carregando nas mãos todas essas vidas frágeis, e minhas mãos tremiam.

"Quando as entrevistava, eu olhava para elas, geralmente de frente para mim, como se fossem uma bomba pronta para detonar a qualquer momento. É claro que rapidamente cheguei a um ponto que não queria mais trabalhar. Era tudo muito desgastante.

"Então percebi que estava me deixando traumatizar com os traumas dessas pessoas, e estava me perdendo como as vítimas de trauma às vezes se perdem. Não sei de que modo cheguei a essa descoberta, mas decidi concentrar-me em mim.

"Resolvi cuidar de mim. Então desviei para mim a energia que eu usava para monitorá-las. Eu estava feliz aqui com essa pessoa? Concentrado? Seguro? Digamos que eu estivesse entediado. Nesse caso, talvez estivéssemos andando em círculos, sobre as mesmas informações. Se eu desse uma sacudida no assunto, pelo menos eu não ficaria entediado.

"Isso me trouxe muitos benefícios. Por exemplo, eu era pintor nas horas vagas e achava que meus quadros estavam mixurucas, sem energia, havia bastante tempo. Mas isso porque eu não estava ali. Estava preocupado com o resultado da pintura na tela, não pensava no que se passava dentro de mim que eu queria pintar. Quando você pinta um quadro, está contando uma história, mesmo que seja abstrata. Mas qual era a minha história? Quando me concentrei em mim, entrei em contato com partes das histórias que eu queria contar, e isso me levou a me entusiasmar com as minhas pinturas.

Esta solução funciona porque uma parte do processo de levar tudo muito a sério é ser pego pensando no que as outras pessoas querem. Isto nos deixa em estado de sobrecarga. Você está cuidando de gente demais. Concentrar-se em si é um modo de facilitar a vida para si mesmo.

Tenha perspectiva

Outro modo que as pessoas encontraram para deixar de levar tudo muito a sério foi parar de se concentrar nas minúcias e prestar mais atenção ao panorama geral.

Danny, 49: "Recentemente iniciei meu quarto mandato no Congresso. Sou democrata e, para mim, é frustrante ser minoria. Alguns anos atrás percebi que via toda a minha vida política como uma série de batalhas, e estava desesperado por vencer todas, como se a harmonia do futuro estivesse ameaçada. Então, havia aqueles pequenos projetos de lei e emendas — sim, eram importantíssimos para alguém e valia a pena levá-los a sério, mas não era preciso levá-los tão a sério. Mas não percebi isso na época.

"Fomos a uma reunião do partido e um dos palestrantes mencionou que nós, políticos, estávamos ali para tornar o mundo um lugar melhor. Isso pode parecer-lhe uma bobagem, mas os discursos inaugurais sempre dizem algo semelhante... Mas isso me atingiu com força. Vi que era a primeira linha da descrição do meu cargo. Eu estava no Congresso para tornar o mundo um lugar melhor. Essa era minha luta, minha bandeira.

"Trabalhei com tanto afinco quanto antes, talvez até mais. Agora estou mais esperançoso. Mais feliz. E isso porque não levo tão a sério cada projeto de lei, cada votação. Estamos aqui para tornar o mundo um lugar melhor. E tornaremos. Vou ganhar algumas vezes e perder outras, mas nós vamos manter a bola em jogo. Sei que vou deixar o mundo melhor do que encontrei. Então, por que preciso me aborrecer tanto nesse meio tempo? O resto são detalhes."

Faça-me o favor. Será que você vai mudar o futuro do seu filho se ajudá-lo a fazer o dever de casa hoje? Será que é essa a diferença entre adultos bem-sucedidos e fracassados? O fato de você só ter perdido 5 quilos, e não os 10 quilos que esperava perder vai prejudicar a reunião de ex-colegas do colégio? Eu poderia prosseguir com inúmeros exemplos. Mas você e eu sabemos que, se você perguntasse a si mesmo: "Afinal de contas isso é realmente importante?", sobre tudo o que leva a sério, de dez perguntas, responderia a nove delas: "Não, não é." E então teria perspectiva. Iria divertir-se e relaxar. E teria muito mais energia emocional.

Só depende de você

É assim que você pára de levar tudo a sério. Concentre-se no momento, não no futuro. Concentre-se em si mesmo, não no que acontece ao redor. Concentre-se no que for mais importante no panorama geral, não em problemas pequenos. Isto pode ser aplicado a todos os aspectos da sua vida.

Quando você leva tudo a sério demais, sua energia desvia-se para o futuro, onde você ainda não está presente. Quando você pára de levar tudo tão a sério, você concentra toda a energia emocional no momento atual, que é quando você precisa dela.

17

Arregace as mangas

Propulsor de energia emocional nº 17

> Diagnóstico nº 17
>
> Há partes importantes da sua vida que para você parecem estar no ar? Você se sente sufocado por todas as coisas que detesta fazer? Acha que se ocupa com um monte de atividades que não significam muito para você?
>
> Responder "sim" a qualquer uma destas perguntas significa que este segredo será um grande impulso para sua energia emocional.

DOIS ATLETAS DISPUTAM UMA CORRIDA. O PRIMEIRO CARREGA CONSIGO um monte de bugigangas. O segundo está livre e desimpedido. O primeiro está confuso, não sabe nem se deveria estar participando da corrida. O segundo sabe que faz exatamente o que quer. Quem vai ganhar?

Sei lá. Talvez o primeiro seja um excelente atleta. Mas sei de uma coisa: o segundo terá muito mais energia e se sentirá muito melhor durante toda a corrida.

E, então, você tem energia emocional? Caso não tenha, talvez o problema seja entulho, o tipo de entulho que nos deixa emocionalmente exaustos.

Há muitos modos de obstruir nossa vida e muitos modos de nos livrar dos entulhos e nos abastecer com uma grande dose de energia. Vamos começar com apenas um desses modos e em seguida passaremos aos outros.

Decida-se, poxa!

Digamos que faz muito tempo que você anda falando em cortar o cabelo bem curtinho. Acha que ficará bem. Mas não será radical demais? Está na moda. Mas será que combina com você? Você conversa muito com suas amigas sobre cortar ou não o cabelo.

Fica pensando no que é melhor, e eu digo: esqueça. Se quiser mais energia emocional, *simplesmente faça*! Pegue o telefone agora mesmo, marque a primeira hora disponível e, puxa vida, vá cortar o cabelo bem curto. *Ou pare de pensar nisso.* Se você quisesse mesmo cortá-lo, já teria feito. Mas não quer. Então pare de falar no assunto.

Não dou a mínima para o comprimento do seu cabelo. É provável que você também não ligue muito quando pensa no assunto. Você só quer ficar bonita.

Mas essa indecisão que paira sobre sua cabeça está sugando sua vida. Então, o que você faz? Abre mão de tudo, menos da necessidade de tomar uma decisão de uma vez por todas.

Os energizados tomam uma decisão e seguem em frente. Os emocionalmente esgotados ficam empacados, são incapazes de se decidir. E quanto mais decisões por tomar você carregar consigo, maiores são o fardo e o esgotamento emocional.

Sempre que você não consegue tomar uma decisão, carrega consigo todas as alternativas da questão abordada. Você está levando consigo a pessoa de cabelo curto e a de cabelo comprido. A que se mudou para a Califórnia e a que não se mudou. A que tem um cachorro e a que não tem. A cada curva o fardo dobra de tamanho. Quanto mais decisões indefinidas houver na sua vida, e mais importantes elas forem, maior será o fardo.

David, 38: "Às vezes acho que há algo errado comigo por me encontrar nesta situação, é muito esquisito. É difícil imaginar que existam pessoas cuja vida esteja tão no ar quanto a minha. Espero que não. Mas de vez em quando fico com medo de me deparar com muita gente como eu.

"Eis o meu dilema: sou programador e ganho razoavelmente bem. Mas, mesmo que seja promovido, não vou ganhar rios de dinheiro nem subir muito na hierarquia. Nunca tive problema com isso, porque gostava do meu trabalho, mas estou ficando inquieto. Existem horizontes profissionais mais amplos. Eu poderia me transferir para vendas, ou para administração.

"Uma questão que está clara para mim é que no meu campo há mais oportunidades na Costa Oeste. Então, subir na carreira me ajudaria a ir para o oeste. Mas seria uma mudança enorme. Minha família está aqui e minha mulher também. Ficariam aborrecidos se eu me mudasse. De certa forma, seria vantajoso, pois nossas famílias se metem tanto na nossa vida que estão nos levando à loucura.

"Mas Sally, minha mulher, e eu conversamos sobre a mudança para a Califórnia, ou pelo menos sobre procurar emprego lá, e quando ficamos empolgados com a mudança, bate o medo do risco e da despesa, e começamos a pensar no que vamos perder da nossa vida aqui em Boston. Nesse ponto, retrocedemos. É como se o nosso futuro ficasse sempre no ar porque não sabemos o que queremos ser quando crescermos, ou onde queremos morar.

"Isso já é bem ruim, mas Sally quer engravidar. De novo. Temos dois filhos, mas ela quer muito ter uma filha. É dois anos mais velha que eu e acha que tem de ser agora ou nunca. Na maior parte do tempo, ela quer agora, mas às vezes fica com medo e diz que é melhor esquecer. Eu sou claro — não quero mais filhos. Estou começando a me alegrar com a idéia de que meus filhos chegaram a uma idade que podem cuidar de si. Agora preciso cuidar de mim. Não quero um neném.

"Mas Sally força a barra na história do neném. Então, entre nós, é um assunto que não está bem resolvido. Acho, porém, que sei qual é o segredo. Não é por acaso que ela se agarra a essa história de neném. Nosso casamento não tem sido feliz há algum tempo. Nós nos distanciamos. Sally é professora e não liga para o que faço na vida. Nossa conversa só gira em torno das crianças e dessas decisões idiotas que pesam sobre nós.

"Mas uma vez estávamos conversando e ela disse, meio de brincadeira, que se eu a engravidasse, fosse para o Vale do Silício e a deixasse em Boston, ela ficaria bem feliz. 'É você que quer se mudar', ela disse.

"A pior parte é que essas decisões estão todas emaranhadas. Se tivermos mais um filho, será mais difícil nos mudarmos. Se eu trocar de profissão, será melhor nos mudarmos. Se não tivermos o neném, ficaremos juntos? Se não ficarmos juntos, então por que eu não deveria me mudar? Só que ela provavelmente ficaria aqui em Boston e, então, eu ia querer ficar, do contrário não veria meus filhos.

"Dá para acompanhar tudo isso? Para mim é quase sempre difícil acompanhar. Só sei que estou um trapo. Não consigo dormir. Não estou trabalhando direito. E estou me transformando neste sujeito mal-humorado e esgotado. A parte mais assustadora é que, quanto mais exausto fico com tudo isso, mais difícil é lidar com o problema. E quanto mais deixo de lidar com ele, mais difícil fica e mais deprimido me sinto."

Cada um de nós carrega o peso de algumas indecisões. Como acabar com o impasse e seguir em frente?

Ficamos empacados por dois motivos. Primeiro: achamos que precisamos tomar uma decisão de altíssima qualidade. Não uma simples decisão, mas uma decisão inteligente, brilhante, excelente.

Segundo: achamos que nossas decisões se entrelaçam. Dá para perceber isso no caso de David. Mas, mesmo que você esteja pensando em cortar o cabelo, talvez isso esteja entrelaçado com o fato de querer comprar um monte de roupas novas, de estar pensando em romper com o namorado, de que uma colega de trabalho que a incomoda muito também vai querer cortar o cabelo bem curto e sabe-se lá o que mais.

Os fardos de querer tomar uma decisão grandiosa e de uma decisão vinculada a muitas outras nos deixa completamente paralisados. Nós nos esquecemos de algo simples. *Nada é mais importante do que a energia emocional. Nada a destrói mais do que um acúmulo de decisões por tomar.*

Quando você descobrir que o mais importante é obter mais energia emocional, só vai querer tomar a maldita decisão, tomar a injeção de energia e seguir em frente.

Observe o que aconteceu a David. Ninguém teria ficado mais surpreso do que ele por ter se livrado do fardo tão depressa.

David: "É engraçado o rumo que as coisas tomam. Sally estava choramingando que queria uma filha. 'É tudo o que eu sempre quis', dizia. 'Sei que a probabilidade é de 50%, mas eu só quero uma chance.' De repente, senti-me muito cruel e mesquinho por não lhe dar isso. Eu me sentia um idiota por deixar esse assunto no ar entre nós. Mais um filho. Qual era o grande problema? Era muito importante para Sally.

"Então eu disse sim, tudo bem. Ela demorou um pouco a acreditar que eu havia concordado com a idéia, porque sou muito teimoso, mas ficou, é claro, rindo à toa. Achei que ficaria deprimido, porém o que mais senti foi alívio. O principal era que o assunto estava *resolvido.* Era o que eu não parava de dizer a mim mesmo. Resolvemos isso. Foi como se tirasse um peso dos ombros.

"Tudo se ajeitou, então. Quando decidimos que tentaríamos ter mais um filho, resolvi parar de pensar em me divorciar de Sally. Mudar para a Costa Oeste parecia, então, mais difícil, então resolvi me livrar dessa idéia. Se receber um convite de lá, veremos, mas não vou procurar. E então resolvi que gostava de ser programador de computador. Sim, havia um teto salarial, mas eu poderia atualizar meus conhecimentos e, pelo menos, teria a certeza de fazer o que sei fazer e o que gosto de fazer.

"Foi incrível a velocidade com que minha vida passou de algo que estava totalmente no ar para uma vida totalmente resolvida. Eu achei que fosse me sentir muito mal. Tinha medo de me sentir encurralado. Medo de ter cometido um erro terrível. Mas eu me senti ótimo. Sally me disse poucas semanas depois que eu me tornara um sujeito legal de novo, alguém com quem valia a pena viver. Comecei a achar que eu queira viver comigo também."

Tome *qualquer* decisão. Não precisa ser a principal indecisão a atormentá-lo atualmente. Decida o que vai comer hoje à noite. Depois decida se vai comprar aquele CD ou não. Decida que vai cortar o cabelo. Depois tome uma decisão sobre o futuro.

No país das decisões, tudo isso pode parecer muito importante. No país da energia emocional, o importante é acabar com a ambigüidade e tomar uma decisão razoável. Uma decisão por dia faz bem à saúde.

Mas as decisões não tomadas são apenas um tipo de entulho. O verdadeiro problema são os entulhos que prendem sua atenção, desperdiçam seu tempo e sugam a energia emocional da sua vida.

Vida cheia de entulho mata a energia emocional

Uma das coisas mais marcantes que você vai reparar em quem tem muita energia emocional é que a mente e a vida dessas pessoas são bastante organizadas. Sim, a escrivaninha pode estar sob pilhas desordenadas de papéis, mas, na verdade, elas não perdem tempo com coisas que não têm importância. Por isso é tão importante tomar decisões. Você resolve algo e segue em frente.

Negócios não resolvidos sugam energia. É entulho emocional. E existem todos os tipos de negócios não resolvidos. Os itens da sua lista de afazeres que você não precisa nem quer fazer, por exemplo. Mas pessoas também podem ser um tipo de entulho — quando você não precisa delas na sua vida, quando roubam sua energia e não a retribuem.

Propulsor de energia emocional nº 17
Livre-se dos assuntos não resolvidos da sua vida. Resolva-os de um modo ou de outro. Acabe com eles ou esqueça-os. Tome uma decisão. Se o fizer, terá mais energia emocional.

Aproximei-me de Ricki porque ela parecia estar borbulhante de energia emocional. Eu queria descobrir seu segredo. Ela me contou que saíra recentemente de um estado de baixa energia.

Ricki, 34: "Sabe como, às vezes, você dá de cara com uma velha amiga e ela pergunta pelo seu namorado ou marido? Acho que você percebe que está com problemas quando não sabe responder nem para si mesma.

"Isso era eu com Nick. Não havia compromisso. Eu estava disponível, mas não estava procurando. Queria estar apaixonada. Passamos anos nos encontrando de maneira intermitente. Às vezes saíamos, outras vezes íamos para a cama; às vezes conversávamos sobre outras relações, outras vezes brincávamos com a idéia de assumir um compromisso.

"O que é tudo isso? Um monte de entulho. Quem era Nick para mim? Diga-me. Eu não sabia o que tínhamos nem para onde estávamos indo. Tínhamos apenas uma dose de comodismo. Um dia Nick me falou de uma mulher no escritório por quem nutria uns 'sentimentos'. Era o tipo de conversa que já havíamos tido dezenas de vezes. Duas horas antes, tínhamos feito amor. Agora éramos só amiguinhos, sei lá. Eu fiquei enjoada daquela confusão toda. Aquela sensação de que estava tudo no ar.

"Nem acredito que disse isso, mas falei: 'Escuta, Nick: peça-me em casamento agora mesmo ou está tudo acabado.' Bum! Assim mesmo. E ele ficou ali, hesitante, deu para perceber que não ia fazer nenhum pedido de casamento. Então eu disse: 'Muito bem, então vamos terminar.' E pronto. Tchauzinho.

"Achei que fosse ficar triste e assustada, mas me senti fantasticamente bem. Pensei que Nick me acrescentava algo de valor, mas ele, na verdade, só atrapalhava minha vida. Vou lhe dizer uma coisa: quando algo não é certo para você, é errado. Nick era o cara errado para mim porque não servia para mim. Pela primeira vez, em anos, estou esperançosa de conhecer alguém que sirva para mim."

Estamos nos afogando em assuntos inacabados

Existem pessoas que você pode contratar para entrar no seu espaço físico — guarda-roupa, gavetas, escrivaninha — e limpá-lo, livrando-se de tudo o que não é necessário, organizando o que restou.

Precisamos ainda mais de algo assim no nosso espaço interior. Tudo aquilo que você precisa e quer fazer, mas ainda não fez. Todos os projetos que você iniciou e não terminou. Todas as pessoas e atividades que não acrescentam praticamente nada a sua vida.

Se você quer uma dose forte e rápida de energia, precisa tirar esse entulho da sua vida. Admito que não é fácil nos livrarmos das pessoas e das atividades que esgotam nossa energia. Eis uma analogia: o seu guarda-roupa. Está cheio de roupas pequenas demais… mas talvez você venha a caber nelas um dia. Está cheio de roupas de que você não gosta mais... mas talvez apareça uma ocasião perfeita para usá-las. Está cheio de roupas que precisam de conserto... mas talvez um dia você tenha tempo de pregar os botões.

Talvez você... mas é provável que não. Enquanto isso, você vai cedendo ao peso porque está carregado de entulho.

A cura da agenda

Vou falar de um meio fantástico de você se livrar da armadilha do entulho.

Todos têm uma espécie de lista de afazeres e algum tipo de agenda de compromissos que regem sua vida. Para a maioria há muitas listas de afazeres. Existe a lista "Faça hoje" que você sabe de cabeça. Existe a lista "Preciso fazer" que talvez você tenha redigido na escrivaninha — quase sempre são prioridades máximas. Há a lista de "Coisas importantes a fazer" que está enfiada em algum lugar, mas lhe dá dor de cabeça pensar nela.

Também existe a agenda. Pode ser qualquer coisa: Palm Pilot, diário, calendário ou até uma folha de papel presa na porta da geladeira para lembrar que você precisa fazer algo em determinada hora daquele dia.

Agora veja como livrar-se dos assuntos não resolvidos da sua vida. *Nunca tenha uma lista de afazeres de qualquer tipo. Se aparecer algo para você fazer, ponha na agenda em uma data específica. Tudo o que você precisa fazer na vida vai estar somente na agenda.* Todos que fazem isso sentem uma injeção imediata de energia emocional.

Digamos que você tem na lista de afazeres: "Ligar para a prima Ruthie e perguntar a ela se vai trazer o namorado na festa de casamento." Pegue a agenda e procure um horário para telefonar. Talvez você marque para o sábado às 10 horas da manhã. Agora tem hora marcada para fazê-lo. Se Ruthie não estiver em casa e você não puder deixar recado, marque outro horário na agenda para telefonar. A questão é você ser controlada pela sua agenda. *É assim* que você vai se livrar dos assuntos inacabados da sua vida.

Digamos que na sua lista de afazeres está: "Elaborar um currículo novo." É, obviamente, uma grande tarefa. Você não faz idéia de quanto tempo vai gastar nem em que vai consistir a realização da tarefa. Mas não faz mal. Pegue a agenda e marque um período de quatro horas no qual a única coisa que você vai fazer é se dedicar a isso. Fará tudo o que puder em quatro horas. Talvez seja muito. Pode simplesmente acabar com um monte de perguntas. Também não faz mal. Pegue, então, a agenda e marque outro período para realizar a próxima etapa.

Trata-se de controlar tudo com *quando* fazer, não com *o que* fazer. Concentrando-se no *quando*, você se livra totalmente do dreno emocional que paira sobre *o que* fazer. Ou há muito tempo, ou não há tempo para fazer e pronto.

Digamos que você tenha sobre a mesa uma carta da associação de ex-alunos. A décima reunião será em breve. Querem que você lhes escreva contando o que fez desde que se formou e lhes envie dinheiro. Você hesita. Como será possível resumir o que vem fazendo desde que terminou a faculdade? Como vai calcular quanto dinheiro enviar? Aaarrrrrggggghhhhh! É difícil demais para resolver de imediato. É importante demais para abandonar. Então fica ali na escrivaninha, que é, na verdade, uma visível lista de afazeres, misturada com coisas que o fazem lembrar, pela presença física, que você precisa resolver.

Essa carta idiota, assim como todas as coisas que você tem de fazer, está fazendo sua parte na drenagem da energia emocional. Transfira isso da lista de afazeres para a agenda. Talvez isso signifique responder imediatamente. Talvez signifique adiar para o domingo à noite, quando tem hora marcada para eliminar papeladas. Talvez signifique que você vai simplesmente jogar fora essa porcaria de carta.

Às vezes o melhor a fazer é jogar o entulho fora

Pense nessa última idéia só um instante. Todos esses itens da lista de afazeres — se não quiser marcar hora específica para fazê-los, essa é sua maneira de dizer que não quer fazer nunca. E isso é fantástico. A melhor maneira de lidar com todas essas coisas que você pode ter acrescentado à lista de afazeres é jogá-las fora e não fazer nunca. Não existe nada mais fácil e rápido do que *não* fazer algo.

Se não vai fazer algo, deixe-o ir. Liberte-se também dele. Aniquile-o da sua vida e da sua consciência. Dê a si mesmo a explosão de energia proveniente de dizer: "Não vou fazer isso."

Se vai fazer, marque hora. Se não puder marcar hora, não faça.

Quando conheci Peter, parecia que ele carregava nos ombros o peso do mundo. Quem poderia ter energia emocional numa situação dessa? Mas veja o que ele fez:

Peter, 51: "Uma das últimas coisas que aconteceu foi que minha mulher disse que ia me deixar se eu não parasse de me preocupar com tudo o tempo todo. Agora tenho mais uma coisa com que me preocupar. Sei que pareço ridículo, mas estava preocupado com a economia, com o planeta, com o câncer, com perder dinheiro na Bolsa, com meus filhos porque, se Deus quis fazê-los não muito inteligentes, por que tinha de fazê-los preguiçosos também? Meu pai estava demente e eu me preocupava com ele e com minha mãe.

"Mas nada disso era o pior problema. Não era nenhuma das preocupações. Era o modo como se acumulavam. Isso estava drenando minha energia. Esse era o pior problema. Sem perceber, eu vivia carregando comigo uma carga exaustiva de assuntos não resolvidos.

"Foi uma espécie de acidente que mudou meu rumo. É engraçado como aconteceu. Meu médico me disse que eu precisava marcar todos aqueles exames de rotina para prevenção de câncer em homens da minha idade, como colonoscopia. É claro que adiei, estava preocupado demais. E isso, naturalmente, tornou-se mais uma coisa a pairar sobre minha vida e a sugar minha energia. De repente, recebi uma ficha do hospital. Acontece que o meu médico marcou para mim o primeiro horário disponível. [Neste caso, foi o médico que pegou um item na lista de afazeres do Peter e transferiu para a agenda.] Eu vivia adiando e agora tinha aquele compromisso. Foi um alívio. Eu ia, finalmente, tratar do assunto.

"Naquela noite houve uma reunião de pais e mestres na escola dos meus filhos, minha mulher não podia ir e eu conversei de verdade com a professora. Ela disse: 'Seu filho não é um colosso, mas também não há nada de errado com ele. Deixe-o viver. Pare com essas altas expectativas. Você jamais o transformará em algo melhor do que é, portanto deixe-o ser feliz sendo quem é.' [Neste ponto, a professora pegou o "preocupar com o desempenho escolar do seu filho" da lista de afazeres do Peter e jogou no lixo.]

"Bum! — isso penetrou em mim. Era uma coisa que eu não tinha de resolver, como quando você pega um envelope que chegou pelo correio e tem aquela pequena sensação de liberdade porque o joga fora sem ao menos abrir.

"Acho que isso acionou alguma coisa. Comecei a resolver tudo, ou simplesmente apagá-las da lista de fazeres. *Consertar ou esquecer* — era o meu novo lema.

"O engraçado é que nada do que eu fiz atacou diretamente minhas preocupações. Eu simplesmente me livrei dos negócios não resolvidos. Mas parecia que era com aquilo que eu me preocupava. Não com o desenrolar dos eventos no meu mundo, mas com não resolvê-los direito. Só sei que, quando comecei a resolver os assuntos ou deixar de lado, minhas preocupações desapareceram."

Questão especial:

Energia emocional e relacionamento amoroso

AMOR. MAS POR QUÊ? É MESMO, QUAL É A FINALIDADE DO AMOR? Muitos de nós nunca fizeram esta pergunta. E lamento dizer que eu tenho uma resposta um tanto controversa.

O amor romântico existe para o bem da energia emocional. É por isso que procuramos o amor — porque ele nos proporciona uma embriaguez de energia emocional. Pense na última vez que você esteve loucamente apaixonado. Numa escala de 1 a 10, sua energia estava em... 11? Mais ou menos isso.

É uma afirmativa muito radical. Estamos acostumados a dizer que o amor faz o mundo girar. Mas agora sabemos que é a energia que faz o mundo girar. É o amor que dá à energia um grande impulso.

Certo. Mas espere um pouco. Deixei algo de fora. O amor *bom* produz uma energia emocional imensa. O amor *ruim* produz esgotamento emocional. E, assim como o amor bom é o mais potente fomentador de energia emocional, o amor ruim é o produtor mais tóxico de esgotamento emocional.

Se entendêssemos isso, nossa vida mudaria. Porque agora mesmo estamos com o conceito ao contrário. Procuramos o amor e nos agarramos a ele porque nos equivocamos e pensamos que o amor é bom em si. Mas o que isso significa: que toleramos quantidades imensas de amor ruim porque achamos que um amor qualquer é melhor que nenhum. E o que acontece, então, com nossa energia emocional? Escorre pelo ralo, e é ali sugada pelo amor ruim.

Mas tudo isso é uma boa notícia para nós. Se você se concentrar na energia emocional, terá as duas coisas: mais energia emocional e mais amor bom. E como se faz isso?

Você se recusa a agüentar o amor ruim.

Pense nele como comida. Os bons alimentos o fazem se sentir muito bem. Comida ruim o faz se sentir mal, quando não o mata. Então, o que você faz? Come só para dizer que comeu? Ou come para sentir-se bem? Naturalmente, você come para sentir-se bem. Ninguém tolera comida ruim só porque é comida.

Então, você toleraria o amor ruim só porque, num sentido distorcido, ele se chama amor?

Você precisa ser forte e estar cheio de energia emocional para se recusar a tolerar o amor ruim em seus relacionamentos amorosos. É como jantar fora. Se você estiver morrendo de fome, admite comer no primeiro restaurante que aparecer, mesmo que sirva comida medíocre. Mas quem não está desesperado para comer consegue esperar até encontrar um restaurante que sirva ótima comida e o faça sentir vontade de comer lá.

Portanto, diga não ao amor ruim no seu relacionamento romântico, traga o amor bom à sua vida por meio de seus outros relacionamentos. Quanto mais amor bom, melhor. Nada lhe dará mais energia emocional tão depressa. Pode ser amor pelos animais, pelos desprivilegiados, pelos amigos e pela família, por qualquer coisa de que você goste. O que importa é que você esteja ativamente envolvido, que seja mais que simples palavras, que se expresse no que você faz.

Então, se o amor romântico da sua vida for ruim, conserte-o ou siga adiante. Pense no amor ruim como um fogão a gás com vazamento. Você não vai viver com o vazamento. Tem de consertar logo o fogão ou jogá-lo fora. Bem, o mesmo acontece com o amor. Não ter um amor romântico é melhor do que viver com um amor ruim. E você faz tudo isso, não pelo amor, mas pela sua energia.

Agora vamos examinar alguns problemas que surgem na vida amorosa e na energia emocional das pessoas.

Solidão. Sentir-se só prejudica a energia emocional. É um perigo. Ao se sentir só, você poderá acabar aceitando um amor ruim. E isto prejudica ainda mais a energia emocional. E é um perigo ainda maior. Então, o que você deve fazer?

Se estiver sozinho, considere a solidão como um período para concentrar-se em si mesmo. Descubra coisas que você você gosta. Descubra de que modo quer viver sua vida. Descubra suas necessidades. Saiba quem você é acima e além de qualquer relacionamento em que possa estar envolvido. Construa uma vida que combine com o que você é. E, acima de tudo, aprenda a gostar de si mesmo.

Lynn, 36: "Eu estava casada havia muito tempo. Não que ele me maltratasse, o problema era que eu vivia com um sujeito frio e distante, e crítico demais. Então, por que eu ficava com ele? Por que qualquer uma de nós fica numa situação semelhante? Eu criava desculpas. Nós dizemos as mesmas coisas. Ele realmente é uma boa pessoa, eu o amo apesar de tudo. Mas o fato é que eu tinha medo de ficar sozinha. Era assim que ele me amarrava.

"Um dia eu estava conversando com uma amiga e ela disse: 'Parece que você está se sentindo completamente solitária nessa relação com o Bob.' Puxa, acertou em cheio. Eu já estava vivendo o que tanto temia. Eu estava sozinha naquele relacionamento. Não ansiava por estar com ele. E na maior parte do tempo, estar com ele era um horror. Era uma relação que estava me deprimindo.

"Então, finalmente, terminei. Finalmente. Nunca me senti tão bem na vida. Quando fiquei sozinha, não tive tempo de sentir solidão. Estava ocupada demais fazendo o que gosto de fazer. Vai parecer esquisito, mas eu era uma namorada muito melhor para mim mesma do que Bob."

Tenho uma convicção quase mística a esse respeito. *Quanto mais você aprende a gostar de si mesmo e da sua vida, mais atrai o amor bom.* Isso quer dizer que quando você sentir solidão, em vez de preencher a lacuna com um estranho enquanto está num estado vulnerável, cuide de si mesmo, torne-se menos vulnerável e saiba que esse é o meio de encontrar um amor que seja bom para você.

Conflito. Você precisa fazer a si mesmo duas perguntas difíceis sobre conflito no seu relacionamento. Primeira: se surgisse algum problema, você acha que seu relacionamento terminaria em conflito? Segunda: se você tivesse tido, de fato, um conflito no seu relacionamento, acha que você é quem ficaria magoado?

Se você respondeu sim a uma destas perguntas, há conflito demais no seu relacionamento e isso está destruindo sua energia. Não é um relacionamento de fato. É um bairro cheio de vielas escuras, e você está sempre sendo assaltado. Não dá para viver em um bairro assim.

Então, primeiro você precisa enxergar que não dá mais para ser como antes. Tem de dizer a si mesmo: "Esse nível de conflito está acabando com minha energia."

A próxima coisa a fazer é ser honesto consigo mesmo. Há duas explicações para os conflitos: ou os dois não atendem às necessidades um do outro, ou ainda não descobriram um meio de comunicar suas necessidades sem conflito. Qual é o seu caso?

Você disse "Não sei"? Não acredito. É claro que sabe, só está com medo de admitir. Encare a verdade, por favor! Amor bom não significa que os dois são perfeitamente capazes de atender às necessidades um do outro. Mas quando há necessidades insatisfeitas freqüentemente, o amor bom não é possível.

Às vezes a gente só sabe que a pessoa não é a pessoa certa. Às vezes está óbvio que o modo como os dois querem viver a vida são tão divergentes que não há possibilidade de conciliar as diferenças. Mas o mais fácil é pensar quais são suas principais necessidades e perguntar a si mesmo quantas delas a outra pessoa pode satisfazer, ao menos, pela metade.

Onde traçar o limite? Primeiro, é raro alguém mudar muito. O que se vê é o que se tem. Trace um limite onde quiser, mas é preciso saber que se a outra pessoa não consegue satisfazer suas necessidades importantes, o conflito entre vocês provavelmente está arraigado num problema sem solução.

Se você ainda não tem certeza, leia meu livro sobre como descobrir se vocês devem continuar juntos. Chama-se *Too Good to Leave, Too Bad to Stay,* e lhe dará indicações claríssimas sobre haver ou não fundamentos para o seu relacionamento.

Se vocês não conseguem satisfazer as necessidades importantes um do outro, é preciso pensar em terminar a relação. Do contrário, vocês só vão conseguir drenar sua energia emocional.

Se vocês conseguem atender às necessidades um do outro, precisam aprender a ser mais flexíveis. Assumam o compromisso de serem o mais flexíveis possível pelo bem da energia emocional. Parem de brigar por bobagens. Dêem tempo a si próprios para tomar decisões juntos — jamais sintam-se pressionados para tomar uma decisão importante. Não sejam tão desaforados. Digam "sim" com mais freqüência. Tentem comunicar suas necessidades sem conflito. *Parem de falar do passado, de quem fez o que a quem.* Concentrem-se no que querem agora.

Depois leiam um bom livro para casais, que ensine a melhorar o relacionamento. Ou invistam numa terapia de casais. Se vocês conseguem atender às necessidades um do outro, então o conflito não é só trágico, é idiota.

O segredo de manter a energia emocional quando você lida com problemas no relacionamento é recusar-se a aceitar um amor ruim. Você pode inventar todas as desculpas que quiser, mas, do ponto de vista da energia, se não é amor bom, é amor ruim. Melhore-o ou caia fora. A única coisa que você não deve fazer é permanecer empacado.

18

Um luxo significativo pode compensar

Propulsor de energia emocional nº 18

A MAIORIA DAS PESSOAS SE SENTE CARENTE. ATÉ OS MIMADOS E OS viciados em compras. Não é racional, mas temos a sensação de que damos, damos e damos, e o que recebemos quase sempre nem se aproxima do que achamos que precisamos de fato. Muitos de nós, lá no fundo, acham que podem ir para o túmulo sem jamais conseguir algumas das coisas que mais queriam.

E daí se isso não é racional? É assim que nos sentimos. E isso traz implicações profundas para nossa energia. Quando você não recupera o que gastou, passa recibo de esgotamento emocional.

> Diagnóstico nº 18
>
> Você tem uma tendência para se sentir carente a maior parte do tempo?
>
> Responder "sim" a esta pergunta significa que este segredo será um grande impulso para sua energia emocional.

Compras significativas

É preciso cortar a sensação de carência pela raiz. A única maneira de conseguir isso é permitir-se um luxo. Mas tem de ser um luxo significativo. Os surtos de compras não servem para isso.

Não se trata de mimar-se. Com certeza não é gastar mais do que você pode. (Faça o que fizer, não gaste mais do que pode; as dívidas sugam a energia emocional.) Em vez disso, o luxo significativo é fazer algo que mude um pouco seu modo de pensar. É preparar um futuro em que você vai se sentir menos carente.

É algo que o vício das compras compulsivas e repetitivas não consegue proporcionar. O homem que vive comprando ferramentas novas, a mulher que vive comprando roupas ou jóias novas — gente assim não faz nada para dar fim à sensação de carência. Na verdade, a mantêm, são viciados. A necessidade de ter algo novo só leva a uma coisa: a necessidade de ter algo ainda mais novo. Um momento de satisfação hoje leva a mais sensações de carência amanhã.

O luxo verdadeiramente significativo tem de estar em um novo nível. Tem de ser o *tipo* de coisa que você jamais daria a si mesmo, um capricho único na vida que talvez você nunca mais repita. Não é gastar mais dinheiro do que você já gastou antes. Talvez você gaste até menos do que costuma gastar. Mas vai gastar o dinheiro em algo que lhe dará uma forte injeção de energia emocional.

O luxo significativo é um presente generoso. Você vai se surpreender com o que está incluído nessa categoria.

Matt, 41: "Sempre tive asma, mas era bem fraca e nunca pensei muito nisso. Então, quando tive um forte ataque de asma e precisei ir para o pronto-socorro, foi um grande choque. Eu não conseguia respirar e, se não tivesse sido socorrido, teria morrido. Uma coisa assim provoca algo dentro de nós, acredite. Depois passei a usar medicamentos e os médicos disseram que eu ia melhorar, mas acho que posso morrer a qualquer momento. Nunca pensei nisso antes. Fiquei mesmo bem deprimido. Comecei a não ligar para nada. Tinha a sensação de que nada tinha importância. Ia trabalhar todos os dias, mas precisava me obrigar.

"Certa noite, cheguei em casa quando minha mulher e meus filhos não estavam. Fazia muito tempo que eu não ficava sozinho em casa. Olhei ao redor e percebi que a casa não parecia ser minha. Foi minha mulher quem a decorou. Ela tem bom gosto e me consultou a respeito de tudo, mas era trabalho dela. Era como morar num hotel.

"Fiquei aborrecido. Pensei que talvez fosse morrer, mas não queria morrer numa casa que me parecia estranha. Eu queria morrer no meu lar. É, eu tinha um quarto que chamava de escritório, mas estava, na verdade, cheio de entulho e jornais. E nunca passei muito tempo ali mesmo. Então coloquei a louca idéia na cabeça de que ia sair e comprar mobília de sala, quadros e coisas de que eu realmente gostasse. Cadeiras que fossem confortáveis de fato. Sofás onde eu pudesse pôr os pés. Quadros do Velho Oeste.

"Pensei que minha mulher fosse dar um chilique com o que eu estava sugerindo, mas ela apenas engoliu em seco, olhou assustada e disse 'Tudo bem'. Contei a ela quais eram os objetos de que eu queria me desfazer e ela concordou com a maioria. Fomos a algumas lojas de móveis e ela me deixou comprar praticamente tudo o que eu queria. 'Vamos chamar nosso novo estilo de eclético pós-ataque de asma', ela disse.

"De certo modo, eu só comprei mobília nova para a sala de visitas. Mas foi fantástico o quanto me senti bem. Foi um estímulo tão grande estar na minha própria sala com a mobília que me parecia certa. De algum modo, isso alterou a equação para mim. Acho que me libertei da minha sensação de morte. A vida normal recomeçou para mim."

Esse é um belo exemplo de luxo significativo. Não tem nada a ver com gastar rios de dinheiro. Tem a ver com gastar dinheiro em algo que lhe dá mais satisfação do que tinha antes.

Por exemplo, muitas mulheres começam a se sentir deprimidas quando entram na menopausa. Isso acontece, em parte, pelos efeitos das mudanças no corpo e também porque a menopausa significa para elas medo da velhice, perda da fertilidade, perda da beleza, perda da sexualidade e outras preocupações. Uma mulher que estava sentindo-se assim permitiu-se o luxo de ter aulas de canto. Duas vezes por semana se encontrava com uma professora de canto respeitadíssima que fazia parte do corpo docente de uma universidade. Foi um tremendo luxo para ela, mas foi um evento singular na sua vida. Ao enfrentar o que alguns achariam uma grande perda, ela deu algo a si mesma para substituir o que perdera. A idéia de um futuro repleto de canto cancelou a sensação de carência dessa mulher.

Outra mulher era gerente de uma livraria havia muitos anos e estava começando a sentir-se parada. Não havia nada de errado na vida dela, mas ela achava que não tinha um grande futuro pela frente. Então, fez algo estranho que provocou um impacto maravilhoso na sua energia. Andava pensando no pai, que morrera alguns anos antes, e que estava com muita saudade dele. Era um sujeito divertido, otimista, e essa era a parte da vida que não estava acontecendo para ela: ser divertida e otimista. Então ela pegou duas fotografias que mais gostava do pai e as entregou a um pintor, para pintá-lo como nas fotografias. Seria uma tela grande, para ficar na sala.

Foi um luxo significativo. Parece que ao fazer algo grandioso para celebrar o melhor do passado ela deu a si mesma a sensação de que o futuro seria bom e que haveria grandes coisas para ela.

Esse é o resultado do luxo significativo. Já vi funcionar com inúmeras pessoas, e eu mesma fiz. Meu luxo foi uma bicicleta nova, que não é, pode acreditar, o tipo de coisa em que eu gastaria dinheiro. Eu não andava de bicicleta havia 30 anos. Mas eu queria sair mais, fazer mais exercícios, voltar a me sentir criança, ter um novo tipo de diversão. Aos 10 anos de idade, andar de bicicleta por toda a cidade de Nova York era meu passatempo predileto.

Agora estou de bicicleta nova. Ela me dá aquela sensação nova e diferente de futuro. E eu sinto um grande impulso de energia emocional.

Propulsor de energia emocional nº 18
Gaste algum dinheiro consigo mesmo de um modo que o faça feliz ou o deixe esperançoso.

Portanto, liberte-se das inibições, dos hábitos e do velho modo de pensar. Esqueça os padrões compulsivos e rotineiros de compras do passado. Permita-se o luxo de comprar algo significativo que lhe dará uma nova visão de futuro.

19

Faça menos

Propulsor de energia emocional nº 19

PENSE EM TUDO O QUE VOCÊ FEZ NA SEMANA PASSADA. *O QUE VOCÊ queria realmente fazer?*

Esta é uma via expressa para o esgotamento emocional. Seu patrão lhe pediu que fizesse serão. Um amigo lhe pediu que o ajudasse. Sua mãe precisou que você fizesse algo para ela. No sábado à noite houve uma reunião social na qual você se sentiu apreensivo demais.

E, caso após caso, você queria dizer não, mas disse sim.

Sempre que você diz sim quando quer dizer não, acaba estressado, ressentido e um pouco perdido, e tem a sensação de que está perdendo coisas de que necessita de fato.

> Diagnóstico nº 19
>
> Você faz a maioria das coisas porque alguém lhe pediu?
>
> Responder "sim" a esta pergunta significa que este segredo será um grande impulso para sua energia emocional.

Um segredinho energético cruel

Eis um segredinho energético cruel de pessoas que têm energia em abundância, que realizam coisas maravilhosas e se tentem bem vivas: quem tem energia emocional *simplesmente diz "não"*.

Dizem "não" a compromissos sociais. Às vezes dizem "não" ao chefe. "Não" a um amigo. "Não" ao pai ou à mãe. Às vezes, por mais chocante que pareça, dizem "não" a um filho.

Horrível, você pensa. Repreensível.

Mas eu digo que essas pessoas são inteligentes. Nossa energia não é inesgotável. Quando atravancamos a vida com coisas que temos de fazer, mas não queremos fazer, nós nos esgotamos. Talvez não hoje, mas amanhã haja um preço a pagar, em forma de ressentimento, cansaço, perda de interesse, depressão e perda do sentido do ego.

Você ouve as pessoas falando em simplificar a vida. Bem, se você quer realmente uma forte dose de energia, não largue o emprego, não venda a casa, não se mude para o interior para viver de aspargos e do trigo que você mesmo plantou. Em vez disso, diga "não" de vez em quando, só por dizer, só para sentir seu próprio poder. Sempre que você disser "não", verá que deu a si mesmo novas opções, e que tem uma nova idéia da sua habilidade de cuidar de si mesmo.

Por que é tão difícil dizer "não"?

Se dizer "não" é uma idéia tão boa, por que a maioria de nós não diz? Não queremos que nos achem egoístas. Receamos que também nos digam "não". Não queremos ser chamados de irresponsáveis.

Nancy, 29: "Meu pai morreu quando eu era pequena, e minha mãe teve de criar a mim e ao meu irmão mais velho sozinha. Era secretária de um escritório de advocacia e quase sempre tinha de fazer serão. Então eu era responsável pela casa e cuidava do meu irmão. A verdade é que eu era uma boba sonhadora quando criança. Eu queria brincar, me divertir, fazer bobagens. Eu não queria fazer coisas como fazer compras no mercado, preparar o jantar e vigiar meu irmão para que ele não se metesse em encrencas.

"Como você já pode imaginar, eu e minha mãe brigávamos muito. Sei que ela acha que lhe dei muito trabalho, mas eu acho que ela ganhava sempre. No final das contas, eu sempre fazia o que ela queria. E o seu *modo* de sempre ganhar era sacar a grande arma: ela me chamava de egoísta. Não, ela me *acusava* de egoísta. O *simples fato* de que eu lhe criava problemas — ao acenar com a possibilidade de querer brincar em vez de arrumar a casa — era sinal de que havia uma mancha na minha alma. Eu era uma *pessoa egoísta*. Então, é claro que eu estava condenada.

"Mesmo que eu fingisse concordar com ela, o pavor de ter aquela mancha na alma era demais. Era pior do que ser má. Havia certa irresponsabilidade em ser má. Era como querer apenas se divertir. Mas ser egoísta significava ser horripilante, lúgubre e um diabrete disfarçado. A conclusão era bem clara: se for egoísta, ninguém vai querer você. Eu não queria que ninguém me quisesse — era ao contrário, eu queria desesperadamente ser amada. Então, a certa altura, eu começava a chorar quase histericamente, implorando a minha mãe que me deixasse ajudá-la para que eu pudesse eliminar a mácula.

"Depois de adulta, já conversei com muitas mulheres sobre ser tachada de egoísta. Não posso dizer que todas foram tratadas assim, mas a maioria foi, inclusive mulheres que tinham pai e mãe, muito dinheiro e eram filhas únicas. É como se fosse uma das duas maneiras definitivas de controlar as mulheres: diga à mulher que ela é gorda ou que é egoísta, que ela sai correndo, capaz de tudo para inverter a situação.

"Isso significa que você diz muitas vezes 'sim'. Você tem um namorado e ele quer aceitar um emprego do outro lado do país. Você vai com ele? Sim! Afinal, você não é egoísta. E tem tantas coisas que ele quer que você faça para ajudar a vida e a profissão dele — como lavar as camisas dele, sei lá —, porque é demais para ele, que terá um colapso nervoso se tiver de cuidar disso. Se não fizer, você será egoísta.

"Não tem fim. Então, dizemos 'sim' para os outros. Nunca dizemos 'sim' para nós mesmas. Corremos feito loucas. Com excesso de compromissos. Ocupadas demais. Então, quando nos sentimos carentes, fazemos as pessoas pagarem um preço bastante alto, que é mais do que precisamos, mas não o suficiente daquilo que precisamos de verdade. E acabamos nos sentindo culpadas por ser egoístas mesmo.

"Acho que não vamos mudar. Sinceramente, continuo pensando que é bem fácil controlar as mulheres, chamando-as de egoístas. Mas descobri que não preciso mudar de lado para sair rastejando sob os fardos.

"*Você só precisa assumir o compromisso de dizer 'não' de vez em quando, e quando o fizer, o seu 'não' tem de ser para valer.* Uma vez por dia, uma vez por semana, talvez ao chefe, talvez a um amigo — talvez até a sua mãe, que Deus me ajude —, diga 'não' quando podia dizer 'sim'. Diga não para aliviar o fardo. E diga 'não' para dar a si mesma a sensação de liberdade oriunda de saber que você consegue dizer 'não', e que se dane se alguém não gostar.

"Fica mais fácil com o passar do tempo. O primeiro 'não' é sempre o mais difícil. Com base na minha própria experiência, depois de dizer 'não' meia dúzia de vezes quando teria dito 'sim' antes, de repente, a dificuldade vai embora."

Você já viu aquelas pobres aves que ficam cobertas de óleo quando há vazamento e elas não conseguem voar? É assim que você se sente quando não consegue dizer "não". Mas toda vez que você diz "não" a alguém é como tomar um banho para limpar o óleo. Você se sente leve e livre.

Raymond, 36: "Não vou dizer que é pecado ser ambicioso. Faça-me o favor. Este país foi construído por gente ambiciosa. A gente precisa progredir, fazer algo com a família, então trabalha duro. E daí?

"Foi esse o caminho que escolhi. Eu dizia 'sim' a tudo. Sempre que o chefe queria, eu estava à disposição. Se o time de um dos meus filhos precisava de treinador, era eu. Se minha mulher queria que eu fizesse algo para ajudar a igreja, é claro, podia me inscrever.

"Eu era o homem do 'sim'. Chegava em casa e ia direto para a cama. Se tivesse uma hora para mim mesmo no domingo de manhã cedo, já era o máximo. Mas eu acreditava que isso era ser responsável. Quando me perguntavam onde eu achava tempo para fazer tanta coisa, eu respondia que não era mais do que minha obrigação.

"Do meu estranho ponto de vista, eu estava fazendo tudo certo, mas estava me matando. Senti dores no peito e o médico disse que era o coração e que acontecia por causa do estresse. Eu precisava reduzir minhas atividades.

"Quase tive um enfarte só de pensar nisso. Sabe aquelas pessoas que guardam tudo — que morreriam se tivessem de jogar alguma coisa fora? Eu era assim com minha vida. Morreria se não fizesse alguma coisa. Mas era isso que estava me matando: tudo o que eu fazia.

"O médico definiu assim: 'Se você morrer, como vai ficar sua família?' Estava falando minha língua. Isso era tudo para mim: ser responsável. Mas eu estava fazendo tudo errado. Dar voltas empilhando comida no prato como um louco num buffet não é ser responsável. Ter medo de dizer 'não' também não é ser responsável.

"Em primeiro lugar, tenho o direito de gozar a vida. E se eu morrer e quando chegar ao céu, a primeira coisa que Deus me disser for: 'Dei a você o dom da vida, você desfrutou dela?' O que eu vou responder? 'Desculpe-me, Deus, mas eu estava ocupado demais para desfrutar do Seu precioso presente'? Não, eu tenho a responsabilidade de obter mais da minha vida do que estou obtendo.

"A outra questão é que, dizendo 'sim' a tudo e fazendo coisas demais, minha vida perde o foco. É meio grotesco. Sou ambicioso, então faço tudo, e depois desperdiço minha ambição com um monte de coisas que não acrescentam nada a nada. A quem estou ajudando?

"Então eu disse a mim mesmo: 'Basta, de agora em diante eu vou dizer *não* muitas vezes.'

"Pensei que fosse provocar uma crise enorme na família quando começasse a dizer 'não' a alguns dos pedidos que me faziam. Como, por exemplo, a alguma reunião da escola em que não fosse necessária a presença de ambos os pais. Foi meio embaraçoso, mas ninguém percebeu. O que perceberam, muitas semanas depois, foi que eu parecia muito mais feliz. Minha mulher e um dos meus filhos disseram que agora, quando estava com eles, parecia que eu queria de fato estar com eles. Acho que é isso que significa ter energia emocional na vida. Quando a gente está presente, está presente realmente.

"E o modo de conseguir isso é dizer 'não' de vez em quando."

Propulsor de energia emocional nº 19

Pare de fazer o que você não quer.

Sempre há meios de parar de fazer o que você não quer, mesmo que seja apenas reduzir um pouco o número de atividades. Não é preciso virar a vida de ponta-cabeça nem se tornar outra pessoa. Não tem nada a ver com mudar as prioridades ou o estilo de vida. Tudo isso é debilitante em si.

O que você precisa fazer é bem mais fácil. Corte só os excessos. Pare de fazer apenas *algumas* coisas que não quer fazer. Diga "não" de vez em quando. Trata-se, em parte, de simplificar e eliminar o estresse da sua vida. Mas uma parte importante é a sensação de poder conquistado que provém de saber que você consegue dizer "não".

Só quando você consegue dizer "não" é que se torna uma pessoa livre. E não há nada melhor do que a sensação de liberdade para lhe dar mais energia emocional.

20

Vá ao confessionário

Propulsor de energia emocional nº 20

AQUI ESTOU EU, UMA JUDIA, ACONSELHANDO VOCÊ A SE CONFESSAR. Que negócio é esse?

É claro que não falo apenas de se confessar a um padre. Aliás, minha função é falar a verdade sobre a energia emocional. Dizem que a confissão faz bem à alma. E também faz bem ao ego emocional. O sentimento de culpa é uma estupidez em qualquer caso, porém, mesmo que você não esteja se sentindo culpado, a confissão é um modo poderoso e simples de fornecer energia emocional a si mesmo.

Remédio forte, manipule com cuidado

Antes de prosseguir, preciso fazer uma advertência. As confissões podem ser um remédio maravilhoso, mas também são muito fortes e podem ser perigosas se usadas de maneira errada. *Você só deve se confessar a quem possa lhe oferecer compreensão e perdão. E só deve se confessar a quem não vá se magoar com a confissão.*

Digamos que você traiu seu cônjuge ou magoou seu melhor colega de trabalho. Talvez você ache que se sentirá melhor confessando sua traição a quem traiu. Mas garanto que você vai fazer a outra pessoa se sentir muito pior. O que fará para se livrar do fardo dará à outra pessoa um fardo ainda maior. Ela perderá muito mais energia emocional do que você ganhará. Haverá raiva, mágoa e distância entre vocês. Qualquer ganho temporário de energia se transformará rapidamente em perda.

Existe um modo simples de garantir que você vai confessar a coisa certa à pessoa certa. Pergunte a si mesmo: "Será que outra pessoa vai achar que está ouvindo o que não quer ouvir?" Se a sua resposta sincera for "Sim", então a confissão não deverá ser feita a essa pessoa específica. A advertência é essa. Mas se você fizer a confissão a alguém que pode lidar com ela, que quer ouvi-la, você tomará uma dose bem duradoura de energia emocional.

A virtude da confissão

Diagnóstico nº 20

Você se sente oprimido pela culpa? Acha que fez algo terrível e precisa desabafar?

Responder "sim" a qualquer destas perguntas significa que este segredo será um grande impulso para sua energia emocional.

Há 25 anos aprendi com minha amiga Jenny a importância da confissão como um meio de alguém se livrar do esgotamento emocional. Você tem de entender que eu era cega à luz dessa realidade.

Em primeiro lugar, eu nunca soube esconder nada de ninguém. Simplesmente não consigo olhar nos olhos de uma pessoa querida se não tiver contado algo que eu tenha feito e ela tenha o direito de saber. Sempre fui assim. Isso e uma vida vergonhosamente enfadonha me deram poucas oportunidades de me livrar do fardo por meio da confissão.

Em segundo lugar, como psicoterapeuta, eu ouço confissões todos os dias. E isso tornava difícil, para mim, perceber como a confissão é uma fonte especial de energia emocional. Eu não enxergava o que estava bem embaixo do meu nariz.

Foi quando Jenny me abriu os olhos. Ela era uma colega cujo passado era semelhante ao meu, e estávamos reunidas para elaborar um trabalho sobre o impacto psicológico de ser filho de sobreviventes do Holocausto. Ela era uma mulher brilhante, tagarela, alguns anos mais velha que eu. Este seria o primeiro trabalho da nossa vida.

Fiquei decepcionada por descobrir que ela tinha pouco a oferecer. Achei que ela estava escondendo o jogo, mas não conseguia entender por que faria uma coisa dessa. Agora vamos deixar Jenny contar a história conforme a escreveu, 25 anos atrás.

Jenny, 31 (na época): "Acho que o que me fez calar foi o fato de que, para mim, o Holocausto era um evento quase sagrado. Toda a minha família, com exceção dos meus pais, morreu no Holocausto. Então eu pensava que era preciso ser pura para tocar nesse assunto. Só sei que, quando comecei a fazer aquele trabalho com Mira, fiquei atordoada, como alguém que não dormia havia três dias. Eu não era eu. Era algo que eu queria muito fazer, porém não estava conseguindo.

"Ao mesmo tempo, eu estava começando a ficar preocupada com algo de que ainda me envergonho muito. Quando eu estava na faculdade, eu era o que se pode chamar de bem popular. Os rapazes contavam aos outros que se quisessem uma transa garantida era só convidar Jenny para sair. Jenny, a Garota dos Prazeres. Quase todos que saíam comigo se davam bem no primeiro encontro. Quer dizer, eu detestava isso em mim, e tentava combater o hábito. Passava alguns meses sem sair com ninguém, mas depois começava tudo de novo. Sentia-me solitária, impotente e feia. Eu me achava um zero à esquerda. Então caí numa armadilha: dormia com os rapazes para me sentir alguém. O sexo me dava poder. Mas isso acabava por me fazer sentir um zero à esquerda de novo. E a única maneira que eu conhecia de me sentir alguém era dormir com alguém. Eu me encontrava num círculo vicioso.

"Saí dessa, graças a Deus. Praticamente o primeiro rapaz que conheci na pós-graduação — tinha mudado de cidade e ainda não fizera nada para ganhar fama — gostou mesmo de mim, nos apaixonamos e ele me salvou de mim mesma, por assim dizer. Mas nunca deixei de me sentir terrível pelo que fiz. Eu me sentia uma safada — ainda me sinto, de certa maneira, mesmo que não tenha me comportado assim depois que me casei.

"Então eu estava trabalhando com Mira no que era, para mim, um tema sagrado, e carregando comigo o segredo da minha vulgaridade. Eu achava que se ela soubesse de alguma coisa, não ia querer trabalhar comigo. Ou trabalharia, mas ficaria pensando que eu sou maluca mesmo. Mas percebi que estava estragando tudo, me comportando como alguém que não tinha nenhuma contribuição a fazer. E sabia que estava oprimida pelo meu passado.

"Cheguei a pensar que não tinha mais nada a perder. Então, numa sexta-feira de manhã nos encontramos para tomar café num lugar fora de mão — era para conversar sobre o trabalho —, e eu confessei os meus pecados. Da mesma maneira como os católicos se confessam aos padres. Eu praticamente disse: 'Mira, perdoe-me porque pequei.' Contei a ela uma história atrás da outra dos caras que me usaram e de como eu deixava que me usassem. E fiquei pensando: 'Meu Deus, que tipo de criatura ela pensa que eu sou?'

"Mas o engraçado é que geralmente as pessoas não ligam para o que você fez no passado quando não tem a ver com elas! Mira sabia que eu não era má pessoa. Por que se importaria com o que fiz no passado? Na verdade, antes de sentir o meu próprio alívio, senti quanto ela estava aliviada. Ela sabia que algo devia estar me tornando estúpida, mas não imaginava o que era. Passou a saber, então, por que eu era tão reservada.

"É claro que chorei muito, embora estivéssemos em um restaurante. Mas foi um grande alívio tirar aquele peso do peito. Eu nunca tinha contado isso a ninguém. Nem contei tudo a ela. Nem o meu marido sabe nada sobre o número de rapazes com quem dormi. Não sei se ele agüentaria saber.

"Foi fantástico ver o quanto me senti melhor imediatamente. Nem me importei de ter chorado em público. Mira me aceitou completamente. E, então, foi como se aquelas coisas horríveis que fiz se tornassem bem pequenas e muito distantes, como alguma travessura que você fez na infância e que ninguém se importava mais com ela. Foi como ela me viu. A verdadeira Jenny. Nua, como eu era realmente, com todas as minhas terríveis imperfeições, e me amava mesmo assim. Foi como se eu não precisasse temer mais nada no mundo. E, de fato, no nosso trabalho juntas, daquele ponto em diante, eu me abri. Foi como ganhar permissão para estar viva."

Jenny teve uma vida feliz e produtiva, que lhe trouxe muita satisfação. Hoje, ela diz que sua confissão a mim, 25 anos atrás, foi um momento decisivo. De paralisada e perdida ela passou a ser produtiva e a ter uma direção.

É importante perceber que todos, sem exceção, carregam consigo o conhecimento culposo de atos obscuros e de pensamentos ainda mais obscuros. Todo mundo. Todos carregam uma espécie de lama invisível nos sapatos, e todos têm um temor secreto de deixar rastros dessa lama aonde vão. Uma das coisas que costumam dizer sobre si mesmos com mais freqüência do que qualquer outra coisa é: "Acho que se as pessoas me conhecessem realmente não gostariam de mim." Estão se referindo aos seus segredos carregados de culpa.

Desse modo, sentimos que não temos direito a tudo de bom que há na vida. É por isso que quando você se confessa sente uma forte injeção de energia emocional. Quando você se confessa, algo acontece ao seu segredo culposo. Parece menor do que você pensava. Menos maligno. Mais normal. Tudo parece mais assustador no escuro do que na luz. Além disso, você ganha a oportunidade de fazer alguma coisa para compensar seu erro. E a outra pessoa geralmente diz alguma palavra de consolo que o leva a se sentir perdoado.

Por isso é tão importante escolher a pessoa certa para fazer confidências. É preciso facilitar para si mesmo. Confie num amigo. Um membro do clero. Um terapeuta. Um médico. Talvez até um estranho, alguém com quem você inicia uma conversa num restaurante ou em viagem. Você vai se surpreender ao descobrir que provavelmente a confissão vai suscitar a confissão da outra pessoa. No fim, vocês se sentirão mais cheios de ânimo.

Você também pode confessar algo que lhe aconteceu. Muitos de nós envergonham-se das coisas ruins que lhes aconteceram. Quem sofreu abusos físicos ou ameaças tem um segredo culposo que precisa confessar. Não é que tenham feito algo. Mas até o que nos aconteceu nos faz sentir culpados, porque acreditamos que, se aquilo nos aconteceu, deve haver algo errado conosco.

As confissões liberam toda a energia utilizada para nos esconder e que nos faz nos sentirmos mal.

Sei que na maior parte do tempo navegamos pela vida como se esse problema não importasse. Mas isso só confirma que uma pessoa pode aprender a ajustar o peso que carrega. Os gordos podem dançar com elegância, mas isso não quer dizer que não carreguem um fardo imenso. Então, o fato de agüentar o peso é ótimo, mas não quer dizer que seu segredo culposo não seja um fardo enorme.

Posso provar a vantagem de confessar um segredo. Aconteceu uma experiência social fantástica há mais de quarenta anos. Até recentemente, a década de 1960, os homossexuais ainda mantinham oculta sua orientação sexual. Foi então que começou o movimento "saia do armário". Por volta de 1970, ele começou a se fortalecer. Entre 1980 e 1990 estava no auge. Hoje em dia, *esconder* o fato de que você é homossexual é sinal de que há algo errado com você.

E os indícios são espantosos. A sociedade transformara em segredo culposo o fato de alguém ser gay. "Confessar" esse segredo a amigos, parentes, colegas de trabalho e outras pessoas afastava a culpa, o medo, o isolamento, a sensação de que havia algo errado. Era um modo de apresentar a reivindicação do direito à vida, darse a permissão de um viver autêntico.

Praticamente sem exceção, os homossexuais masculinos e femininos relataram que depois de revelar a verdade sobre si, receberam fortes doses de energia. Disseram que não faziam idéia de quanta energia utilizavam para se manter escondidos e com medo de serem descobertos. E isso é ainda mais marcante quando percebemos que era freqüente enfrentarem hostilidade e rejeição ao revelar quem eram de fato. Mais uma vez, a "confissão" fez bem à alma.

Propulsor de energia emocional nº 20
Procure alguém para confessar seus segredos mais obscuros.

Existe alguém em sua vida que consegue agüentar a verdade sobre o que você fez ou fizeram a você, ou sobre quem você é. Trata-se de alguém que não vai se sentir ameaçado pela revelação. Você sabe quem é essa pessoa. Deve haver um monte de pessoas assim em sua vida.

Não precisa dar tanto valor a isso, se não quiser. E também não precisa ser uma confissão avassaladora, de provocar terremotos. Mas, da próxima vez que conversar com essa pessoa, livre-se do fardo. Você terá dado um grande passo rumo à condução do fator energia emocional ao centro da sua vida.

Questão especial:

Energia emocional e vida profissional

HÁ UMA CENA MEMORÁVEL EM *BRANCA DE NEVE E OS SETE ANÕES*: DE manhã cedo os anões estão de saída para trabalhar na mina. E vão cantando: "Eu vou, eu vou, trabalhar agora eu vou."

Isso é a imagem da energia emocional no trabalho. É exatamente o que nós queremos, uma situação em que vamos energizados para o trabalho e o trabalho, por sua vez, nos devolve a energia dispendida.

Infelizmente, a maioria de nós não vive num desenho animado de Walt Disney. Na verdade, para muitos de nós o trabalho é uma zona bem problemática. Na melhor das hipóteses, é enfadonho, quase sempre desestimulante e humilhante. Duas das piores coisas que podem nos acontecer, quando o assunto é energia, ocorrem na vida profissional: sentimo-nos encurralados e confusos. Não queremos estar onde estamos, mas não sabemos como sair, aonde ir e como chegar lá. E você não vai conseguir muita energia se passar trinta anos sonhando com a aposentadoria.

Como obter energia emocional no trabalho

Pelo menos você sabe que não está sozinho. Talvez não saiba é que pode fazer algumas coisas para transformar sua relação com a vida profissional. E sabe que é verdade. Sabe da existência de outras pessoas em situação semelhante que conseguiram se libertar, ou parecem extrair muito mais energia emocional da vida profissional do que você. Qual é o segredo delas?

Saiba para onde quer ir em seguida. Todos estão encurralados. Até o presidente dos Estados Unidos está preso ao emprego por quatro anos, e espera-se que opte por mais quatro. Não é essa, portanto, a diferença entre quem se energiza no trabalho e quem não se energiza. A diferença é ter uma noção do lugar para onde você quer ir em seguida.

Quem se sente preso diz: "Vou ficar aqui para sempre." Os energizados dizem: "Daqui a três anos estarei em..." Você só precisa disso. Só uma pista, um gostinho, um sopro da possibilidade de estar em outro lugar, e pelo menos a mais vaga idéia de como vai chegar lá.

Vou explicar. Você acha que tem ao menos uma pequena possibilidade de ir a algum lugar? Aonde? Mesmo que depois mude de idéia, apenas ter algo em mente já é uma carga de energia emocional.

Não importa o que seja. Arranjar um emprego melhor. Ser promovido para o cargo do chefe. Aprender uma nova profissão. Mudar-se para uma área em que vai ganhar mais ou tomar mais decisões. Sair de um ambiente competitivo demais. Abrir a própria empresa. Fazer algo mais criativo.

Você só precisa ter uma noção do que deseja fazer a seguir. Depois, fazer aquilo acontecer.

Você sabe que, no final das contas, quem nos energiza somos nós mesmos. Se toda semana você fizer alguma coisa que o deixe um passo mais próximo, você se abastecerá de esperança, porque saberá que está fazendo algo para cuidar do futuro. Imagine que o futuro é um neném. Você não deixaria o neném passar fome nem o desprezaria. Por que faria isso com seu futuro?

Dê ênfase ao que for positivo. Sempre peço aos pacientes e às pessoas que entrevisto que me falem do melhor e do pior emprego que tiveram. Como você sabe, existem empregos muito ruins mesmo. Você, por exemplo, talvez tenha tido um chefe infernal. Ou uma época em que teve de trabalhar 28 horas por dia. Ou uma época em que esteve sob uma pressão terrível para produzir e simplesmente não sabia o que estava fazendo. Ou uma época em que ganhava dolorosamente mal para trabalhar como um burro.

Se você souber que vai para algum lugar melhor e diferente no futuro, pode fazer algo agora que funcione, de fato, para obter mais energia no trabalho. E isso é dar ênfase ao positivo. Todo emprego tem aspectos positivos. Ou você está cumprindo pena de trabalhos forçados? Esse não é o melhor dos empregos, mas, pelo menos, trabalha os seus músculos e lhe dá a oportunidade de emagrecer. Pense na camaragem! Assim você vai até cantar no serviço!

Sei que você me entendeu. Quando você sabe que não está encurralado, concentrar-se nas boas coisas se torna viável e um atalho para a energia emocional. O seu chefe é péssimo? Pelo menos você está aprendendo, pouco a pouco, a lidar com chefes difíceis. Mas talvez seja um desafio para ver se você alcança um nível superior. Ou talvez lhe tenham dado a oportunidade de trabalhar mais por conta própria. Talvez esteja apenas aprendendo muito.

Então, quais são as três melhores coisas do seu emprego atual? Podem ser coisas que lhe agradam, ou coisas que você faz e fica impune, ou coisas que o ajudem a crescer, a fim de se transferir para um emprego melhor. Saber quais são as três melhores coisas facilita muito ver o emprego sob uma luz positiva.

Outra maneira de abordar isso é perguntar a si mesmo em que aspecto seu emprego atual é uma oportunidade de... o quê? Todo emprego é uma oportunidade de alguma coisa. Talvez seja apenas uma oportunidade de lembrar-se de que nunca mais fará esse tipo de trabalho. Mas qualquer que seja a oportunidade, concentrando-se nela você se sentirá mais positivo e terá mais energia emocional.

Tenha seus próprios objetivos. No fundo, acho que todos sabem que o trabalho é um local onde, em troca de pagamento, o patrão é o dono. Não é educado dar ênfase a isso e, quando há abundância de empregos, o chefe não pode demonstrar esse fato com veemência, senão perde os empregados, mas o negócio elementar é esse.

Portanto, existimos no emprego para promover os objetivos do patrão e da empresa. Ótimo. Racionalmente, a gente consegue admitir isso. Mas emocionalmente é difícil de engolir.

A solução é ter seus próprios objetivos e não deixar de promovê-los. Não é preciso ser nada grandioso. Talvez sua meta seja usar o emprego atual para enriquecer o currículo e conseguir um emprego melhor. Ou ter um salário para pagar o aluguel, até encontrar um jeito de mudar de profissão. Talvez sua meta seja aumentar a coleção de clipes. (Não que eu defenda o roubo de material de escritório!) Mas você entendeu: precisa ter algo que esteja fazendo para si mesmo e que possa indicar como promoção de seus objetivos, de seus interesses.

Isso vai além de dar ênfase ao que é positivo. Os pontos positivos do seu emprego são simplesmente as boas coisas que você está obtendo agora. Promover seus objetivos é usar o emprego a fim de obter coisas boas para si mesmo no futuro.

É preciso perguntar a si mesmo o que você quer. Talvez você só queira ter colegas simpáticos. Se esse for seu objetivo, admita, parabenize-se por tê-lo alcançado e anseie por ter mais colegas assim no futuro.

Muitas pessoas arranjam problemas porque não conseguem ser claras ou francas consigo mesmas quanto aos seus verdadeiros objetivos. Uma mulher vendia publicidade a uma estação de rádio. O que ela gostava no emprego era conversar com os radialistas, falar de música e mostrar-lhes como aprimorar os negócios por meio de anúncios publicitários. Esse era o objetivo dela: ser paga para fazer isso. Infelizmente, nos meses em que saíam publicados os números das vendas, ela não estava no topo da lista. E isso era um tremendo desestímulo. A energia dela sofria um grande golpe. Mas nada disso era necessário. Ser a melhor vendedora não era o objetivo dela. Então, por que sofrer quando não figurava como tal? *Ser bem-sucedido no trabalho não é o que você realiza para os outros, mas aquilo que o faz se sentir realizado.* Se essa mulher conseguisse ser sincera consigo mesma, perceberia que alcançava diariamente seu objetivo. A verdade é que ela não se importava se era a melhor ou não.

Seja qual for seu objetivo, é essa a parte de *você* que é, de fato, recompensada pelo trabalho que faz. Só quando você tem conhecimento do seu objetivo e o promove é que recebe essas recompensas. E é assim que você recebe cada partícula de energia emocional oriunda do trabalho.

21

Sinta-se bem de fora para dentro

Propulsor de energia emocional nº 21

EI, BONITÃO. ESTOU VENDO VOCÊ, SABIA? E VOCÊ É UM PEDAÇO DE MAU caminho. Mas posso ser franca? Não se zangue comigo, mas você poderia estar com uma aparência melhor. Você *já teve* uma aparência melhor.

E isso é surpreendentemente importante para a energia emocional.

As pessoas são bonitas porque têm energia emocional? Ou têm energia emocional porque fazem algo para se embelezar?

Quem sabe? Mas isto eu sei: quem tem energia emocional é bonito. Quem se energiza mais tem uma aparência melhor.

Da próxima vez que você estiver em uma festa, repare quem cativa seu olhar e o prende. Sim, haverá rostos bonitos que, no início, prenderão sua atenção. Mas em muitos casos sua atenção se desvia. E você descobre que é, de fato, mais atraído por alguém que não tem a beleza clássica, mas parece atraente. Qual é esse algo mais que passa por cima de lábios voluptuosos e de uma excelente estrutura óssea? É aquele radiante sabor de felicidade que acompanha a energia emocional.

Diagnóstico nº 21

Você está feliz com sua aparência? Já fez algo de importante para melhorar sua aparência?

Responder "não" a estas perguntas significa que este segredo será um grande impulso para sua energia emocional.

Comece a melhorar sua aparência imediatamente

Propulsor de energia emocional nº 21
Não importa o ponto de partida ou o que você vai fazer.
Mas faça algo que o deixe sentindo-se mais atraente.

Não é preciso esperar pela chegada da energia emocional para começar a melhorar a aparência. Você pode fazer algo para melhorar sua aparência que, assim, receberá mais energia emocional. Não é vaidade. É um investimento psicologicamente perspicaz criar um exterior que gere enegia no interior.

Isso se aplica a cada um de nós. Quer você seja um modelo fascinante ou uma mulher de meia-idade antiquada e desgastada, existe um número enorme de coisas que você pode fazer para melhorar sua aparência. E o fantástico é que cada coisa que você fizer lhe dará mais energia emocional.

O segredo é que você precisa fazer algo *além* ou algo *diferente* do que vem fazendo. Se já vai à academia todos os dias ou compra um novo par de Manolo Blahniks toda semana, então mais um dia de academia ou mais um par de sapatos não vai resolver seu problema. A questão é: basta de rotina. Suba um nível ou mude de direção.

Não sou estilista, especialista em transformação, guru de malhação ou perita da moda. Não tenho nenhuma revelação avassaladora sobre coisas que você pode fazer para ter boa aparência. E eu, certamente, não quero entrar em controvérsias — o que fazer para melhorar a aparência é algo que suscita um número incrível de opiniões. Não faça nada que não queira fazer.

Só sei que há muitos homens e mulheres que realizaram mudanças impressionantes na energia emocional, fazendo coisas para melhorar a aparência que jamais teriam pensado em fazer. E esse é o grande obstáculo. Não são as dicas embelezadoras que estão em falta; é abrir a cabeça para experimentar coisas que não nos permitiríamos nem pensar antes. Seguem algumas histórias reais. Você não precisa concordar com o que essas pessoas fizeram. O importante é fazer algo grande, novo e diferente para melhorar sua aparência.

Matt, 53: "Sempre fui rato de academia. Adoro malhar. E malho direito, também nas máquinas de aeróbica e com halteres, o pacote completo. Mas quando fiz 50 anos, deve ser herança genética, meu rosto ficou macilento, enrugado e com aspecto cansado. Eu estava grotesco. Da noite para o dia passei de alguém que parece mais jovem do que realmente é para um ser de aparência mais velha do que a minha idade.

"Fiz o que sempre faço — malhei ainda mais. Mas não adiantou, e estava me incomodando muito. A questão é que isto aconteceu ao mesmo tempo em que minha carreira no banco não estava indo bem. Talvez eu nunca tivesse a chance de chegar ao topo. Tudo isso fez com que eu me sentisse deprimido.

"Quantas vezes por dia você acha que se olha no espelho? Um dia eu contei e descobri que eu dava uma boa olhada para minha imagem no espelho pelo menos umas dez vezes. Algumas vezes, no banheiro de manhã. Toda vez que ia ao banheiro no trabalho. Nos espelhos pelos quais passava no corredor ou na sala. E, então, no banheiro de casa, à noite. Dez vezes no mínimo. E toda vez que eu olhava, via esse velho me olhando e ficava deprimido.

"Acho que é sempre um problema quando a aparência começa a deixar alguém esgotado. E isso estava acontecendo comigo. Eu estava *ali*.

"A cirurgia plástica nunca me passara pela cabeça. É, agora eu sou bancário, mas — confissões verdadeiras — quando eu estava na faculdade eu era hippie, e ainda permaneci por um tempo. Detestávamos a idéia de cirurgia plástica. Achávamos que só as piores pessoas do mundo fariam algo assim.

"Não sei quando mudei de idéia. Acho que uma noite dessas estava esperando minha mulher para sair e folheava uma das revistas dela. Havia uma matéria sobre cirurgia plástica — para mulheres, é claro. Era bem realista, e não do jeito que a gente acha que as revistas femininas são. E então eu pensei: posso fazer isso. Por que não?

"E fiz. Escolhi *face-lift*. Lipoaspiração facial. Pálpebras. Tudo a que tinha direito. Senti-me constrangido, como se fosse algo que eu não devesse fazer. Mas depois, quando o inchaço e as marcas desapareceram, eu me senti no sétimo céu. Foi um estouro. Foi como se eu tivesse uma arma secreta. E quando voltei ao trabalho, sabia que estava com uma aparência muito melhor, e todos tinham a mesma opinião. Foi como voltar ao trabalho depois de ganhar um prêmio. Agora sou um grande fã da cirurgia plástica. Se você acha que talvez seja o certo para você, informe-se e, se for mesmo o que quer, faça. É inacreditável como você vai se sentir ótimo."

Meg, 39: "Eu ia fazer 39 anos? Não sei. Mas comecei a detestar minha aparência. Cansei dela. Acho que eu me sentia entediada no geral. Era tudo muito confuso porque eu gastava muito dinheiro em roupas e, ao mesmo tempo, achava que as mulheres que viviam para as compras eram muito superficiais. Pertenço ao grupo de curadores de um museu local. Somos uma combinação esquisita de acadêmicos e administradores. Não é igual a dirigir uma galeria de arte. Gente igual a mim não devia viver em função da aparência.

"Tenho uns conjuntos e vestidos caros que detesto. É como se eu me vestisse para mostrar aos ricos que eu também estava bem de vida. Mas isso só me entediava. Sabe, às vezes você chega a um ponto que não agüenta mais. Eu me sentia muito mal comigo mesma. Isso era duro porque as mulheres sempre dizem que não têm nada para vestir. Mas resolvi que precisava de um visual totalmente novo. Decidi jogar tudo fora e recomeçar.

"Conversei com alguns consultores de imagem, até encontrar alguém que entendesse minha intenção de fazer uma mudança radical, mas também tivesse uma idéia do tipo de pessoa que eu era. E elaboramos o conceito do visual de vanguarda, jovem, do centro de Nova York, que combinava tipos divertidos de roupas de butique com peças ousadas e clássicas de lojas da moda. Era um visual superexclusivo, eu me senti uma pessoa especial.

"Mas foi uma transformação total, com jeans ou calça de veludo, em vez de saias de tweed. Toda vez que eu me olhava no espelho, sentia-me espetacular, fantástica. Meu novo visual me deu uma confiança enorme. Todas aquelas pessoas que eu temia — agora era como se eu as desafiasse a me criticar, mas elas não podiam porque eu estava com ótima aparência. Fiquei muito feliz."

Cirurgia plástica. Mudanças de estilo. Estas são apenas duas idéias para que sua aparência fique melhor do que já é. Certamente, você não precisa seguir nenhuma das duas sugestões. E também é claro que a pressão social para ter uma excelente aparência não deve governar sua vida. O melhor a fazer é aceitar-se como você é.

Mas, mesmo assim, temos de encarar os fatos. E é fato que obtemos energia emocional quando achamos que estamos com boa aparência, e ainda mais energia quando achamos que estamos com uma aparência melhor. Não se trata de como os outros nos fazem sentir, mas de como nos sentimos conosco.

Faça o que tiver sentido para você, o que lhe parecer certo. Talvez você deva se produzir com maior freqüência. Talvez você deva marcar uma noite de farra uma vez por mês em que se vista com o máximo de requinte e saia da cidade. Talvez você se envergonhe do seu sorriso. Nunca é tarde demais para clarear ou endireitar os dentes. Quanto mais energia emocional você receber, mais vai sorrir. E quanto mais sorrir, mais energia emocional vai receber. Contrate um personal trainer — os bons fazem maravilhas.

Não importa o que você vai fazer. O que importa é que você faça algo além do que vem fazendo, ou algo diferente. A questão é: dê um salto e faça algo novo para melhorar sua aparência.

22

Nunca se deixe sentir pressionado

Propulsor de energia emocional nº 22

VAMOS SUPOR QUE VOCÊ PRECISE EXPLICAR A ALGUÉM COMO FAZER algo que sabe fazer muito bem. É fácil. Agora vamos supor que você tenha de explicar essa coisa na tevê, diante de milhões de espectadores. Isto é pressão. Vamos supor que enquanto você fala alguém esteja gritando com você para se apressar, senão será cortado. Isto é pressão. Vamos supor que a vida de alguém dependa de você conseguir explicar com perfeição como se faz essa coisa. Isto é pressão.

Sentir-se pressionado é uma das principais fontes de esgotamento emocional. Pense no que acontece com as crianças que sofrem pressões excessivas dos adultos. Elas se encolhem e se voltam para dentro de si, e, por fim, desmoronam, de um modo ou de outro. Isso aconteceu, por exemplo, a muitos astros do tênis em ascensão, que sofreram pressão demais. Não se esforçavam fisicamente mais do que os outros jogadores emergentes, mas sofriam muito mais pressão emocional. E em quase todos os casos o ânimo para o jogo, a perseverança e a capacidade de jogar sofreram danos.

Diagnóstico nº 22

Você sente muita pressão na sua vida?

Responder "sim" a esta pergunta significa que este segredo será um grande impulso para sua energia emocional.

Atalho para uma vida sem pressão

É possível reduzir a pressão sob a qual você vive. "Como isso é possível?", talvez você pergunte. "É sério, as pessoas vivem me pressionando, e preciso atendê-las, não é?"

Eis o truque: sim, existe pressão em toda parte. Sim, às vezes não há nada que você possa fazer. Mas há setores da vida em que você *pode*. E toda vez que fizer algo para reduzir a pressão sobre si, receberá mais energia emocional. Assim, você conseguirá agüentar melhor as situações em que não há o que fazer.

Já sei que você consegue evitar a pressão que algumas pessoas tentam aplicar sobre você. Por exemplo, quando o operador de telemarketing telefona para convencê-lo a comprar algo, tenho certeza de que você diz não várias vezes. Muito bem, é isso mesmo. Você acaba de provar que sabe resistir à pressão. Agora só precisa aplicar sua resistência comprovada às 101 situações que aparecem na sua vida nos setores em que até agora se sentiu pressionado.

E vou ensinar a você exatamente como fazer isso. Prometo um pequeno milagre. Você conseguirá, num número surpreendente de casos, parar de sentir-se pressionado. E por causa disso, sentirá uma fantástica carga de energia.

Talvez a melhor maneira de lhe mostrar como fazer isso seja comentar e contar o que George e Liz fizeram.

George, 42: "Admito que tive um passado difícil, sem exagero. Larguei a escola e me envolvi em muitas encrencas com drogas e álcool. Eu estava numa grande sinuca, entrando pelo cano. Foi por milagre que me envolvi nesse programa para ajudar homens a dar uma guinada na vida. Temos cursos de informática, de como agir no emprego, todos os tipos de ajuda que nos permitem funcionar como pessoas normais.

"Comecei, então, no meu primeiro emprego, e de imediato senti que estava encrencado. Não estou dizendo que meu chefe fosse um sujeito ruim, mas era durão. Ele fazia uma pergunta e eu já me sentia com a faca no peito. Ou se aproximava do computador em que eu estava trabalhando, me pedia que fizesse algo e ficava de pé olhando. Era como se estivesse pressionando o cano do revólver na minha barriga. Ele dizia: 'Faça isso já' ou 'Quero a resposta agora'. E por mais inteligente que eu fosse, a pressão me emburrecia.

"Cara, eu ficava supernervoso. Ficava suando, me sentindo fraco. Aquela pressão toda! Eu simplesmente não agüentava.

"No passado eu teria me mandado. É claro que foi assim que arruinei minha vida. Mas o que mais eu ia fazer? Sabia que estava encrencado. Então fui falar com um dos conselheiros do nosso programa. Cara, ele me ajudou muito.

"Ele disse: 'Espere um pouco. Você está pondo toda a culpa no seu chefe. Ele não é o único que tem poder. É, ele é seu chefe, então faz perguntas e pede que você faça coisas. E daí? Mas é você que está transformando tudo numa grande pressão. É você que está deixando a pressão dominá-lo.'

"Então ele me disse o que fazer. Disse: 'Olhe, não é porque ele fez uma pergunta que você tem de apresentar a resposta imediatamente. E não quer dizer que sua resposta tem de ser prefeita. Tire a pressão de cima de você. Ganhe tempo. Diga que vai responder até o fim do dia, ou até o fim da semana, ou até segunda-feira, sei lá. Esteja à vontade para dizer que não sabe, que precisa pesquisar. Você pode dizer que tem um palpite, mas que precisa pensar mais no assunto. A questão é que você não pensa na pressão se não houver nenhuma.

"'Mas tem outra coisa. Vamos supor que ele *esteja* fazendo pressão, queira que você responda imediatamente ou entregue algo perfeito. Ele manda em você, mas não manda no universo. Você pode dizer que não sabe responder naquela hora, que sabe que ele espera uma resposta imediata, mas existe algum motivo para não poder esperar um pouco mais? Ou dizer que sabe que ele precisa do serviço perfeito, por isso você precisa de um tempo, que você só pode dar o melhor de si neste momento.

"'Preste atenção. Ele aplica pressão em você. Tudo bem. Mas, educadamente, afaste a pressão. A questão é que você não precisa engolir isso. Não precisa ser pisoteado. Você é uma pessoa de valor e tem o direito de definir com que velocidade fará o serviço e que qualidade precisa ter.'"

Este conselho salvou a vida de George. Ele sempre teve dificuldade para lidar com pressão, mas quase a maioria de nós também. E isso é arrasador para nossa energia emocional. O medo e o sofrimento na vida se tornam imensos. Mas, como George demonstrou, você pode fazer duas coisas simples para transformar a situação de pressão numa situação que lhe dê energia emocional.

Em primeiro lugar, não presuma que alguém vai pressioná-lo. Talvez alguém lhe peça que faça algo, mas quem disse que está pedindo que faça imediatamente? Quem disse que você tem de fazer com perfeição? Talvez não. Dá para conferir. Ou fazer no seu ritmo e à sua maneira e ver se dá certo.

Em segundo lugar, mesmo que esteja sob pressão, quem disse que você precisa concordar? Talvez digam que você tem de fazer o serviço naquele momento. Por que você não pode dizer "Vou tratar disso depois"? Talvez digam que você tem de fazer um serviço maravilhoso. Por que você não pode dizer "Farei o melhor possível"?

Mas, e se houver *mesmo* pressão? E se houver mesmo a exigência de que você trabalhe depressa e faça um serviço perfeito? Está ferrado? Está condenado ao esgotamento emocional? Não. Você ainda tem algum poder. Nem sempre você precisa sucumbir à pressão. Liz ilustra isso.

Liz, 28: "Agora mesmo sou a maior vendedora da maior rádio de rock'n'roll de uma cidade grande. Nada mau para alguém da minha idade. Sinceramente, levo jeito para vendas. O meu tipo dá certo nesse ramo. Mas tenho um lado que quase me matou. Quando eu estava começando, deixava a pressão me derrubar. Forçava a barra, entrava em pânico se achasse que ia perder uma venda. Eu me tornava insistente e arrogante. E depois eu ficava desanimada. Quando estava sob pressão, eu mordia a isca e fazia mais pressão sobre mim mesma.

"O que me salvou foi jogar tênis. Eu adorava jogar tênis, mas estava longe de ser a melhor jogadora do mundo. Corria feito louca pela quadra, perdia o controle. Rebatia com violência, exagerava. Cometia muitos erros.

"Jogo sempre com um cara mais velho. Sou mais jovem e mais veloz do que ele. Talvez eu tenha mais habilidades atléticas elementares. Mas ele me derrotava sempre. E isso me aborrecia demais. Eu devia jogar melhor, mas corria feito louca e ele ganhava.

"A certa altura, perguntei a ele qual era o segredo, pois eu estava com inveja. Ele me perguntou se eu permitiria que ele me criticasse um pouco. Eu disse que sim. E ele disse que tinha reparado que se fizesse um pouco de pressão sobre mim eu explodia e ficava furiosa. Contou que também era assim, mas que aprendera algo muito melhor. Aprendeu que há uma grande diferença entre sentir a pressão e perder o controle.

"'Muito bem, então eu mando a bola para você num ritmo muito bom', ele disse. 'Você sente a pressão. Precisa se esforçar muito para rebater. Mas quem disse que precisa ficar furiosa? Quem disse que você não pode decidir-se por jogar um jogo controlado e jogar concentrada em si mesma? É, você joga a bola, mas não precisa enlouquecer. Você suinga a bola, mas um suingue controlado. Talvez você perca o ponto, mas veja só: quando eu ganho, aborreço você. Era eu fazendo isso. Minha jogada foi muito boa. Isso acontece. Mas você jamais se esquenta, está no controle de si mesma. Faz um jogo suave, seguro, inteligente.'

"Foi isso que virou o jogo para mim. Foi a idéia de que, mesmo quando a gente está sob pressão, não deve jamais se irritar. Se numa ligação de vendas o cliente lhe dá uma canseira, tudo bem, talvez você perca dessa vez. Mas vai conversar com o cara educadamente. Não vai deixar que a pressão a derrote. Mesmo que tenha de reagir rapidamente, mesmo que tenha de dar uma resposta brilhante, você vai continuar segura de si e relaxar, e saber que está dando o melhor de si.

"Vamos supor que alguém lhe encoste uma arma na cabeça e diga que vai explodir seus miolos se você não lhe disser qual é a capital do estado de Montana, nos Estados Unidos. Claro, é natural entrar em pânico. Mas se quiser salvar a vida, tem de relaxar e não se sentir pressionado. Caso contrário, como é que vai se lembrar da capital de Montana?

"Quando você está sob pressão, só pode fazer o possível. Se o melhor que tem a oferecer não bastar, o que você poderá fazer? Mas por que deixar a sensação de pressão impedir que você dê o melhor de si? Isso significa que você é sempre perspicaz. O que descobri é que quando você se concentra em dar o melhor de si — mesmo que receie não ser o suficiente —, em vez de concentrar-se em quanta pressão recebe, você faz realmente o melhor possível."

Propulsor de energia emocional nº 22
Às vezes você está mesmo sob pressão.
Mas se você se concentrar em si mesmo e tentar fazer
o melhor possível de maneira inabalável,
imperturbável, tudo dará certo.

A prática leva à perfeição

Você está no supermercado com sua filha. Ela está choramingando e fazendo estardalhaço para que você compre determinada marca de cereal matinal. Tudo bem, mas não é porque ela está *fazendo* pressão que você tem de reagir *sentindo-se* pressionado. E o que você pode fazer com sua filha, pode fazer com o chefe, a mulher, os pais, os amigos e todos que tentarem pressioná-lo.

Pratique isso sempre que puder no dia-a-dia. Toda vez que se sentir pressionado, *recuse-se a participar*. Este é o principal segredo da eliminação da pressão. Talvez você descubra que não há pressão verdadeira. Talvez você não tenha de lidar com a pressão. Mas, mesmo que a pressão exista e você tenha de lidar com ela, pode se recusar a participar e sentir-se pressionado. Recuse-se a aceitar a pressão temporal, e quanto à pressão para ser perfeito, concentre-se em dar o melhor de si. Assim você fará o melhor que pode fazer.

23

A confiança é uma opção

Propulsor de energia emocional nº 23

NA JORNADA DA VIDA PARA O APERFEIÇOAMENTO, A CONFIANÇA É O Santo Graal. Com ela é possível caminhar sobre a água. Sem ela, você afunda. É por isso que nós, sem exceção, a queremos. O que lhe dá mais energia emocional do que saber que pode enfrentar um desafio e vencer?

Digamos que você esteja participando de uma maratona. Está perto do fim, você está exausto, porém não mais que todos os outros concorrentes. E sua liderança é frágil. De repente, alguém começa a ultrapassá-lo. Você vem lutando para manter a posição, mas ele tem um surto repentino de energia.

É num momento como esse que a confiança — ser capaz de dizer "Posso vencer" — lhe dá energia emocional para se esforçar um pouco mais. Caso contrário, o surto do outro atleta é como uma faca no seu peito, e você sucumbe. E não precisamos nos concentrar apenas em maratonas de corrida. A maior parte do que fazemos é uma maratona de algum outro tipo — tentar conseguir promoção no trabalho, criar os filhos, juntar dinheiro para dar entrada numa casa.

Sabemos que a confiança é a diferença entre obter e não obter o que queremos. Conheci uma jovem — atraente, mas não estonteante — que ia a boates nos fins de semana, confiante de que faria qualquer rapaz convidá-la para sair. As amigas, profundamente impressionadas, me contaram como a confiança lhe dava uma presença magnética que fazia os homens a desejarem.

E o que dizer de cada um de nós. A bola já esteve diversas vezes no nosso pé, mas, infelizmente, chutamos muito na trave. Podemos nos lembrar dos nossos erros, falhas, desastres. Em muitos aspectos, nossa confiança nos salvou.

Diagnóstico nº 23

Você acha que realizaria mais ou seria mais importante se tivesse mais confiança?

Responder "sim" a esta pergunta significa que este segredo será um grande impulso para sua energia emocional.

A falta de confiança é arrasadora para a energia emocional. Sem confiança, as três palavras mais terríveis do mundo tomam posse de nós: "Por que tentar?" Estas palavras são horríveis porque são o começo do fim de qualquer empreendimento, inclusive do amor.

Isso nos leva diretamente à armadilha em que caímos quando perdemos a confiança. É importante entender essa armadilha porque só quando você a entende, vê a saída. A boa notícia é que é muito fácil sair dela quando você sabe como. O triste é que um grande número de pessoas não sabe como sair.

Como libertar-se da armadilha da falta de confiança

Plantamos nossa sensação de confiança na capacidade de vencer. Mas é difícil vencer, e sofremos muitas perdas. Assim, perdemos a confiança. Paramos de tentar, ou tentamos vencer um jogo mais fácil. A maioria das pessoas descobre o próprio nível e fica satisfeita. Mas, no instante em que elas pensam em jogar um jogo mais difícil, têm de enfrentar a confiança abalada.

Parece uma armadilha inescapável. Não se pode vencer sem confiança. Não se tem confiança sem vencer. Tchauzinho, energia.

Mas isso é uma ilusão.

A verdade é que esse é o segredo da confiança que os energizados conhecem. Se você abrir o corpo e a alma a esse segredo, deixá-lo entrar e agir, terá toda a confiança de que precisa. É isso que as pessoas confiantes fazem e qualquer um pode fazer.

Propulsor de energia emocional nº 23
O segredo da confiança é se concentrar naquilo que você pode controlar, não no que não pode.

Pense em algo na sua vida em que não se sente muito confiante. Inquieto. Com as pernas bambas. Fraco, em razão da falta de energia emocional. Pergunte a si mesmo o que o faz perder a confiança. É quase certo que esteja pensando em um resultado sobre o qual não tem controle nenhum. O chefe não vai gostar da sua demonstração, você acha. A pessoa que quer convidar para sair não vai querer sair com você. Você não vai alcançar sua quota de vendas. Terá fraco desempenho durante o torneio beneficente de golfe.

O que os inseguros não entendem é que ninguém no mundo poderia sentir-se confiante nas situações cujo resultado é incerto, se só se concentrar no resultado. É uma lei pétrea na vida. Ou o resultado é improvável — ganhar o torneio de golfe, por exemplo —, e é loucura sentir-se confiante de que vai vencer; ou o resultado é provável — fazer um bolo razoável com uma mistura pronta, por exemplo —, e você não realizou nada de valor por sentir-se confiante. Portanto, *não* faz sentido concentrar-se no resultado, quando se trata de confiança.

O segredo das pessoas confiantes é que elas se concentram no que *sabem* ser capazes de fazer e então fazem da melhor maneira possível. E não se preocupam com o resultado. O goleiro se posiciona. O melhor que pode fazer é ficar de olho na bola e dar o melhor de si. É isso que todos os bons goleiros fazem.

Você precisa fazer uma demonstração para o chefe? Não se preocupe em saber se ele vai acabar aprovando seu plano. Se ele está de mau humor ou se mandaram que ele faça cortes, o resultado não está nas suas mãos. Você só pode fazer o que *sabe* ser capaz de fazer e, então, fazer da melhor maneira possível. Por exemplo, entrar na reunião seguro dos fatos. Apresentar uma boa argumentação. Pesquisar a concorrência. Fazer idéia de quais são as convicções e os entusiasmos dele e estar preparado para lidar com isso. Se estiver preparado assim, não vai precisar se preocupar com mais nada.

Talvez você receie algum tremor na voz ao fazer a demonstração. Isso acontece com algumas pessoas. Mas se não consegue controlar isso, gere confiança concentrando-se no que pode controlar, como ter um plano para como lidar com isso, tal como desculpar-se antecipadamente por estar nervoso. Assim você conquista solidariedade por ser tão franco: foi confiante o bastante para revelar uma imperfeição.

Permaneça no momento

Nos últimos minutos motivadores antes de um grande jogo, o treinador de futebol americano profissional integrante do Hall da Fama, Marv Levy, costumava fazer uma pergunta: "Onde vocês querem estar?" E os jogadores gritavam a resposta exigida: "Aqui! Agora!" Não havia nada de "Vamos ganhar". Tratava-se apenas de estar no momento, pois é nele que podemos nos concentrar e é ele que podemos controlar. Se você estiver no momento, conseguirá controlá-lo. Se conseguir controlar o momento, sempre terá confiança.

Eis duas pessoas que receberam uma forte dose de energia deixando de pensar nos resultados que destruíram sua confiança e pensando nos processos que podiam controlar e que geravam confiança.

A primeira é um autor de best-sellers e, como sempre, troquei o nome dele. Mas é importante ver como pessoas que imaginávamos muito confiantes lutaram com os mesmos demônios com que nós lutamos. É um demônio que você pode combater e derrotar se souber como.

Brian, 48: "Vou contar uma história a meu respeito que nunca contei a ninguém. É sobre como a falta de confiança quase destruiu minha energia emocional que, por sua vez, quase destruiu a minha capacidade de escrever. Escrevo histórias de suspense. Em geral, há algum tema militar. Poxa, levo muito tempo escrevendo.

"Meus três primeiros livros foram best-sellers. Você não sabe como isso acontece, mas é infinitamente grato quando acontece. Só que após três best-sellers você pensa que têm pessoas que vão comprar seus livros. Começa a contar com isso. Então, esperava-se que o meu quarto livro fosse vender muito bem, mas aconteceu o contrário. Os críticos gostaram, o que devia ter servido de aviso. Mas não podiam revelar o final da história. Era uma bomba. Nada. Dava para ouvir o canto dos grilos.

"Isso me abalou, fiquei assustado. Talvez fosse o fim. Escrevi o livro seguinte com uma sensação terrível de medo. Foi doloroso. Pela primeira vez na vida precisei me esforçar para trabalhar, como alguém que tenta sair da cama após poucas horas de sono. Eu me comportava como operário — 9 horas da manhã, bater o cartão, começar a escrever. Mas comecei a achar que não tinha mais talento. Fiquei muito confuso. Queria me renovar, mas ficava com medo de me afastar ainda mais do que fazia com que as pessoas gostassem dos meus livros, aí me lembrava de que elas não gostavam mais do que eu escrevia. Mais ou menos isso. Perdi a confiança.

"Havia um bandido no romance que eu estava escrevendo. Certa noite, acordei às 3 horas da manhã, liguei o computador e botei um tapa-olho no cara, igual ao dos piratas. Percorri todo o texto e, sempre que o bandido aparecia, eu dizia algo sobre o tapa-olho. Depois fiquei ali, olhando para a tela. Era como se eu tivesse me permitido ser completamente humilhado, porque estava com medo. Estava reduzido a pôr um tapa-olho ridículo nos meus vilões. E depois? Por que não o fazia torcer o bigode? Talvez ele devesse amarrar a mocinha nos trilhos do trem. Eu estava enlouquecendo.

"Não podia continuar assim. Não era possível escrever sem confiança. Não dava. E tinha esse público volúvel que eu não entendia. Como reconstruir minha confiança tentando agradar aos leitores quando eu não sabia por que gostavam do que gostavam? Não tinha controle sobre isso. E o que eu vi foi que jamais teria controle algum sobre isso.

"Foi então que percebi. O que a maioria de nós, escritores, faz é escrever o livro que quer ler. Nós escrevemos para nos dar prazer. E sou apenas um sujeito comum, então, se eu gosto, imagino que outras pessoas também vão gostar.

"Era esse o segredo. Eu tinha de voltar a escrever o livro que um sujeito ia querer ler — eu. Isso eu sabia que conseguiria.

"Recomecei. Joguei o livro que estava escrevendo fora. De repente o mundo se tornara simples. Havia um leitor no mundo, eu, e eu sabia muito bem como satisfazê-lo. O que dizer? Oito meses depois eu tinha um livro de que gostava. Minha editora gostou. E o livro vendeu. Graças a Deus."

Todos os escritores enfrentam o problema da confiança. Por exemplo, Hemingway. Como ele gerava confiança quando estava no auge? Ele também tinha de se concentrar em algo que pudesse controlar. No caso dele, a cada frase ele se obrigava a pensar no que chamava de "a próxima verdade". Isso o ajudava a permanecer no momento, o que lhe dava confiança e energia para prosseguir.

Não importa quem você é nem o que está fazendo, ou o motivo de não se sentir confiante, há algo que você pode controlar, em que pode se concentrar e, então, vai sentir-se mais confiante.

Martin, 37: "Toda vez que ouço alguma mulher dizer na televisão que não existe homem bom por aí, me dá vontade de gritar: '*Sou* um homem bom! *Estou* por aí!' E há um monte de caras como eu por aí. Mas somos subestimados porque somos apenas homens bons, coerentes, simpáticos e nada mais.

"Divorciei-me aos 29 anos de idade. Acho que minha mulher se casou cedo demais, antes de saber o que queria. Dizia que eu era um cara muito legal, mas não a fazia feliz. Ela estava emocionalmente indisponível. Quando eu me aborrecia, ela dizia que eu não sabia controlar minha raiva. Então foi embora.

"Isso destruiu minha confiança, porque tínhamos tudo o que era necessário para um relacionamento dar certo. Pelo menos eu pensava que tínhamos. Mas catei os cacos e tentei recomeçar. É muito mais difícil conhecer mulheres quando já passamos dos 30 e não estamos interessados em freqüentar boates. Tentei, mas nenhuma mulher se interessava por mim ou nós começávamos a namorar e, sei lá por quê, não dava certo.

"Acho que muita gente cai nessa situação emocional. Em qualquer evento, eu via uma mulher e o meu primeiro pensamento era que não daria certo. Eu não tinha confiança em mim, nem no processo, nem nas mulheres, em nada. Cheguei a um ponto em que tinha tão pouca energia emocional para namorar que passei um ano e meio sem namorar ninguém.

"Tenho vergonha de contar o que me fez pegar no tranco, por assim dizer. Num sábado à noite fui a uma das locadoras do bairro e me desviei para a seção pornô. Fiquei surpreso porque estava lotada. Solitários trintões, quarentões, cinqüentões e mais velhos. Olhei para eles e pensei: 'Este é o meu futuro, se eu desistir agora.'

"Eu não sabia onde encontrar uma mulher maravilhosa que se apaixonasse por mim, se casasse comigo e ficasse comigo para sempre. Era um prêmio enorme. Mas tinha certeza absoluta de uma coisa: eu nunca, jamais, encontraria essa mulher no setor pornográfico da locadora do bairro.

"Eu era um solitário que tinha potencial para ser um bom marido para alguém. Podia passar a vida solitário, alugando filmes pornográficos ou passar a vida tentando conhecer mulheres de verdade. Se eu tentasse, teria, pelo menos, uma chance. Quem sabe o que aconteceria? Mas existem coisas que você pode fazer para conhecer mulheres. Ir a bailes. Pode freqüentar as noites para solteiros do museu. Publicar anúncios. Ingressar numa instituição que tenha valor para você, onde também pode conhecer mulheres. Fazer cursos. Emagrecer um pouco e vestir-se um pouco melhor.

"Tudo isso são coisas sobre as quais tenho controle. São coisas que sei fazer *muitíssimo* bem. Sinto-me confiante no tocante à redação de um excelente anúncio. Sinto-me confiante porque estou aprendendo a dançar.

"Prometi a mim mesmo que continuaria tentando, até ficar velho demais para tentar. Nunca mais iria me preocupar se acabaria encontrando alguém ou não. Por que eu devia me tornar infeliz pensando num êxito que não podia controlar, quando podia ser feliz fazendo o que posso controlar?"

Pensei muito em contar o que aconteceu porque tudo se resume na possibilidade de ser confiante quando você se concentra nos processos que pode controlar. Não convém você achar que se trata de uma maracutaia para ser bem-sucedido, porque seria voltar a pensar nos resultados, cair de novo na armadilha.

Por outro lado, é fato que a confiança lhe oferece *a única possibilidade* de êxito. Será que Martin encontrou alguém para amar que retribuísse seu amor? Sim, encontrou. Na Igreja. Ele ingressou num grupo que trabalhava com pessoas de outras Igrejas em instituições de reabilitação de pessoas carentes. Numa tarde de sábado, ele estava com um martelo na mão, trabalhando ao lado de uma morena tímida. Começaram a conversar, descobriram que tinham muitos pontos em comum, começaram a namorar. Casaram-se e agora eles têm três filhos.

No quarto encontro, Martin descobriu que alguns anos antes aquela mulher também resolvera deixar de lado a preocupação de encontrar ou não o homem certo. A confiança que atraiu Martin para ela provinha de sentir-se bem com a vida que ela estava levando. Eram, de fato, almas gêmeas.

Confiança com que você pode contar

O modo de aplicar-se uma injeção de energia emocional, neste caso, é concentrar-se numa área que sua confiança está abalada. Depois, perguntar-se qual é a pequena coisa que pode fazer e sobre a qual tem controle absoluto. Talvez você esteja enfrentando uma concorrência acirrada no trabalho, e talvez se sinta muito longe do topo. Mas o que você pode *fazer*? Chegar uma hora mais cedo de hoje em diante? Um curso para atualizar seus conhecimentos? Existe alguém a quem possa pedir conselhos ou orientação? Pode, ao menos, tentar trabalhar melhor?

Sempre tem algo que você pode fazer e que é pequeno o bastante para que você sinta confiança em sua capacidade de agir. Não importa o que seja. A última coisa em que você precisa pensar é dar o passo perfeito para reconstruir sua confiança. O mais importante é fazer algo sobre o que tem controle. Assim sua confiança voltará sozinha. E você jamais voltará a perder energia emocional.

24

As preocupações são as migalhas de biscoito na cama da vida

Propulsor de energia emocional nº 24

PREOCUPAR-SE É DOLOROSO, MAS ESSE É O MENOR DOS MALES DA PREOCUPAÇÃO. Muito pior é o modo como ela devora o coração, a alma e a energia. As preocupações são cupins psicológicos. É claro que quando você se preocupa pensa que está *lidando* com coisas concretas, mas não está. É só sofrimento.

Então está na hora de pôr fim às preocupações, não está? Ótimo, porque eu tenho um plano que funciona. Para ajudá-lo a entender, vou lhe mostrar uma coisa.

Se a preocupação é um mar de tormentas, de que é feito o colchão?

São 15 para meia-noite. Dos 6 bilhões de habitantes deste planeta, vamos nos concentrar em três bem distintos, em lugares bem diferentes. Cada um deles está sozinho na cama, olhando para a escuridão. Os dois primeiros estão em paz. O último está se torturando com preocupações.

O primeiro é um sujeito comum que trabalha num escritório. Acaba de ir para a cama e está prestes a cair num longo e relaxante sono. Pensando no dia que passou e no que virá, não está preocupado. Há problemas para resolver, mas mesmo que as soluções não sejam as que ele gostaria de encontrar no trabalho ou em casa, ainda assim, ele sabe que tudo estará bem.

O segundo homem é um condenado à morte e sua execução será na manhã seguinte. Está deitado com os olhos bem abertos. Mas — e isso pode surpreender — ele também se sente extraordinariamente calmo. A morte é certa, ele sabe que será indolor. Acredita que fez as pazes com Deus. É estranho, mas é verdade: ele sabe que tudo vai dar certo, e isso é um consolo.

Mas o terceiro homem está atormentado. A execução dele também está marcada para amanhã, mas a situação dele é diferente. Está em uma prisão estrangeira, condenado à morte por um crime que não cometeu, embora não possa provar. Sabe que os advogados e os Estados Unidos estão trabalhando para tentar obter uma anistia do chefe do governo. Ele sabe que eles podem conseguir ou não.

Se morrer, estará na mesma situação que o segundo homem. A morte será rápida. Então, de certa forma, tudo dará certo. Se for libertado, voltará a viver uma vida igual à do primeiro homem e tudo estará bem. Seja como for, ele poderia estar em paz. Pessoas nessas duas situações encontram paz. Mas ele não sabe qual será seu destino, então está encurralado no beco das preocupações e do tormento.

Você e sua preocupação

A maioria de nós passa pela vida sobrecarregado como o terceiro homem. Sabemos que estamos, por assim dizer, numa bifurcação da estrada. Ou conseguiremos aquele excelente emprego ou não. Ou o casamento vai dar certo ou não. Ou o mercado de ações vai subir este ano ou não. Muitos de nós acham que a vida está repleta de incertezas em diversos aspectos ao mesmo tempo. E, assim, nós carregamos um fardo horrível de preocupações.

Você já se perguntou para onde foi sua energia emocional? Confira o quanto você se preocupa. Você pode ter toda a energia física do mundo, mas ainda assim a preocupação o deixará exausto.

Diagnóstico nº 24

Você diria "Eu me preocupo muito"?

Responder "sim" a esta pergunta significa que este segredo será um grande impulso para sua energia emocional.

Se você quiser acabar com as preocupações, precisa entender o que elas são realmente. Muitos de nós cometem um erro: acham que a preocupação é apenas medo de que algo ruim aconteça. Mas não é verdade. Lembra-se do segundo homem, o que sabia o que ia acontecer no dia seguinte? Ele não estava preocupado. Era certo que aconteceria algo ruim, mas a questão é: ele sabia o que ia acontecer. E a capacidade miraculosa que os seres humanos têm de resistir tornou possível que ele enfrentasse o destino inevitável e entendesse que tudo, de fato, daria certo.

Portanto, a preocupação não tem a ver com a possibilidade de algo ruim acontecer.

Tem a ver com *não saber* o que vai acontecer.

É assim que nos exaurimos. A preocupação não é o medo. A preocupação é uma correria às cegas. Não é pensar, mas andar em círculos sobre as mesmas possibilidades, imaginando compulsivamente todas as alternativas.

Para aumentar a energia emocional, você tem de abrir mão da preocupação. Mas, como você sabe muito bem, não é possível simplesmente dar uma ordem a si mesmo para acabar com as preocupações. Você já sabe o que acontece quando uma amiga o manda parar de preocupar-se. Você diz que ela simplesmente não entende tudo o que você precisa resolver.

Como sair da armadilha das preocupações

Quando você se preocupa, está dizendo: "Não sei como tudo vai terminar, mas estou com medo de que termine mal." Pense no que, de fato, você está fazendo: concentrando-se nos possíveis resultados ruins. Se estiver a caminho do aeroporto para pegar um avião e ficar preso num congestionamento, vai se concentrar no possível resultado ruim de perder o avião. Se estiver para perder o avião, vai concentrar-se no possível resultado ruim de as pessoas ficarem aborrecidas porque você perdeu a reunião.

É como se as preocupações fossem uma sonda constantemente à procura de possíveis resultados ruins na sua vida. Mas sempre há possíveis resultados ruins para tudo. Talvez não sejam prováveis, mas são possíveis. Não é de admirar que a preocupação se alimente de si mesma.

Você não pode acabar com as preocupações matando uma de cada vez. Na verdade, em razão do brilhantismo das preocupações de imaginar possíveis resultados ruins, suas preocupações vão levá-lo a pensar que elas são mais inteligentes do que você. É assim que muitos de nós passam pela vida. "Naturalmente, sou um tremendo idiota, mas minha preocupação é um gênio. Está sempre me mostrando problemas que eu jamais teria imaginado."

Porque o convenceu de que é mais inteligente, você deixa a preocupação assumir o controle. E a preocupação de muitas das pessoas que o amaram, como seus pais, era um meio de demonstrar amor. Então, você deixa a preocupação tomar posse como forma de demonstrar seu amor por si mesmo. No trabalho, muitos de nós são recompensados por ser um preocupado profissional. Então deixamos a preocupação assumir o controle, na esperança de que será um talismã para o sucesso.

No entanto, temos certeza de que a preocupação nos atormenta, nos esgota e não nos dá nada de bom. A preocupação nunca apresenta boas idéias. Jamais nos consola. Nunca leva a nossa nau a um porto seguro.

Se a preocupação é um modo de pensar constantemente em resultados ruins, *o único modo de substituí-la é, pensar que no fim, de um jeito ou de outro, tudo vai dar certo.* Talvez nem tudo seja perfeito. Talvez o resultado não seja aquele desejado. Mas se você examinar profundamente as opções de que dispõe, verá que você estará bem, sua vida estará bem e que talvez tudo corra da melhor maneira possível.

Vou esclarecer melhor o que digo. A preocupação não é algo que acontece a você. É algo que você faz. Preocupação é pensar em resultados ruins. Mas, por ser algo que você faz, você pode fazer algo diferente. Se você pode pensar num javali, também pode pensar em cachorrinhos. Se você pode pensar em coisas ruins acontecendo, pode pensar também em coisas boas acontecendo, ou que os acontecimentos virão para o bem. O próprio fato de ter a capacidade de preocupar-se significa que você tem a capacidade de pensar no futuro, e isso quer dizer que você tem a capacidade de procurar coisas boas no futuro, não as ruins.

Ninguém *nunca* olhou para o passado e se lamentou de não ter passado mais tempo se preocupando. Quase todos lamentam o tempo que desperdiçaram com preocupações. O que as pessoas vivem se lamentando é de não ter passado mais tempo pensando que tudo daria certo e fazendo algo para que isso acontecesse.

Até os preocupados crônicos descobrem que são capazes de virar o interruptor para tentar pensar que tudo dará certo. Não é nada mais que um novo hábito mental. Preocupação é só isso: um mau hábito mental.

Vejamos a maneira mais simples de fazer isso. Lembre-se de uma situação com que está preocupado. Pode ser qualquer coisa. Agora pergunte a si mesmo: "Como poderei encarar isso *de maneira mais positiva*?" Sempre há um ângulo ou uma perspectiva de onde você pode dizer, de maneira realista, que tudo dará certo.

Cético? Noventa por cento das pessoas que sofrem de esgotamento emocional provocado pelas preocupações nunca, ao menos, *tentaram* pensar que tudo dará certo. Desafio-o a experimentar por uma semana. Passe uma semana vivendo um dia de cada vez. E em cada um desses dias, sempre que começar a se preocupar, *obrigue-se* a se concentrar em como tudo vai dar certo, haja o que houver. Isso significa enumerar todas as possibilidades de tudo dar certo. Pelo menos pense que as coisas não serão tão ruins, que talvez sejam melhores do que você pensa.

Digamos que você esteja preocupado com seu relacionamento amoroso. Se estiver mesmo ruim, você ficará muito mais feliz sozinho. Assim, dessa maneira tudo estará bem. Ou vai melhorar, e você vai levar a relação adiante. Não é porque você está em pânico sobre o desfecho da situação que vai se sentir seguro quando examinar de verdade as alternativas que tem pela frente.

Talvez o que você ache ruim acabe sendo bom. Está preocupado, achando que será demitido. Bem, talvez você não precise temer sua demissão, pois pode ser uma oportunidade de mudar de profissão ou de residência, algo que vai guiá-lo para uma direção melhor.

Talvez você possa acertar tudo e obter um resultado melhor. Vamos supor que você esteja preocupado com uma crise na economia e com as conseqüências que isso terá sobre sua pequena empresa. Mas talvez tudo termine bem se você conseguir cortar despesas, fizer um marketing mais agressivo e se concentrar numa linha de produtos mais lucrativos.

Talvez seja possível recuar, olhar o panorama geral, ampliar o horizonte temporal e abrir mão do futuro minúsculo, estreito, específico, em que você alfinetou suas esperanças. De uma perspectiva mais ampla, tudo dará certo verdadeiramente. Em vez de gastar energia com preocupações, use-a na procura de uma perspectiva. Qualquer um pode fazer isso.

Mark, 32: "Vou contar como eu me sentia. Era como estar no fundo de um poço escuro. Cheguei a esse ponto com minhas preocupações. E não era possível conversar sobre descobrir uma saída porque, quando você está no fundo do poço, olha para cima e não vê nada que possa usar para ajudá-lo a calcular um jeito de sair. Olha e não vê nada.

"Eu estava trabalhando numa grande empresa de tecnologia quando a fabricação de aparelhos hight-tech sofreu um colapso. Logo após, a coqueluche da Internet também acabou. Houve demissões a torto e a direito. Então, fiquei pensando que seria demitido também e... estava frito. E dizia: 'Ai, meu Deus, não vou ter mais receita, não terei emprego. Não vou conseguir arranjar outro emprego.'

"Tive uma briga ridícula com minha namorada, mas isso me salvou. Eu estava contando a ela que estava preocupado e ela disse, como todos dizem: 'Tudo vai terminar bem.' E eu disse: 'Não me venha com essa cretinice.' Começamos a trocar desaforos como crianças. Tudo vai dar certo. *Nada* vai dar certo. Estávamos gritando mesmo. Por fim, eu disse: 'Como é que vai dar certo?'

"Ela me surpreendeu com tanta sensatez. Ela disse: 'Olha, você vai acabar arranjando um novo emprego. Pode demorar um pouco mais ou acontecer mais depressa do que pensa. E quem saberia dizer se o mais demorado ou o mais rápido seria o melhor? O seu novo emprego poderia ser um pouco melhor ou um pouco pior. Você poderia passar por dificuldades. É normal. Mas quem sabe mesmo o que é melhor a longo prazo? Seja como for, você vai acabar arranjando um novo emprego e tudo terminará bem.'

"Eu disse: 'Bem, quando você coloca desse jeito...' Foi o que bastou. Ela acabou com minha preocupação. Eu estava me preocupando com *detalhes*. Talvez alguns deles não dessem certo. Mas, a longo prazo, eu não precisava temer.

"Nós estávamos pensando no meu futuro, mas eu só me concentrava nas partes obscuras. Ela se concentrava nas partes positivas. Ambos despendíamos energia pensando. Eu me exauria com o uso que fazia da energia. Ela recebia energia com o uso que fazia da dela. Então, por que não fazer o que ela fazia? Trata-se apenas de pensar em coisas. Por que não fazer tudo funcionar para você?"

Preocupar-se é igual a comer batata frita. Quando você começa, é difícil parar. Contudo, tem sempre alguém parando, e você vai parar quando descobrir um meio, como Mark fez (com uma ajudinha), de recuar e pôr esse maravilhoso cérebro que você tem para pensar que tudo vai dar certo. Se no início você tentar e não conseguir, chegue um pouquinho para o lado. Procure a distância e o ângulo certos que você perceberá que se preocupar é tolice.

A preocupação é sempre opcional, e sempre uma péssima opção

Você acha que é otimista acreditar que a preocupação é tolice? É claro que é, do ponto de vista da resolução de problemas. É isso que os analistas fazem: procuram todos os modos de algo dar errado. São preocupados profissionais. Precisamos que eles sejam hipervigilantes. Mas as preocupações são puro veneno para a vitalidade. Só sugam sua vida.

Quem é feliz neste mundo em que vivemos? Quem realiza grandes coisas? Quem se envolve em atividades realmente interessantes? Quem cultiva os próprios talentos? Quem encontra o amor? Quem realiza seu potencial? Só quem faz da energia emocional uma prioridade. Quem se preocupa, desperdiça tudo isso.

Existe hora e lugar para analisar problemas, não há dúvida. Mas a necessidade de mais energia emocional deve imperar. E para isso é preciso ser capaz de encontrar um meio de ver que não há nada a temer. E sempre há um meio.

Margaret, 42: "Quase todo mundo teme o câncer. Mas o que fazer quando você *sabe* que vai morrer de câncer? Foi isso que aconteceu comigo. É o que todos temem. O médico lhe diz que você tem tal câncer, e eu sou enfermeira. Sabia que era fatal. É claro que é um golpe duro. Chorei. Fiquei com raiva. Fiquei com medo. Mas, a certa altura, você percebe que não vai morrer amanhã nem na semana que vem. O que você tem diante de si é *vida*. Talvez não tanta quanto algumas pessoas, mas é vida. Além disso, você tem todas as pessoas da sua vida. Então, o que vai fazer dessa vida que você tem? Vai estragar tudo?

"Tenho um marido e filhos de 7 e 9 anos. É claro que me preocupo com eles. Eles se preocupam comigo. Mas você precisa acreditar em mim quando digo que a preocupação não é o modo de passar seus últimos meses na Terra com aqueles a quem você ama.

"Eis o que fiz: creia em mim, nós tanto precisamos de energia emocional quanto podemos dá-la uns aos outros. Portanto, em vez de pensar em tudo de ruim que nos poderia acontecer no futuro, pensamos em todas as boas coisas que podem acontecer. Por exemplo, meus filhos vão perder a mãe. Dizer isso me faz chorar. Mas não estou mais preocupada. Em vez de pensar que eles vão me perder, penso que vão saber que fui parte importante da vida deles. Penso no fato de que se lembrarão de mim e das coisas boas.

"E eu podia me preocupar com o futuro deles, mas mesmo que vivesse até os 90 anos ainda me preocuparia com meus filhos. Em vez disso, penso no tipo de crianças que eles são, e os imagino vivendo bem e encontrando coisas que amam na vida e com suas próprias famílias. Imagino-os dando aos próprios filhos as boas coisas que receberam de mim.

"Sei lá. Você pode pensar nas coisas boas ou nas coisas ruins. Mas não vai parar de pensar nas coisas ruins enquanto não procurar coisas boas em que pensar. E então tudo muda. Não se trata só do que está na sua cabeça. Sua vida muda.

"Por exemplo, não sei por que loucura comecei a me preocupar com os aniversários dos meus filhos. Meu marido não é o tipo de pessoa que se relaciona bem com festas. Então pensei: 'Qual é o antônimo de preocupação?' Ah, para com isso! Todo mundo que eu conheço vai querer que meus filhos tenham aniversários felizes. Eles terão aniversários felizes. E, sabe, eu sei que foi pensando em coisas boas como esta que me veio a idéia de fazer cartões de aniversário em vídeo para cada filho em todos os aniversários até chegarem aos 21 anos de idade. Só o fato de pensar em fazer isso para eles me deixou feliz."

Porque essa mulher pensa que a família estará bem, consegue *ver* a família bem. É uma pessoa que entende realmente a importância de alimentar a energia emocional.

Como dominar a arte da paz de espírito

Aqui estão os três ingredientes para encontrar a perspectiva que tornará possível ver que tudo dará certo. Dominá-los será dominar os segredos da paz de espírito.

O primeiro ingrediente é a *cronologia paciente.* Muitas preocupações consistem em pensar sobre quando algo vai acontecer. Você quer arranjar um bom emprego, mas aperta o botão do pânico porque está obcecado por encontrar aquele ótimo emprego no máximo em trinta ou sessenta dias.

Preocupação com a morte é uma questão de tempo. Cada um de nós sabe que vai morrer. Por que destruir a qualidade da sua vida hoje fazendo tempestade em copo d'água sobre quando, exatamente, você vai morrer? Encare o assunto assim: quem sabe dizer qual é o momento perfeito para morrer? Nós vamos morrer, mais cedo ou mais tarde. Gostaríamos de viver muito tempo, mas se você tivesse de escolher, talvez dissesse que é melhor morrer mais cedo do que mais tarde. Quem quer ficar por aqui tanto tempo que a qualidade de vida se torne um horror e as últimas lembranças que você deixe na memória dos que ficam sejam da sua pior forma? Então, o que há para temer? Não saber o que o futuro reserva para seus entes queridos? Você teria de viver uns 150 anos para conhecer toda a história do futuro dos seus netos, e depois teria a vida dos tetranetos para se preocupar.

Pense em alguma preocupação e como a impaciência ou alguma idéia arbitrária sobre quando algo deve acontecer o está obrigando a se preocupar. Mas se deixar de lado a questão da cronometragem, o medo desaparece e você pode dispensar a preocupação. E, assim, pode aplicar a energia pensando nas boas coisas que podem acontecer, sem se preocupar com o momento exato.

O segundo ingrediente é *estar aberto a todo o espectro de resultados.* O nosso erro é empacar, querendo saber o resultado de um detalhe minúsculo. Começamos a fazer isso na infância. Entre em qualquer supermercado e verá uma criança dando chilique porque a mãe que zela pela sua saúde não quer comprar determinado cereal matinal. Existem milhões de marcas de cereais, mas ela enlouquece porque não pode comprar *aquele* cereal específico.

Corte para nós mesmos na idade adulta e você vai ver... que não há diferença. Digamos que você está namorando alguém e sabe que ele está em dúvida sobre o relacionamento. Você está morrendo de medo de ser chutada. Passa as noites em claro numa agonia de preocupações, como aquele terceiro homem de quem falamos anteriormente, que não sabia se ia viver ou morrer. E passa por toda essa preocupação porque aquele homem com quem está envolvida é o seu cereal especial. É ele ou nada. Ele ou o abismo. Está com medo porque elaborou uma idéia de futuro em que só existe um final feliz.

Mas se você perguntar a si mesma: "Como encarar isso de outra maneira?", então vai começar a perceber que há muitos peixes no mar. Isto não acontece só em relação a namoros, mas a todas as oportunidades que nos interessam. E como saber de antemão o que é melhor? Um pouco de humildade da nossa capacidade de enxergar o futuro ajuda muito a deixar de lado esse resultado específico que você desejava. Nem você nem eu somos tão inteligentes. Existem, de fato, muitas maneiras de nos acontecerem coisas boas e maravilhosas. Muitas delas serão uma total surpresa. E isso ajuda a pensar que tudo dará certo.

O terceiro ingrediente é *confiar na sua capacidade de resistência.* Já sei, você e eu podemos olhar para trás e indicar mais de um incidente que põe em dúvida nossa capacidade de resistência. Entramos em pânico e estragamos tudo. Mas e daí? Todos erram. Mas os nossos erros não invalidam o fato de que somos capazes de resistir. Tomamos decisões ruins, mas depois tomamos boas decisões. Somos derrubados, mas depois nos levantamos. Somos estúpidos, mas depois ficamos espertos.

A verdade mais importante sobre os seres humanos é que nós *resistimos.* Todos nós. Nunca houve na história humana um acontecimento em que as pessoas não tivessem arrumado um modo de resistir. Interiormente, podemos nos sentir temerosos e infelizes, então transmitimos a nós mesmos a mensagem de que não estamos resistindo. Mas não confunda essas sensações com a realidade da sua capacidade de superar as dificuldades.

Propulsor de energia emociona nº 24
Acabe com as preocupações parando de pensar que tudo pode acabar mal; em vez disso, comece a pensar em todos os modos de dar certo.

Não fique sofrendo aí, faça algo

Eis algo que vai ajudar: *A ação é o antídoto da preocupação.* A mente pode lhe informar que tudo vai dar certo, mas ajude a si mesmo tomando uma atitude específica para lidar com aquilo que o preocupa. Quando você estiver preocupado, levante-se e faça algo. Não se aflija, aja. *Não importa o que seja,* contanto que o ajude a agüentar seu problema.

À noite, você fica deitado na cama preocupado? Saia da cama e, se não puder fazer nada mais, redija uma lista de afazeres. Até isso é ação. Você verá como a ação diminui a preocupação.

Vamos imaginar que, sempre que estiver preocupado, você fará *alguma* coisa, qualquer coisa, desde que seja construtiva. Assim, você vai construir uma relação de confiança consigo mesmo. Estará dizendo a si mesmo: "Ego, estou cuidando de você. Não o deixarei sofrer. Agirei para ajudá-lo." *E o seu ego vai parar de se preocupar quando perceber que você está alerta para agir e resolver o problema.*

25

Quanto mais você dá, mais recebe

Propulsor de energia emocional nº 25

IMAGINE UMA GARRAFA MÁGICA DE VINHO. TODA VEZ QUE VOCÊ SERVE um copo, a garrafa volta a se encher. Quanto mais rapidamente você serve, mais depressa ela se enche. Mas isso se torna ainda melhor. Quanto mais vinho você serve dessa garrafa mágica, melhor o vinho se torna. Portanto, se você tem uma dessas garrafas mágicas e quiser mais vinho e um vinho melhor, o melhor a fazer é distribuir o máximo possível. Quanto mais você dá, mais recebe.

A energia emocional também é mágica. Literalmente. Tem propriedades mágicas. E a mais mágica de suas propriedades é o fato de que quanto mais você dá, mais energia recebe.

Sam, 41: "As pessoas olham para mim e acham que nasci virado para a lua, pois sou um sujeito bonitão que exerce uma profissão bem interessante. É, mas nada é tão fácil para mim como pensam. Sou proprietário de uma pequena empresa de biotecnologia, e imagino que continuarei obtendo resultados positivos com as novas drogas que criamos. Mas, às vezes, a gente trabalha com afinco e não dá em nada. O pessoal do ramo nos olha como se estivéssemos fedendo. Recentemente passei por uma situação dessas. Minha mulher e eu nos separamos. Todos pensam que caí de pé, mas eu amava Caitlin e sofri muito quando ela concluiu que não recebia de mim o que precisava.

"Quando o meu casamento acabou, foi terrível para mim. Não sei como descrever. É como se o meu mundo fosse colorido e, de repente, começasse a se mostrar em preto e branco. Não havia mais alegria. Eu estava na lista dos solteiros mais desejados da cidade, e isso não me importava. Como devolver a efervescência à água mineral depois que acaba?

"Um sujeito da minha empresa, um cientista mais velho, um tipo de mentor para mim, me chamou num canto um dia e disse que notara que havia algo errado. Saímos para beber e começamos a conversar. Por fim, ele me disse algo chocante: que o meu maior erro era não perceber que eu não era o bom sujeito que pensava ser. Eu era egoísta e mimado. Ele disse que foi por isso que Caitlin rompeu comigo. E que estava na hora de fazer algo a respeito. 'Seja uma boa pessoa que isso vai salvar sua vida', disse. 'Está solteiro de novo. Se ficar circulando por aí como o playboy que tem sido, vai atrair o tipo de mulher que merece. Vai ser enganado repetidas vezes. Mas se fizer algo bom de fato, isso vai espantar as malvadas e todo o carma ruim que você vem acumulando nesta sua vida incrivelmente afortunada.'

"Eu não sabia o que fazer, mas por algum motivo a idéia de dar nunca havia saído da minha mente. Sabe, ajudar gente que não teve a sorte ou as vantagens que eu tinha. Então decidi que seria um Irmão mais Velho. Ajudaria uma criança que precisasse de verdade. Sabe, eu não ia salvar o mundo. Mas poderia salvar uma criança.

"Então me inscrevi, passei pelas entrevistas, tive de esperar até que designassem uma criança para mim. Mas tudo isso só aumentou minha convicção de que eu precisava fazer isso. E foi a melhor atitude que já tomei. Alterou a equação da minha vida, me fez sentir uma pessoa com substância, alguém com algo a dar, e não sou nenhum impostor, porque dou mesmo. Eu poderia simplesmente preencher um cheque, mas isso não significaria nada. É preciso fazer de todo coração. Dar o que é precioso de fato: seu tempo. Só, sei que, desde que me envolvi com isso, minha energia e o meu moral se elevaram."

A energia emocional que você tem dentro de si o transforma em uma dessas garrafas mágicas de vinho, como fez com Sam.

Diagnóstico nº 25

Você se sente debilitado, ressentido e desanimado ultimamente, como se tivesse rompido com alguém a quem ama?

Responder "sim" a esta pergunta significa que este segredo será um grande impulso para sua energia emocional.

Talvez você se sinta vazio. Eu entendo. É assim que as pessoas com baixa energia emocional costumam sentir-se. Mas você não está vazio. Sua energia emocional não se esgotou. Não se esgota nunca. É daí que provém o milagre da energia emocional. É você que não o explora. Agora você percebe a diferença entre a energia emocional e a energia física. No caso da energia física, é preciso ter para poder dar. No caso da energia emocional, de uma maneira mágica, você recebe quando dá.

Propulsor de energia emocional nº 25

A maneira mais mágica de receber energia emocional
é doando-a: ao demonstrar seu amor pelo mundo,
uma pessoa de cada vez, um pedaço de chão de cada vez.

A magia de dar

Talvez você queira saber como funciona esse segredo. Ele é poderoso por dois motivos.

Primeiro: quando você explora a própria capacidade de generosidade, gentileza e bondade, sente-se imediatamente melhor consigo mesmo como pessoa. É a maneira mais rápida de fazer pelo seu interior o que as fantásticas roupas novas fazem pelo exterior. Você fez algo que um minuto antes poderia parecer impossível, e, agora, ainda demonstrou que é fácil. Mostrou a si mesmo que o fogo ainda arde dentro de você, e isso quer dizer que ensinou a si mesmo uma lição profunda e forte sobre a profundidade da sua energia.

Segundo: quando você ama o mundo, ele retribui com amor. Encare isso como bom carma. Mas ter apenas uma vaga disposição de amor ao mundo não serve. É preciso fazer coisas específicas, positivas, como as que eu vou descrever daqui a pouco. E você tem de continuar fazendo, mesmo quando parecer inútil — *principalmente* quando parecer inútil. Você pode ou não receber imediatamente o que dá. No entanto, mais cedo ou mais tarde vai receber muito mais do que deu.

Como receber energia ao dar amor

Nenhum ato de amor e bondade é pequeno demais para se realizar ou grande demais para sonhar se realizar. Pense grande, pense pequeno, pense de qualquer tamanho. Mas que seja particular e específico. Você poderia simplesmente pensar em ajudar alguém que precisa muito. Mas veja algumas sugestões ainda mais fáceis, com base no que os energizados relatam haver funcionado melhor como meio de sintonizar com o amor e receber de volta um grande bônus de energia emocional.

Seja mais afetuoso. Garanto que as pessoas de quem você gosta sentem falta de afeto. Nós nos esquecemos de ser afetuosos. Deixamos escapar. Quanto maior for seu esgotamento emocional, maior serão as probabilidades de você parar de ser afetuoso. Mas quando você demonstra afeição, recebe uma forte injeção de energia. Você seria capaz de afirmar que já é uma pessoa afetuosa? Não estou dizendo que não seja. Mas talvez você não esteja demonstrando tanto afeto quanto pensa. E quem está à sua volta deve estar acostumado com o nível de afeto que você demonstra. Qualquer que seja seu ponto de partida, demonstrar mais afeto lhe trará mais energia.

Tenha um dia de: "Seja gentil com todo mundo." Levante-se de manhã e defina como objetivo específico tratar com especial cordialidade todas as pessoas que encontrar. Talvez você já se ache gentil. Seja um pouco mais. Talvez reconheça que costuma ser brusco ou reservado. Surpreenda a todos demonstrando sua amizade e consideração.

Pergunte a todos que encontrar: "Como vai?", como se quisesse mesmo saber e, depois, ouça o que eles têm a dizer. Faça perguntas subseqüentes. Se só disseram "Bem", diga: "Tem certeza de que está tudo bem?" Esteja *disponível* para a outra pessoa e para o que está acontecendo com ela.

Ouça alguém que não queira ouvir. Quase sempre as pessoas com quem dividimos nossa vida acusam, reclamam e falam incessantemente de coisas que não nos interessam nem um pouco. Isso quer dizer que passamos muitos dos nossos dias emitindo uma vibração do tipo "Por favor, cale a boca". Bem, se todos estão mandando todos se calarem, todos estão se sentindo invisíveis e silenciados. Todos estão se sentindo desesperados para serem ouvidos. Então, seja você aquele que ouve. Deixe que desabafem na sua presença. Você só precisa fazer uma pergunta e ouvir a resposta. Mesmo que você ache que a outra pessoa está errada, ouça assim mesmo. A energia emocional do mundo será curada muito mais depressa se as pessoas forem ouvidas, e não se estiverem certas.

Sorria. O que é mais poderoso do que o sorriso de uma criança? Então está provado que você não precisa da energia elétrica de uma Julia Roberts ou de um Tom Cruise para fazer o mundo girar. Você só precisa sorrir mais. Pergunte a si mesmo: "Quando eu vejo o meu amado de manhã bem cedinho eu sorrio?" Você deveria saber que, sempre que não sorri ao ver a pessoa amada de manhã, está sugando um pouquinho da energia do relacionamento. Esta é a questão. Toda vez que você sorri, faz do mundo um lugar mais caloroso, mais feliz.

Ajude alguém. Torne essa ajuda real, concreta, vívida. Comece com as pessoas mais próximas. Dê-lhes algo que queriam e você sempre disse que não podia dar. Ou pergunte se precisam de alguma coisa. Faça uma massagem, preste algum serviço, ouça-as. Depois amplie seu círculo de ajuda. Seja útil a quem trabalha com você. Passe um dia inteiro de trabalho perguntando-se o que você poderia fazer se o seu objetivo fosse ser prestativo, em vez de ser eficiente.

Demonstre que admira as pessoas da sua vida. Não falo de adulação, mas de admirá-las com sinceridade pelo que são e pelo que fazem. E elas se sentem muito admiradas quando você expressa sua gratidão. O segredo é demonstrar que você não está subestimando-as. E é fantástica a quantidade de energia emocional que você gera quando faz isso. Muitos de nós estão presos numa armadilha: não dão porque acham que não recebem nada. Às vezes parece que o mundo está cheio de gente parada, de braços cruzados. Mas você pode romper esse círculo. Se você admirar as pessoas pelo que fazem, elas sentirão que receberam algo e, então, vão dar a você e aos outros. O que vai, sempre volta, então por que não enviar só coisas boas?

Todos os dias, antes de iniciar seus afazeres, pergunte a si mesmo: "Como posso ser uma pessoa melhor hoje?" Qualquer resposta serve. Depois, aja. Nós definimos alguns objetivos para nós mesmos todos os dias — comer menos, fazer mais exercícios, trabalhar com mais afinco, trabalhar menos. Mas com que freqüência começamos o dia com a meta de ser mais bondosos? Que o seu primeiro e principal objetivo seja fazer algo para se tornar uma pessoa melhor, mais bondosa do que foi na véspera.

APÊNDICE

O fator energia física

As pessoas comuns que vivem num país desenvolvido são afortunadas. A dieta e o estilo de vida lhes dão muita energia física. O que está quase sempre em falta é a energia emocional.

Contudo, se você anda num estado de "Por que não tenho mais energia?", existe a possibilidade de algo estar errado na equação correspondente à energia física. Quero ajudá-lo a conferir se está fazendo tudo o que há de sensato para acumular energia física. Consultei grandes especialistas sobre as causas da fadiga física. Assim, se você achar que precisa de mais energia física, segue o que deve fazer.

O melhor para ter mais energia física

Esqueça os modismos, esqueça os macetes. Esta é a verdadeira história, a dica quente. Se você quer mesmo ter mais energia, siga o que os energizados fazem para cuidar do lado físico da equação.

Durma mais. Este é o principal motivo de uma pessoa não ter mais energia física. Não existe outro aspecto em que uma pessoa inteligente se comporte de maneira mais estúpida. Alguns dizem que não é possível dormir mais. Acham que os especialistas em energia estão loucos: "Se conhecessem os meus horários, saberiam que é ridículo achar que posso ter mais horas de sono." Mas, assim como os especialistas em orçamento podem demonstrar a quem "não pode poupar" como, de fato, podem reduzir as despesas, também é possível dormir mais se você priorizar isso. Se você não dorme o suficiente, não reclame por estar cansado. O único modo correto de interpretar isso é que o sono é combustível, e que você tem de obter o combustível do sono de que necessita. Caso se abasteça com menos, vai andar de tanque vazio.

O que fazer: Você precisa descobrir de quanto sono precisa para viver sem cansaço. Cada um de nós é diferente do outro, mas a maioria esmagadora (e por que você seria uma exceção?) precisa de mais sono do que tem tido. Ao dizer que só precisa de seis horas, você está dizendo: "Sou uma pessoa muito, muito especial." Talvez sua alma seja, mas será também fisiologicamente? Duvido. Então, se estiver fisicamente cansado, faça isto: nas próximas noites, programe o despertador para ter dez horas de sono. Vá para a cama mais cedo, se for preciso. Então veja como se sente. Depois, durante algumas noites, ponha o relógio para despertar após nove horas e meia de sono. Mais uma vez, veja como se sente. É quase certo que você vai perceber que está se sentindo com muito mais energia. Corte meia hora de cada vez até reparar que está sentindo uma quantidade de energia inferior à ótima. Então, volte a acrescentar meia hora ao seu sono cotidiano. Essa é a quantidade de sono de que você necessita. Tenho quase certeza de que será mais do que você tem atualmente.

Exercite-se. Todos precisam de exercícios. Vinte minutos de exercícios razoavelmente intensos quase todos os dias fazem uma diferença enorme. Há algo no funcionamento do corpo que exige a perda de certa quantidade de energia física para ganhar disposição.

O que fazer: "Estou ocupado demais." "Não gosto de fazer ginástica." Adivinhe? A maioria das pessoas que malha se sente assim, mas sabe da importância do exercício. O segredo é se exercitar no mesmo horário todos os dias e inseri-lo na rotina diária. E a maioria das pessoas que se exercita não gosta de sentir dores ou tédio, igual a você. Elas simplesmente procuram algo de que gostem, ou detestem menos. Ou fazem o que têm de fazer para torná-lo agradável (como ver tevê enquanto caminham na esteira). Ou apenas fazem. Eis algumas coisas que convém experimentar: pular corda, dançar, cardioboxe, squash, natação. O importante é fazer o coração e o corpo terem um ritmo mais rápido durante uns 20 minutos por dia.

Elimine a cafeína depois do café-da-manhã. Há um consenso surpreendente a respeito da importância disso. Quanto mais tarde no dia você consumir cafeína, mais cansado acaba se sentindo.

O que fazer: Não faz mal tomar uma ou duas xícaras de café de manhã, antes de ir trabalhar ou quando chegar ao escritório. Mas basta. E também não consuma cafeína via refrigerantes de cola. Caso se sinta cansado no meio do dia, cafeína não é a solução. Ela faz parte do problema. Você precisa dormir mais, de mais exercícios ou de uma dieta mais equilibrada.

Faça uma dieta equilibrada. Com tantas dietas da moda por aí, não é legal dizer a ninguém que precisa de uma dieta equilibrada. Mas tem uma coisa: é verdade que uma dieta bem equilibrada com proteínas, carboidratos complexos e uma pequena quantidade de gordura saudável é a melhor fonte de energia alimentícia.

O que fazer: Você pode complicar ou simplificar. Prefiro simplificar. Sempre que comer, tenha no prato proteínas, carboidratos (falo de cereais integrais, frutas e verduras) e um pouco de gordura. Se fizer apenas isso, estará fazendo mais que a maioria das pessoas.

Tome vitaminas. Há muito exagero e controvérsias quanto ao uso de vitaminas. Mas faça o que os especialistas mais inteligentes, renomados e sensatos recomendam.

O que fazer: Tome uma boa vitamina múltipla em uma das refeições diárias. Procure tomar uma pílula que tenha todas as vitaminas e sais minerais. Não é preciso tomar um monte de pílulas — simplesmente tome a pílula que contiver mais ingredientes. Vá à farmácia e peça ao farmacêutico que recomende a pílula mais completa que houver na prateleira para alguém da sua idade e sexo. Se tiver necessidades especiais — gravidez, doença, etc. —, pergunte ao médico se existem vitaminas especiais que sejam boas para você.

Reduza o açúcar. Apesar dos comerciais de chocolate, o açúcar em qualquer forma é o ingrediente do colapso energético.

O que fazer: Não é preciso eliminar as sobremesas e os doces da sua vida. Mas tem de eliminá-los dos momentos em que quiser se sentir energizado. E se, de repente, sentir-se fraco e com fome, coma uma fruta ou faça uma refeição leve e sadia.

Beba água. É surpreendente o número de pessoas que se sentem cansadas porque estão desidratadas, e não só em dias quentes.

O que fazer: Adquira o hábito de beber água. Existem diversos truques. Há pessoas que quando passam por um bebedouro param e tomam uns goles. Outras carregam consigo uma garrafa de água e sempre a esvaziam pelo menos uma vez por dia. Alguma sempre pedem água quando comem fora, e bebem tudo. Mas, faça o que fizer, beba pelo menos oito copos grandes de água por dia.

Pare de comer três horas antes de ir para a cama. À noite é preciso dar ao corpo um descanso de tudo, e isso inclui a digestão. Digerir muita comida antes de dormir sobrecarrega o corpo. Além disso, toda essa comida pode tornar seu sono intranqüilo e interrompido.

O que fazer: À noite, saiba quando ir para a cama. Planeje a noite para terminar o último consumo de alimentos três horas antes de ir para a cama. A única exceção é uma minúscula porção de carboidratos — não mais que uma fatia de pão ou alguns biscoitos —, que você pode comer antes de se deitar para ajudá-lo a adormecer.

Não beba álcool antes de dormir. Vinho, cerveja ou qualquer outra bebida alcoólica não devem ser usadas como saideira nem modo de relaxar antes de dormir. Se você beber antes de dormir, quando o álcool se dissipar vai acordá-lo, produzindo um sono interrompido.

O que fazer: Assim como no caso dos alimentos sólidos, tome seu último gole de álcool pelo menos três horas antes de dormir.

Eu estava muito interessada em descobrir se havia algumas maneiras especiais e "secretas" de obter uma supercarga de energia física. Perguntei aos meus especialistas o que recomendariam se alguém os procurasse e dissesse o seguinte: "Sou uma pessoa razoavelmente energizada e cuido bem de mim. Mas acabo de ser eleita presidente dos Estados Unidos e preciso de energia extra. O que posso fazer?"

Talvez a resposta o surpreenda. *Não existem maracutaias para se obter energia física extra.* A única maneira de alcançar o nível mais alto possível de energia física é fazer tudo o que há na lista que acabei de lhe oferecer. Barras e bebidas energéticas especiais? Na melhor das hipóteses, são inúteis, quase sempre diminuem a energia e, em muitos casos, são perigosas porque contêm substâncias prejudiciais. Cuidado com truques e macetes. O caminho físico para a alta energia consiste em fazer o básico. Agora você já sabe o que é.

Problemas especiais

E se você estiver fazendo tudo isso e continuar fisicamente cansado? Então, você precisa ir ao médico. Também deve ir ao médico se desconfiar de algum motivo para sentir-se cansado, mesmo que não esteja cumprindo o básico.

Acredite se quiser, quando perguntei a vários médicos importantes quem procurariam caso sentissem, de repente, um cansaço incomum durante muito tempo, todos disseram que procurariam um médico internista.

A maioria dos internistas são, de certa forma, especialistas em energia física. Têm de ser. "Doutor, vivo cansado" é a queixa mais comum que escutam. E o bom internista leva isso a sério. Isso porque a fadiga pode ser, *às vezes* (mas só às vezes), sinal de alguma afecção grave. E quem sente um cansaço incomum precisa descartar a possibilidade de haver algo errado com a tireóide, os rins, o fígado, o sistema imunológico ou o aparelho digestivo. Há centenas de doenças e afecções que provocam um cansaço incomum. É preciso descartar a possibilidade de ter um desses problemas.

Já que muita gente se preocupa com o câncer, devo assinalar que a maioria dos tumores malignos não apresenta a fadiga como sinal precoce.

Outro problema físico que vem à mente quando há cansaço é a síndrome da fadiga crônica. É um diagnóstico controverso. Conversei com alguns dos maiores especialistas e eis o que me parece ser o consenso atual.

A síndrome da fadiga crônica é real. Talvez não conheçamos as causas exatas ou como curá-la, mas se você estiver sofrendo dessa doença, ela não está só na sua cabeça.

Mas é muitíssimo provável que você não tenha síndrome da fadiga crônica. Como posso dizer isso? Porque, de fato, é uma afecção bem rara. Para ter esse diagnóstico é preciso passar por alguns exames rigorosos. Primeiro, você precisa estar cansado, tão cansado que seja praticamente incapaz de funcionar. Segundo, você tem de descartar todas as outras explicações médicas da sua fadiga. Isso leva meses e requer muitos exames. Terceiro, os critérios atuais de diagnóstico determinou que a fadiga séria e debilitante dure mais de seis meses para que a síndrome da fadiga crônica se torne uma possibilidade. Se você tem algum problema médico, provavelmente não é síndrome da fadiga crônica.

Se o seu médico o chamar ao consultório depois de você ter feito alguns exames para lhe informar sobre algum problema que você talvez tenha, você vai receber muitas informações importantes num curto espaço de tempo. É por isso que sempre ajuda levar um amigo ou parente com a cabeça fria, que possa fazer perguntas que talvez não lhe ocorram e que possa, depois, explicar a você alguns detalhes que lhe tenham escapado. Leve caneta e um bloquinho, e não saia do consultório enquanto não tiver respostas para todas as suas dúvidas. Se você não puder cumprir alguma coisa que o médico receitou, converse com ele a esse respeito.

Não tenha vergonha de voltar, se tiver mais alguma dúvida. Se você achar que algo não está funcionando, ou está provocando efeitos colaterais, converse com o médico sobre isso também. Acima de tudo, seja ativo e assuma a responsabilidade de fazer tudo o que o médico mandou fazer.

A boa notícia é que, provavelmente, você não tem nenhum problema físico. Você só está se esforçando demais, desprezando o básico *e não está fazendo nada para repor a energia emocional.* E se você estiver mesmo com algum problema, vai sentir-se muito melhor, se não curado.